广西壮族自治区第八批特聘专家孟建“中国—东盟战略传播研究基地”（南宁师范大学）项目成果

Report on Innovative Development of Strategic Communication Research between China and ASEAN

中国与东盟战略传播研究

创新发展报告

主　编◎张殿元　　副主编◎经羽伦

新 华 出 版 社

图书在版编目（CIP）数据

中国与东盟战略传播研究创新发展报告 / 张殿元主编；经羽伦副主编 .
-- 北京：新华出版社，2024. 8.
ISBN 978-7-5166-7501-4

Ⅰ . G219.2；G219.33

中国国家版本馆 CIP 数据核字第 20245LW689 号

中国与东盟战略传播研究创新发展报告
主编：张殿元　**副主编：**经羽伦
出版发行：新华出版社有限责任公司
（北京市石景山区京原路 8 号　邮编：100040）
印刷：三河市君旺印务有限公司

成品尺寸：170mm × 240mm　1/16　　**印张：**16　　**字数：**255 千字
版次：2025 年 1 月第 1 版　　**印次：**2025 年 1 月第 1 次印刷
书号：ISBN 978-7-5166-7501-4　　**定价：**68.00 元

前　言

自习近平总书记于2013年提出“一带一路”倡议以来，中国与东盟国家的合作迈入了新阶段。作为“一带一路”的重要组成部分，东盟国家不仅是中国对外开放合作的重要伙伴，也是“一带一路”建设的关键节点。同时，随着全球化进程的不断深入和国际格局的深刻变革，战略传播在国家间的交往与合作中扮演着愈发重要的角色。无论是中国对外的国家形象塑造，还是中国与其他国家间的政策沟通与推进，抑或是文化认同的构建，良好国际关系与区域合作的达成，战略传播都在其中发挥着举足轻重的作用。尤其是在信息化时代，需要整合新兴传播技术与手段，以战略传播的高度，开展跨国界、跨文化的传播，实现发展多样性基础上的共荣。

面对新的国际形势，如何通过战略传播强化中国与东盟的合作，并推动双方在经济、政治、文化等领域的深度交融，成为亟待探讨的重要议题。为深入理解和把握中国与东盟国家在战略传播领域的互动与发展，本书《中国与东盟战略传播研究创新发展报告》应运而生，旨在对中国与东盟在战略传播方面的合作进行全面系统梳理、分析，并探讨中国与东盟在战略传播领域的当下实践与未来合作前景。

针对中国与东盟战略传播的具体议题，本书主要通过传播内容、传播方法和传播效能三个部分予以回应。具体来说，第一部分“中国与东盟战略传播内容研究”，主要探讨中国与东盟在战略传播领域的内容发展，着眼于文化传播、产业发展、品牌建设等几个方面。首先，文化传播与交流在促进民心相通方面至关重要，通过“一带一路”倡议深化了中国与东盟国家的文化连接。文化交流的形式也更多样，包括艺术、影视、媒体等领域；其次，产业发展与创新方面，中国与东盟国家在动漫、网站建设等新兴产业上展开了深入合作，推动了区域经济发展；最后，品牌建设与传播策略方面，通过提升城市品牌影响力，进一步增强了区域竞争力，特别是在文化、旅游和经贸领域。

第二部分“中国与东盟战略传播方法研究”，主要讨论战略传播的具体方法，包括政治安全传播、经济传播策略、文化与社会传播以及传播路径和传播渠道的优化方向。首先，政治安全传播是重点，旨在通过构建稳固的政治安全环境推动地区和平与繁荣。经济传播策略强调“互利共赢”，通过经济合作深化双边关系。文化与社会传播策略则侧重于跨文化沟通，以加强社会和文化联系。此外，传播路径的研究提出了传播渠道的优化方向，结合传统媒体和新兴媒体，如社交平台和视频媒体，实现更精准和本地化的传播，提升传播效果。

第三部分“中国与东盟战略传播效能研究”，评估中国与东盟在战略传播中的实际效能，包括形象传播、话语传播和传播效果研究。形象传播侧重于塑造中国和东盟国家的政治、经济和文化形象，利用新媒体和短视频等形式扩大国际影响力。话语传播研究探讨了如何通过文化、经济、媒体等话语形式增强双边理解与合作。在传播效果方面，研究显示中国在文化、媒体、教育等领域的传播活动有效提升了其在东盟国家中的认知度和好感度。同时，持续优化传播策略是提升中国国际形象和软实力的关键。

一、中国与东盟战略传播研究现状

针对“中国与东盟战略传播”研究现状，本书借助 Citespace 的方法，通过量化可视化的方式对既有国内的相关研究展开具体分析。

（一）数据来源

选取中国知网数据库（CNKI）的 CSSCI 来源期刊，将主题检索词设定为“中国、东盟、传播”。检索时间为 1998 年至 2024 年（截止到写作前，知网所提供的所有时间区间），剔除会议报道、成果介绍、卷首语、无作者及内容无关等与研究不符条目，最后选出具有代表性的 269 篇论文作为中文研究样本。其后，本书采用 CiteSpace 软件进行“中国、东盟、传播”研究的文献计量和可视化呈现，软件版本为 CiteSpace.V.6.3.1（64 bit）。利用 CiteSpace 软件中提供的国家与关键词的共现及聚类、关键词共现和聚类、时间聚类等可视化与文献计量方法，结合关键文献分析。

（二）研究结果

1. 发文量统计分析

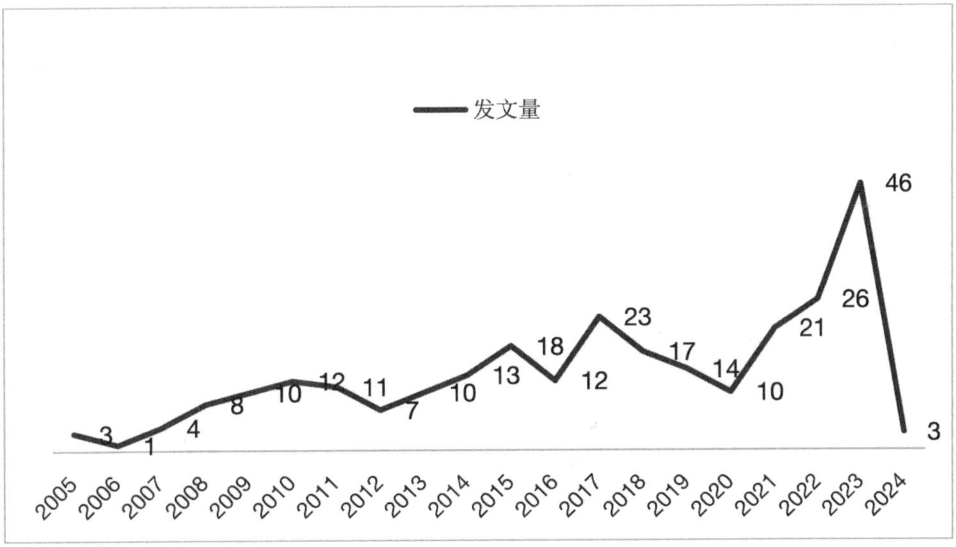

图 1　“中国与东盟战略传播”的历年发文数量（篇）

整体来看，有关“中国与东盟战略传播”的发文数量呈现出上升趋势，在 2010 年之前，该领域每年的发文量少于 10 篇，2010—2017 年的发文量均在 15 篇左右，2018 年到达到小高峰，共计 23 篇，其后几年发文量有所回落。但在疫情之后，针对“国际间疫情合作和交流”的研究增多，这也促使“中国与东盟战略传播”得到关注。另一方面，2023 年是共建“一带一路”倡议提出 10 周年，同时，也是中国加入《东南亚友好合作条约》20 周年。这些特殊的时间节点促使 2023 年的相关研究达到最高峰，共计 46 篇（见图 1）。

2. 关键词分析

关键词分析可以直接显示出研究主题“中国与东盟战略传播”的研究重点。对此，本书同样对关键词展开分析，选取排名前十五的关键词制作突现表（见图 2）。具体来说，从关键词强度来看，针对“中国与东盟战略传播”研究最多的关键词是“一带一路”（Strength=3.41）和“国际传播”（Strength=4.47）。同时，强度在 2 以上的关键词还包括“文化交流”（Strength=2.51）和“中国”（Strength=2.26）。可见，学者对“中国与东

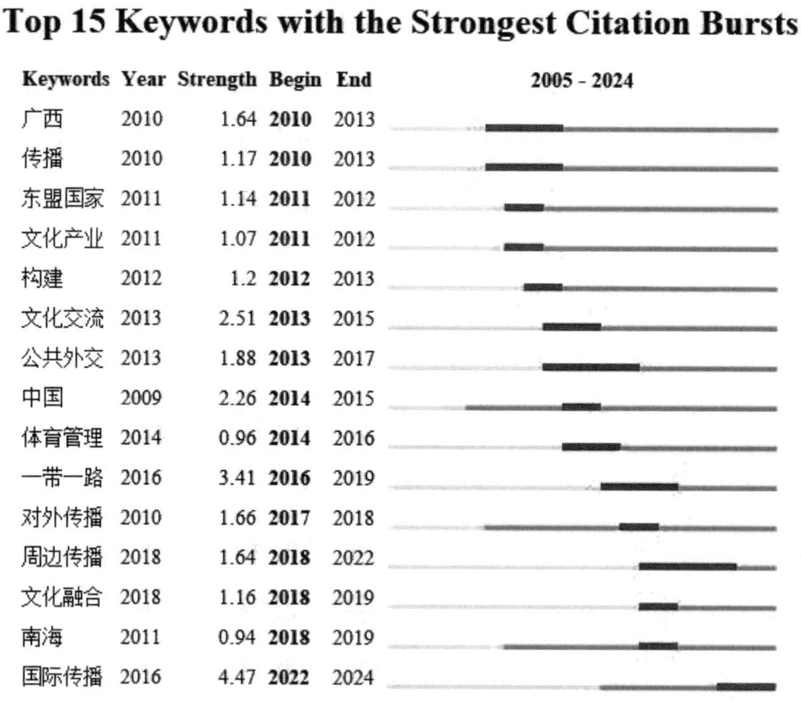

图 2 “中国与东盟战略传播”研究的关键词

盟战略传播”的关注主要以“一带一路”为背景，并聚焦于“国际传播”和“文化交流”两个重要方面。另一方面，从突现时间来看，研究时间较长的关键词是“公共外交”（2013—2017 年）和“周边传播”（2018—2022 年），这说明围绕中国和东盟的公共外交和周边传播，成为学界长期关注的重要面向。

从下图中，本书还发现在中国与东盟战略传播领域中，发生自“对外传播”到“周边传播”，再到“国际传播”的研究重点的迁移。从关键词频的变化中，我们不难看出，目前“中国与东盟战略传播”领域的研究发展经历四个阶段，第一阶段（2013 年前）集中讨论文化产业的议题。第二阶段（2013—2015 年）讨论文化交流与公共外交的主题。第三阶段（2016—2019 年）“一带一路”进入研究者们的视野，以“一带一路”这一政策为依托展开的学术讨论进入了全盛时期。第四阶段（2020 年之后）疫情到来之后，“国际传播”正式成为了学界讨论的重点。

3. 研究主题和发展脉络分析

通过 CiteSpace 软件提供的关键词聚类，本书得到“中国与东盟战略传播”研究领域的九大核心研究主题，分别是“东盟”“东南亚”“东盟国家”“传播”“国际传播”“对外传播”“中国与东盟博览会”“南宁”和“国际话语体系”。

在“中国与东盟战略传播”研究的九大核心主题中，除去“东盟”和“传播”两个主题，有七个主题提供较为明细的发展脉络。具体来说，主题一“东南亚”涉及“高等教育”和“文化交流”，以及“公共外交”“可行性”“政治互信”“周边外交”，乃至“侨务工作”“中华文化”“数字经济”等内容。这说明中国与东盟之间的战略传播研究，主要集中在“教育和文化”的传播议题上，以软实力为核心，与东盟各国建立文化认同的基础上，进行政治和经济层面的研究。主题二“东盟国家”则与“国家形象”“地缘经济”“地缘政治”等内容相关，因而“战略传播”和“周边传播”在这个主题中成为讨论的重点。

在主题四“国际传播”的内容中，提及较多的是“体育交流”“体育管理”

和“体育精神”等内容，这说明体育是中国对东盟国际传播的重要面向。主题五“对外传播”，最初这一主题与“全球化”紧密相关，涉及面较为广泛，包含的子主题有“文化亲缘”“创新中国文化”和“文化锚定”等。主题六“中国与东盟博览会”和主题七“南宁”都涉及“广西的区域传播”系列主题，包括以广西为基点的“广告产业”“平台”“内容”和“供应链”以及“广西卫视”等内容，此外，有关“广西云”和“广西日报”的区域媒体也被讨论。主题八“国际话语体系”则与“南海问题”紧密相关，国际媒体对南海问题的报道，在其后几年“国际组织”和“合作安全”等议题也被讨论。总体来看，以“中国与东盟战略传播”为核心的学术研究，呈现出丰富的研究主题和研究脉络。从文化交流互鉴、地缘政治与公共外交、经贸合作等视角出发，涉及中国与东盟战略传播的方方面面，其中也包括体育、广西、传播内容和传播渠道等细致微观层面。

二、“中国与东盟战略传播”研究的特征

（一）跨学科视角下的“中国与东盟战略传播”研究

我国学者目前在对“中国与东盟战略传播”这一领域展开研究时，通常采取多个学科领域的多种理论视角和研究方法。但目前针对国家形象的研究，主要集中在对中外媒体的媒介话语分析上，比如，面对突发的地缘政治事件“南海问题”等，学界的研究问题大多为“中外媒体如何对该事件进行报道”。其中，影响力较大的文章有甘莅豪发表于《国际新闻界》的文章《媒介话语分析的认知途径：中美报道南海问题的隐喻建构》，张昆在《新闻大学》的文章《东盟英文报章在地缘政治报道中的中国形象建构》。此外，庄严的《中国—东盟视阈下我国主流媒体报道中的广西形象建构》也使用了媒介话语分析的方法对广西的地区形象进行了研究。

在其他的一些研究中，张发林采用议程设置视角，邵培仁则采用国际传播的新世界主义视角、谢卓华使用沃尔特·李普曼提出的拟态环境和

社会学的框架分析、李凤萍采用心理学的社会距离视角中的外群威胁的调节效应等等。由此可见，多学科理论被广泛地应用于“中国与东盟战略传播”的学术研究之中，并为未来的“中国与东盟战略传播”提供理论指导。

（二）政策和突发事件推动“中国与东盟战略传播”研究

2013年10月3日，中国国家主席习近平出访东南亚国家，在印度尼西亚做题为《携手建设中国—东盟命运共同体》的演讲，提出要与东盟国家加强海上合作，发展海洋伙伴关系，共建21世纪“海上丝绸之路”的战略构想。自“一带一路”倡议被提出后，在“中国与东盟战略传播”领域中，“一带一路”的研究就有大量的成果被产出。同时，突发事件也推动着“中国与东盟战略传播”的相关研究，比如南海问题，一方面促成了大量海内外媒体对中国国家形象的报道；另一方面也促成了针对这些报道的研究。目前针对化解中国“一带一路”威胁论的研究也得到同样开展。毕竟研究不仅是对先前政策的反思，也是对未来政策的指导。

（三）传播主体变迁下的“中国与东盟战略传播”研究

媒介融合背景之下，“中国与东盟战略传播”领域的传播主体研究，逐渐从传统主流媒体转向地方媒体以及新媒体。比如覃梦、庄严对广西卫视省级电视台的研究；周霖以广西广播电视台为例探讨面向东盟的新媒体传播问题与策略；易文、陈瑜则是提出要从多主体、平台化、技术赋能多个方面对边境省（区）媒体国际传播渠道建设进行新探索；陈俊良提到广西是位于中国面向东盟的大外宣格局的重要地位，他以《荷花》杂志进行了实例研究。可见，随着不同传播主体介入“中国与东盟战略传播”，相关研究也陆续注意到不同传播主体的差异性，并对此展开针对性的研究。

本书通过总结近年来的实践经验，系统梳理中国与东盟战略传播研究的现状与挑战以及相关研究成果，尝试探索未来中国与东盟战略传播的发展方向，并提出具有可操作性的创新路径，最终为中国与东盟国家在新时代的合作提供理论指导和实践参考。同样的，本书针对中国与东盟战略传播具体案例的分析与研究，进行了较为全面的整理，已经形成相对丰富扎实的研究资料，这对从事战略传播研究的学者和从业者而言，亦具体有一定的参考价值和意义。

面向未来，中国与东盟在战略传播方面的合作仍然具有广阔的空间。在全球化背景下，双方需要在互信互利的基础上，继续深化合作，通过战略传播提升国际话语权，实现双方互利互惠、共同发展。

目　录

CONTENTS

第一部分　中国与东盟战略传播内容研究

第二部分 中国与东盟战略传播方法研究

第三部分 中国与东盟战略传播效能研究

第一部分

中国与东盟战略传播内容研究

CAEXPO

中国与东盟艺术传播研究

自2021年习近平总书记在中国与东盟建立对话关系30周年纪念峰会上宣布建立中国与东盟全面战略合作伙伴关系以来，中国与东盟之间在政策支持下取得了各方面的长足发展。其中，中国与东盟通过各种形式开展艺术传播，促进“共建友好家园”愿景实现。因此，对中国与东盟之间的艺术传播现状进行梳理，对中国与东盟关系的进一步发展有重要作用。

笔者以“艺术传播”“一带一路”“传播路径”“中国与东盟命运共同体”等为关键词，在中国知网检索到与之相关的学术期刊文章百余篇。本部分从中筛选30篇进行综述，从几个方面分别进行阐释。通过全面梳理与整合重构，希冀管窥见中国与东盟艺术传播的发展现状和趋势，为今后中国与东盟全面战略合作伙伴关系的进一步发展提供有力借鉴。

一、艺术传播研究现状

艺术传播作为人类艺术信息交流的一种社会性活动，是由艺术传播诸要素及其相互关系组成的动态过程。艺术传播活动，是一个动态循环的艺术信息的传播过程。艺术传播的目的，是为了扩展和传递艺术信息。艺术信息虽然不等同于艺术作品，但艺术作品是艺术信息的基本存在形式，是以生动、具体的艺术形象的形式来反映社会生活和表现艺术家强烈的审美情感的。①

李文婧和滕青认为互联网作为一种新型媒体，正在引发艺术传播的革命性变化。首先，网络技术创造了新的艺术空间；其次，互联网给艺术载体带来了数字化革命；最后，网络传播对艺术表达而言也是一次语言革命。作为一种新的艺术空间，互联网具有超时空性，用户能够跨越时空、跨越国界，跨越文化、跨越语言，主动地获取自己想要得到的艺术作品和信息，从而使人们在获取艺术信息或作品时更方便、更快捷，扩展了受众人群的视野，而艺术作品的创作者能在较短的时间里得到反馈信息，进而可以更好地完善艺术作品。这亦带来数字载体变化，第一体现在为数字语言的运用，数据的可复制性和可存储性极大地改变了艺术创作、存储和传播的方式；第二体现在数字技术的运用，以数字技术为基础，现代艺术传播将以一种全新的载体来实现。最后带来语言革命，使人们能够在世界范围内实现艺术活动的信息共享，促进原有艺术表现形式精细化的同时也衍生了各种各样新的艺术形态。②

二、中国与东盟艺术传播动能

（一）政策支持：政策、民间双驱动

李永强在对中国书画艺术在东盟国家传播的文化和社会基础进行分析时，通过梳理中国与东盟各国政府之间的政策和行政支持，发现中国与东盟各国政府高度重视文化艺术交流、经济贸易合作。中国与东盟之间的文化艺术交流繁多，其中包括自 2004 年开始的一年一度的中国与东盟博览会、自 2006 年开始的中国与东盟文化产业论坛。此外，中国与东盟青年艺术品创作大赛、2007 马来西亚·广西文化舟、中国与东盟博览会五周年

① 宋建林 . 艺术传播的要素及其互动过程 [J]. 美与时代（下半月）,2009,(03):9-12.

② 李文婧，滕青 . 互联网与艺术传播革命 [J]. 北方论丛 ,2003,(02):124-127.

书画艺术展等活动，也都为中国—东盟提供了交流平台。同时，2006年由中华人民共和国文化部主办、中国美术馆承办的“亚洲美术馆馆长论坛—东盟中日韩主题会议”通过了《“东盟中日韩主题会议”决议》，一致同意加强中国与东盟国家在文化艺术，尤其是美术创作、民俗文化等方面的交流。①

（二）思维转变：秉持周边传播的创新理念

闫成胜指出，周边国家存在充盈的市场机遇和合作基础，应该充分建设、全方位拓展周边传播渠道建设。例如中国与东盟视听传播周等为周边地区政策交流、节目合作搭设平台。因此，要秉持“周边传播”的新时代中国本土新闻传播学创新理念，以中国视角精准解释相关现象，从中国哲学中提炼普遍规律，立足国情现实建构敦本务实的理论体系，围绕国家利益提供切实可行的助画方略，为提升国家传播效能提供智力支撑。②

（三）现实需求：互为视听重要海外市场

韩叙和刘畅对《中国与东盟视听国际传播十年发展报告》进行总结，系统分析了2012年至2021年间中东两地在视听领域的合作与发展。报告认为在过去十年中，中国与东盟区域内视听节目贸易规模迅速扩大，交易时长累计达到6.5万小时，占据了中国全球节目国际贸易总时长的10%。这标志着双方在内容输出和交流合作方面取得显著成就。东盟已成为中国从亚洲进口视听节目的第二大来源地，展示了在东盟市场上的强劲竞争力。尽管取得了显著的成就，报告也明确指出合作规模相对较小，双方在传播

---

① 李永强．中国书画艺术在东盟各国传播、交流的基础性[J]．贵州大学学报（艺术版），2010，24(03)：25-28.

② 闫成胜．笃行周边传播战略化育亲仁善邻厚谊[J]．传媒，2023，(14)：9.

的广度深度依然不够，与全方位、多层次、宽领域的交流合作发展形势不相适应。并提出应从中国与东盟自贸区建设战略的高度出发，稳步扩大视听贸易双向开放、广播电视媒体与互联网媒体的国际传播，实现国际传播资源向网络视听汇集，同时向移动端倾斜，以适应不断变化的观众需求。同时，应进一步加强和改进节目内容合作，联手推动合作、合拍节目，以提高国际竞争力；最后要加速推进中国与东盟视听国际传播的数字化进程，包括技术与标准合作。通过数字化，实现视听节目生产制作、传播、消费、运营等各个环节的数字化应用，为参与主体创造共享共赢的机会。[①]

何颖和刘倩玲指出广西文化产业近年来取得了显著成就，特别是在优化文化产业结构、推进文化企业改革、完善文化产业主体培育体系等方面。2021 年，广西文化产业的营业收入首次突破 1000 亿元大关，显示出文化产业发展势头良好，质量效益稳步提升。广西文化产业的发展离不开改革创新的动力和统筹管理服务体制的支持。为此，广西推进了 80 余项文化体制改革任务，出台了多项支持文化产业发展的政策文件，以及加强了文化产业园区的建设和管理。此外，广西还注重文化市场主体活力的激发，通过评选文化产业龙头企业、新上规文化企业等方式，培育和支持文化产业发展。[②]

曾祁总结了 2010 年中国与东盟文化产业论坛主题、议题讨论、参与代表以及论坛提出的建议和展望。其主题为“中国与东盟文化产业的互动与发展”，论坛旨在进一步促进文化产业发展，推动中国和东盟各国文化产业交流与合作。参与代表围绕演艺业、动漫游艺业、文化产业模式、内容及发展等六个议题进行了深入探讨。除此之外，作者强调通过搭建交流合作平台、鼓励文化企业走向东盟、加强文化产业人才培养等途径加强

---

① 韩叙，刘畅．中国与东盟互为视听节目重要海外市场 [N]. 经济日报，2022-09-08(011).

② 何颖，刘倩玲．构建新时代的文化产业发展体系——广西文化产业高质量发展报告之一 [J]. 新西部，2022,(07):17-25.

合作。①

三、“一带一路”背景下的艺术传播

林昆勇探讨了在“一带一路”倡议背景下，广西文化产业如何有效地走进东盟国家，以及这一过程中的战略思考和实践路径。作者认为，广西应积极挖掘其壮乡特色文化优势，并重点打造更多文化精品力作，以加快发展步伐并拓展国际影响力。具体来说，首先，需要深化广西文化产业走进东盟的战略内涵，包括把握核心目标、认识社会价值和明确基本路径。其次，应拓展战略外延，推动文化产业的业态、区域和国际拓展。最后，作者强调创新是关键，包括文化产业管理体制、渠道模式和支撑体系的创新。通过这种方式，广西不仅能加强与东盟国家的文化交流，也能为其文化产业的发展带来新的机遇。②

肖艳通过对“中国与东盟音乐周”的活动背景、跨文化事项和其交流价值进行分析，指出“一带一路”通过搭建“丝绸之路国际艺术节联盟”“丝绸之路国际艺术院校联盟”“中国与东盟艺术高校联盟”等平台，为音乐会、关于音乐的高峰论坛和音乐周开设的大师班、访谈录、音乐评论等现象的出现提供了话语支持和思想指引。③

金美兰和王海迪则对“一带一路”倡议的历史背景及其对文化艺术传播的意义进行总结性分析，指出：自 2013 年习近平总书记提出建设“丝绸之路经济带”和“21 世纪海上丝绸之路”的愿景构想以来，“一带一路”成为当前中国推动区域合作与发展的重要方式，也成为中国文化在东盟国家传播的重要门户。同时他们指出，文化部确认的“一带一路”文化

---

① 曾祁 .2010 中国与东盟文化产业论坛综述 [J]. 沿海企业与科技 ,2010,(11):166-167.

② 林昆勇 .“一带一路”建设背景下广西文化产业走进东盟问题研究 [J]. 桂海论丛 ,2017,33(04):27-33.

③ 肖艳 . 论“一带一路”背景下“中国与东盟（南宁）音乐周”的跨文化传播 [J]. 歌海 ,2017,(04):129-130.

和旅游交流合作务实推进计划、“一带一路”文化和旅游交流合作平台巩固计划、“一带一路”文化和旅游交流合作品牌提升计划，对促进与“一带一路”共建国家和地区的文化交流与传播提供了规划指导与方向引领。可以看出，国家层面在积极利用“一带一路”开展文化交流与传播工作，做好中国文化对外传播工作符合新时代国家发展要求，是推动中国文化走出去的重大举措。①

何成学分析了“一带一路”背景下中国与东盟文化中的广西元素，如广西合浦为我国汉代南海丝绸之路最早的始发港和主港，广西与东盟国家有着密切的血缘关系，同时，广西华侨华人为发展和保卫东盟国家的文化做出了历史贡献。他还指出广西文化产业在中国与东盟艺术传播中的重要作用，并认为应当从“一带一路”倡议出发，高度深入挖掘和整理中国与东盟文化中广西元素的相关文献和实物，以此为契机确立发展广西文化产业的新理念和新思路。②

谢春雨结合广西的地缘特征和广西多民族的音乐文化特点，结合广西地方高校音乐学科人才培养现状和“一带一路”背景下社会对音乐人才的要求，从各个方面探讨广西高校和东盟高校多元化音乐教育合作交流的模式，认为应该通过学术交流、合作办学、构建东盟课程体系、开展教师教学交流等方式建设广西高校面向东盟的国际化音乐人才培养之路。③

曹庆华探讨了中国与东盟文化论坛的发展历程、当前面临的挑战以及未来的发展策略。他指出，自 2006 年首届论坛以来，中国与东盟文化论坛经历了重要的发展阶段，逐渐提升了其规格和层级。随着时间的推移，

---

① 金美兰，王海迪．“一带一路”背景下中国文化在东盟国家的传播路径 [J]. 中国民族教育，2023,(10):34-37.

② 何成学．“一带一路”背景下中国与东盟文化中的广西元素及其思考 [J]. 桂海论丛，2016,32(02):108-112.

③ 谢春雨．“一带一路”背景下广西与东盟高校音乐教育互动与合作研究 [J]. 智库时代，2018,(45):251+259.

论坛的内涵也在不断拓展，涵盖了从文化产业到社会文化发展、公共图书馆事业、民族艺术传承、非物质文化遗产保护等多个领域。同时论坛在发展中遇到的一些问题，如发展环境不平衡、高层次人才不足和创新方式需要加强等。因此，曹庆华提议应强化双方文化交流的顶层设计、加快文化基础设施建设、提升文化合作平台的专业化水平、做强文化推广传播品牌以及加强文化交流人才培养。①

张菁通过分析中国与东盟青年主播创造营这一具体案例，阐释了在新时代背景下，通过跨境互动讲述中国故事的重要性和意义。作者认为，通过这样的国际文化交流和合作，不仅可以增强中国与东盟各国间的文化了解和沟通，也为推动中华文化的国际传播提供了新的思路和平台。②

（一）“一带一路”倡议下的艺术传播内容构成

1. 视听内容（戏剧、译制片）与东盟文化交流

邹颖梳理了自2013年习近平主席提出共建“一带一路”倡议以来，东盟戏剧周的发展和成就：其汇聚了中国、越南、新加坡、马来西亚、菲律宾、印度尼西亚、文莱、柬埔寨等9个国家44个戏剧团体的优秀剧目演出，在以往已经有东南亚国家借中国戏剧IP完成非华语、非华族的戏剧影视传播的基础上，如今的中国与东盟戏剧周达到了更积极的文化交流与共享共赢，把本土的戏剧直接带到中华民族的土地上。并指出戏剧周的举办加强了广西南宁人民的文化自信，同时也加强了新丝路成员国之间共同的文化认同。③

李晨熙探讨了在“一带一路”背景下，译制片在中国与东盟文化交流

---

① 曹庆华.中国与东盟文化论坛发展状况、制约因素与提升策略[J].东南亚纵横，2023,(04):62-69.

② 张菁.跨境互动：讲好新时代中国故事——以东盟与中国青年主播创造营为例[J].国际传播，2023,(01):65-74.

③ 邹颖.边境地区如何带动文化的内外交流——以中国与东盟戏剧周为例[J].卫星电视与宽带多媒体，2020,(05):194-195.

中所扮演的角色，并指出中国与东盟译制片在媒介环境和参与主体等方面具有显著的特点，如基于文化间性的媒介意涵，以及促进身份重构和自适应性的拓扑传播。同时，李晨熙强调，译制片在不同文化种属之间是一种有价值、有意义的二次创作。这不仅要求真实表达原影片的创作意图和原声表达指向，还需要强化制作理念和语言意涵的转换。作者指出，随着大数据和人工智能技术的应用，译制片市场逐渐被数字化的字幕转化和自动配音所侵蚀，但这也为译制片的繁荣发展提供了良好的机遇。译制片是组成区域文化共同体的重要元素。在电影文化传播的过程中，它不仅是文化从认知到认同再到践行的过程，而且是电影译制推动对其他国家文化认知程度提升的重要手段。①

2. 作为文化资源的刘三姐主题声像的东盟传播

郭琳指出，“一带一路”倡议为中国与东盟国家间的文化交流提供了新的机遇和平台。在这个背景下，广西的刘三姐山歌作为一种独特的文化符号，对其翻译和传播不仅加深了中国与东盟国家间的文化理解和亲密关系，而且增进了民间的相互理解和友好感情。2014 年“中国与东盟文化交流年”的成功举办，进一步加强了中国与东盟国家之间的文化联系。在此期间，刘三姐山歌的翻译和传播起到了至关重要的作用。广西地区对刘三姐山歌的翻译给予了高度重视，目的在于促进中国与东盟各国在音乐和文化上的融合与交流。这种文化传播不仅有助于构建和谐的国际友谊，也为双方民众提供了共同的文化体验和认同感。这种文化符号的国际传播，为加深中国与东盟国家之间的相互理解和友好关系提供了宝贵的支持，也为全球文化多样性的保护和发展作出了积极贡献。②

唐吉深提出了在中国与东盟国家合作的背景下，利用数字化技术开发

---

① 李晨熙 . 中国与东盟译制片的亚媒介意旨与泛群体传播 [J]. 电影文学 ,2023,(14):99-102.

② 郭琳 . 浅议中国与东盟合作视阈下的刘三姐山歌翻译和传播 [J]. 新西部 (理论版),2016,(04):19+26.

和传播刘三姐文化资源的重要性和可行性。通过数字化、信息化、网络化技术，可以搭建集信息采集、数字化加工、展示和传播的共建共享平台，有效地传播刘三姐文化（包括民间传说、历史文献、学术资料、歌谣、民俗节庆、歌圩等，以及衍生出的刘三姐主题声像制品、影视作品、大型实景表演、旅游线路、文化景点等旅游与文化产品），增强其在国内外的影响力，并促进广西与东盟国家之间的文化交流和合作。同时建议，为了更好地实现刘三姐文化资源的传播和品牌价值的提升，需要深入研究刘三姐文化的数字化开发与传播问题。①

3. 中国游戏与东盟国际传播

薛强和何晓琪探讨了中国网络游戏在东盟国家的国际传播现状和策略，通过对东盟六大游戏市场（新加坡、马来西亚、泰国、印度尼西亚、越南和菲律宾）的调研，分析了中国网络游戏在这些市场的传播情况。他们认为网络游戏作为一种文化产品，与传统外宣相比，更易被外国尤其是年轻人接受。如《PUBG MOBILE》《王者荣耀》《原神》等。东盟市场由于与中国文化的接近性，成为中国游戏“出海”的重要目的地。东盟国家的游戏市场具有巨大潜力，尤其是在“一带一路”倡议和 RCEP 协议签署背景下，东盟的地位日益突显。他们指出，中国游戏需要在传播中国文化的同时，融入国际化元素，注意游戏名称的翻译和游戏时间的管控。这样可以更好地适应东盟市场，同时促进文化交流和理解。文章还提到，网络游戏作为新型叙事方式，在“叙事”角度的意义被不断强调与拓展，这为讲好中国故事提供了新的视角和途径。②

① 唐吉深 . 中国与东盟合作背景下刘三姐文化资源的数字化开发与传播 [J]. 文化学刊 ,2016,(11):14-17.

② 薛强 , 何晓琪 . 中国网络游戏在东盟的国际传播研究 [J]. 传媒 ,2023,(15):61-64.

（二）“一带一路”倡议下的艺术传播策略

丁裕森和庄严提出合拍纪录片提升艺术传播能力的策略。他们通过剖析当前跨国合作拍摄纪录片在国际传播中的独特作用，并在“四全媒体”理论视域下梳理了纪录片国际传播存在的问题，提出了“一带一路”建设背景下有效提升跨国合作拍摄纪录片国际传播效果的建议。并认为，单一的媒介渠道和内容形式已经不能满足新时代对东盟传播的需要。因此，在纪录片制作时要注重贴合时代发展、重视受众市场构建更精细化的全媒体模式转型，从而更有效地提升中国在东盟地区的国际话语权。①

康海玲提出要建设“一带一路”背景下中国与东盟戏剧共同体。其以命运共同体理念审视和建构中国与东盟戏剧关系，认为中国与东盟戏剧共同体的构建具有紧迫的现实需求。并对中国与东盟戏剧资源、历史条件和传播实践的分析，提出中国与东盟（南宁）戏剧周是构建中国与东盟戏剧共同体的有力推手。②

肖艳认为一年一度的国际音乐盛会“中国与东盟（南宁）音乐周”的举办不仅适应了“一带一路”背景，更契合“21 世纪海上丝绸之路”所代表的中国和东盟开启海上合作这一主题。具体而言，一方面，音乐周这一平台对东盟各国的音乐交流创作发展起到了一定的推波助澜作用——它通过分享东盟各国的优秀传统音乐艺术文化，提升本民族音乐文化的知名度，让更多的人来了解这一文化群体，同时也为一些国际音乐家们在创作中汲取不同国家音乐、习俗、文化等元素，提供更加丰富的养分；另一方面，音乐周让广西成为中国与东盟国家音乐文化交流的重要窗口，各国音乐家团体在这个舞台上竞相展现实力，推动了中国与东南亚各国乃至全世界音乐的发展，同时也使得中国音乐在文明互鉴的基础上，开启了东盟各国“民

---

① 丁裕森，庄严．“一带一路”建设背景下提升跨国合拍纪录片国际传播有效性的路径探索——以中越合拍纪录片《南溪河畔》为例 [J]. 东南亚纵横，2020，(04)：104-112.

② 康海玲．“一带一路”背景下中国与东盟戏剧共同体的构建 [J]. 福建艺术，2019，(10)：18-23.

心互通”的友好之路。①

韦铀和黄洪辉分析了在“一带一路”倡议背景下“中国与东盟音乐周”的发展路径，指出更明确的民族音乐定位、展示平台的拓展、国际化管理的引入等措施，可以有效解决音乐周发展中存在的问题。具体来说，一要强化中国、东南亚民族音乐保护与发展的定位，提高与“一带一路”倡议的契合性；二要拓展多样化的音乐展示平台，扩大“一带一路”倡议的受众影响面；三要引入国际化艺术管理模式，凸显国际性文化活动特性；四要加强立体化宣传，提高区内外的文化影响力，从而推动“一带一路”倡议下中国文化的传播与交流。②

金美兰和王海迪将“一带一路”背景下中国文化得以在东盟国家传播的原因解释为政策机遇、文化相似性、民心相通以及新媒体提供了新的机遇，同时指出中国与东盟在传播当中存在的传播主体、内容单一，本土化程度弱以及社交媒体使用不够充分等问题，并根据上述分析提出以下三条路径：第一，在主体上要纳入政府、动员各种文化交流中心、华人华侨文艺团体、留学生团体以及当地华人等民间组织，从而丰富交流层次；在技术上，要充分使用融媒体技术，全方位、立体化布局传统媒体和新媒体，积极拓展叙事平台和传播平台，全面提升传播实效；在媒体使用上，既要重视主流媒体引导，又要发挥民间平台聚合作用。第二，把握受众特性，实施精准传播——寻找中国文化与东盟国家文化的共同价值理念，既尊重文化差异又相互包容理解，在存异中求同，在包容中共融，更好地实施精准传播；同时要讲究情感共鸣。第三，重视对话协商，促进民心相通。一方面，着力推进疫后跨境贸易畅通；另一方面，要推进达成“利益共同体”共识，使东盟国家人民真正认识到中国愿意并能够帮助各国共享发展成果。

---

① 肖艳.论“一带一路”背景下“中国与东盟（南宁）音乐周”的跨文化传播[J].歌海,2017,(04):129-130.

② 韦铀，黄洪辉.“一带一路”战略背景下中国与东盟音乐周发展路径探析[J].艺术探索,2018,32(05):124-128.

同时，建立常态化的报道和回应机制，及时回应区域关切，传播“开放共享”“互利共赢”的共同理念增加合作共识。[①]

余婧探讨了在“一带一路”倡议背景和“中国与东盟”发展模式下，中国美术文化如何创新发展的路径。论文强调文化认同的重要性，并探索了中国美术文化在东盟国家传播的双向互利原则，旨在服务于中国与东盟各国之间的相互文化认同，从而推动双方在政治、经济、贸易等领域的可持续发展。文章认为，要在“中国与东盟”发展模式下突破传统思维，创新传播与交流的模式，发挥中国美术文化在中国与东盟文化建设中的催化剂和润滑剂作用。[②]

康佳威探讨了新媒体时代下面向东盟国家的微传播策略。论文指出，新媒体的碎片化、社交化和实时性等特点，已成为信息传播的新渠道。面向东盟的微传播利用这些特点，通过短视频、直播、游戏等形式实现精准传播。作者强调，新媒体时代的微传播路径与东盟传播的契合性强，正朝着生活化叙事、全景式呈现和文化性表现的传播路径转变，形成了全新的东盟传播图景，实现了“微传播，大效用”。[③]

四、中国与东盟艺术传播内容

（一）“中国与东盟戏剧周”的内容传播与文化交流实践

陈兵分析了“中国与东盟戏剧周”下的青年电影展，通过微电影和戏曲电影展播的形式，聚焦充满文化创新活力的青年群体，通过组织作品征集、展映观影、专家点评和交流研讨等多种方式，构建中国和东盟国家影

① 金美兰，王海迪.“一带一路”背景下中国文化在东盟国家的传播路径 [J]. 中国民族教育，2023，(10)：34-37.

② 余婧.“中国与东盟”发展模式下我国美术文化发展的创新路径 [J]. 大众文艺，2022，(03)：86-88.

③ 康佳威.新媒体时代面向东盟的微传播 [J]. 视听，2022，(09)：46-49.

视交流的平台。具体来说，2017 年青年电影展聚焦非主流群体，通过重视并运用东盟官方语言展现现代性对人的碾压这一主题，实现基于电影的艺术传播，积极促进中国与东盟各国青年电影爱好者之间的文化交流与合作的同时，助力东盟构建文化认同。①

唐衍欢和陆绍楠总结了中国与东盟（南宁）戏剧周中国戏剧所运用的非语言符号——音乐符号、服饰符号、布景符号、妆容符号、肢体语言、表情符号，并分析了其在戏剧表演中的作用：能够促进观众领略多元文化差异、拓宽受众视野，消除语言隔阂、增进艺术交流，交代戏剧背景、营造戏剧氛围感。除此之外，他们还认为非语言符号在周边传播的塑造国家形象、促进“非遗”的周边传播等方面起到重要作用，为我国与东盟戏剧文化交流提供有益参考。②

覃小琼对中国与东盟（南宁）戏剧周的具体实践和成果做出分析。具体来说，南宁发挥地缘优势，由南宁市人民政府、广西壮族自治区文化和旅游厅主办并形成中国与东盟（南宁）戏剧周品牌，截至 2021 年，戏剧周共演 263 场，开展戏剧工作坊 96 场、专题研讨 18 场，并开展了剧评会、微电影展览、艺术展览、粤剧大赛等活动，线下观众约 50 万人次，线上约 890 万人次参与；同时，2014 年，南宁市依托戏剧周平台，实施“文化走亲东盟行”工程；除此之外，戏剧周整合中国与东盟各大文艺院团力量，发起建立了“中国与东盟戏剧合作交流机制”和“中国与东盟非遗保护交流合作机制”，分别有国内外成员单位 92 家和 40 家，极大促进了合作交流。③

① 陈兵 .2017 年中国与东盟戏剧周青年电影展述评 [J]. 电影文学 ,2017,(24):19-22.

② 唐衍欢，陆绍楠 . 周边传播视域下戏曲在中国与东盟（南宁）戏剧周的非语言符号运用 [J]. 歌海 ,2023,(02):120-127+133.

③ 覃小琼 . 中国与东盟（南宁）戏剧周助力中华文化“走出去”的实践与探索 [J]. 中共南宁市委党校学报 ,2022,24(03):56-60.

（二）多元视听的内容传播与中国文化的在地化

1. 市场化与电影美学的双重关照

中国与东盟之间的影视剧翻译和交易平台建设是在“中国与东盟博览会”背景下的一个重要议题。中国与东盟之间的文化交流，已经成为博览会的一个新的资源聚合领域，并且影视文化合作的影响力日益增强。特别是，随着中国与东盟信息港的完善，文化交流特别是影视作品的翻译与交易成了合作的重点。建立专业化、市场化的影视剧译配和交易平台具有重要性和迫切性。这不仅是为了满足国内对优质内容的需求，也是为了推动中国文化走向世界，特别是东盟国家。文化合作被视为加强中国与东盟国家之间的友好关系和相互理解的重要途径。同时，也要进一步加强中国与东盟国家之间的文化和影视作品的交流与合作。这包括建立更加有效的翻译和交易机制，以及提高影视作品的翻译质量和市场适应性。此外，需要加强双方文化理解，提倡双方在创作和传播过程中更多考虑对方的文化背景和观众需求。

杨一深入探讨了中国与东盟在电影领域的合作及其对电影美学范式的影响，其通过分析中国与东盟电影共同体的形成，揭示了这种跨文化合作如何促进了电影行业的美学创新和电影工业的革命。杨一首先强调了中国与东盟国家在电影制作和文化交流方面的紧密合作，其不仅基于电影市场的需求，而且还深受两地文化交融和共同发展的愿景驱动。作者指出，这种跨国合作在全球电影行业中逐渐形成了重要的影响力，尤其是在推动电影美学创新方面。接着，论文讨论了中国电影市场化发展的双刃剑效应。一方面，市场化为中国电影业的增长提供了动力；另一方面，这种过度的市场导向却在某种程度上削弱了电影的美学创新能力。对于中国电影业而言，这成了寻求新的发展道路和创新策略的关键时刻。论文中，作者着重分析了中国与东盟电影的地缘性与共融性。中国与东盟电影扎根于东南亚的文化土壤，其作品不仅展示了地缘性的审美特征，还反映出了该地区民族的风情和熟稔的影视技巧。这种地缘性与共融性的结合，为电影产业提供了新的美学方向，并促成了电影“民族性的类型化”。最后，作者强调，中国与东盟电影共同体的出现是对现有电影美学范式的一种挑战和刷新。这种跨国合作不仅在电影产业层面取得了显著的进展，更在推动电影美学创新和引领电影工业美学革命方面发挥了关键作用。通过这种合作，中国和东盟国家共同探索着电影艺术和文化表达的新路径，为全球电影产业的发展提供了新的视角和灵感。①

2. 纪录片：深入挖掘中国本土文化

丁裕森和庄严剖析了当前跨国合作拍摄纪录片在国际传播中的独特作用。通过深入挖掘当地文化、生活故事，这些纪录片在向世界展现中国文化的同时，也为东盟国家提供了更真实、更立体的了解中国的窗口。这种细腻而深入的叙事方式，使得观众更容易产生情感共鸣，增进了文化互信。他们认为在新媒体主导的国际传播新时代，例如《光阴的故事》《中越友谊家庭纪事》《家在青山绿水间》等中外系列合拍纪录片的不断出品，纪录片依然发挥着不可替代的作用。②

蒋珊珊从受众解读框架出发，采用词频分析、共现语义分析方法，对跨文化纪录片《嗨！东盟》的视频文本和弹幕内容进行分析，认为跨文化纪录片对认识东盟国家形象、引导民众形成正确认知、促进中国与东盟区域发展具有重要意义。她认为该纪录片采取双重塑造的方式塑造东盟国家形象，并将主题聚焦于中间主题、最高主题的叙述。受众对于此类跨文化纪录片存在支配式解读、协商式解读、对抗式解读三种解读方式，尽管不乏对东盟国家的赞美，但也存在一定的“以我为主”的认知偏差。③

---

① 杨一. 地缘性、共融性与共同体：中国与东盟电影的美学范式创新 [J]. 电影文学，2023,(14):111-114.

② 丁裕森，庄严.“一带一路”建设背景下提升跨国合拍纪录片国际传播有效性的路径探索——以中越合拍纪录片《南溪河畔》为例 [J]. 东南亚纵横，2020,(04):104-112.

③ 蒋珊珊. 编码与解码：跨文化纪录片《嗨！东盟》中东盟国家的形象呈现与受众解读 [J]. 声屏世界，2023,(13):81-83.

蓝云剑以广西广播电视台与东盟国家合拍的纪录片为研究对象，考察纪录片个人人物形象对国家形象建构的影响。他认为：在合拍纪录片中，语言符号与国家叙事紧密联系；人物实现了文化异质结构中的意义共通，并通过共情传播建构叙事共同体，最终形成人物品格与国家形象的复合同构。纪录片中个体叙事与宏大叙事相得益彰，既发挥了人物叙事的长处，也规避了个体叙事以偏概全的风险，为国家形象建构拓展了新的视听空间和话语表达。①

蓝云剑通过对东盟受众对纪录片相关偏好的分析，认为东盟受众对纪录片内容的观看行为是基于某种目的主动观看，而地缘接近、文化相近是东盟受众接触中国纪录片的潜在原因，此外东盟受众在观看纪录片后会产生到相关地区旅行的意愿。因此，中国纪录片对地缘相近的周边地区进行跨文化传播需要处理好文化共性和文化独立性的问题。翻译问题是中国纪录片对东盟传播的主要阻碍，不同文化间交流和理解的需求是东盟国家跨文化交流的共识，尊重、正视文化共性中的文化差异是中国纪录片周边传播的精准着力点。他同时建议我国纪录片对东盟的跨文化传播需要打通纪录片“制作、触达、理解”的闭环。具体来说，就是要以跨文化传播理论为视角、以地域文化相近为主轴，构筑一条“东盟受众观看中国纪录片—增进东盟受众和中国的交流行为—助力共建中国—东盟命运共同体”的传播路径。②

范昊源和赵鑫探讨了中国与东盟合拍片的现状、面临的挑战及未来的发展方向。中国与东盟合拍片数量和质量近年来有所提升。在合拍模式上，三个主要创新点分别是技术与人才资源的多元联合、小众网络电影的发展以及全民参与。然而，合拍片也面临着一些挑战，主要包括创作能力不足、

---

① 蓝云剑 . 个体叙事与国家形象传播——以东盟合拍纪录片为例 [J]. 中国广播电视学刊 ,2023,(07):93-97.

② 蓝云剑 . 地缘视角下跨文化传播的共性与差异——东盟相关国家受众中国纪录片偏好实证研究 [J]. 当代电视 ,2023,(06):86-90.

合作双方文化上的不协调以及“自我”与“他者”之间的文化冲突。这些挑战阻碍了合拍片的深入发展和广泛接受。文章提出了一些提升策略。即中国与东盟的合拍片应该以传统文化为基础，创作出具有内涵的作品。在合作模式上，应当追求利益共享和风险共担。此外，作者强调开放包容、互敬互爱的原则对合拍片和平发展至关重要。[①]

3. 电影：人文网络电影的深度合作与共同体美学的构建

罗远平深入探讨了中国与东盟在人文网络电影方面的合作与发展，以及其中所体现的共同体美学。文章着重分析了中国与东盟人文网络电影在主体性、他者性、多样性等方面的表现，指出这些元素是海外学者关注的焦点。论文强调，新时期对这类电影的研究需要多元化和异质性的视角，以深入理解其内涵。具体来说，中国与东盟人文网络电影通过融合本地文化和大众文化，呈现了该地区的社会生活、情感、文化和历史，以达到交流互鉴的目的。在不同国家的多元文化并存背景下，重构想象中的共同体成为这类电影的新趋势。作者强调，这种电影类型在艺术与商业之间寻求平衡，并通过借鉴共同体美学理论，使具有人文色彩的国产艺术电影走出小众美学的圈子，获得更广泛的观众关注与接受。论文还探讨了中国与东盟人文网络电影的发展潜力，指出随着中国和东盟国家合作的日益加深，这类电影得到了快速发展。相较于好莱坞类型电影，中国与东盟人文网络电影在叙事内容、类型意识和要素上展现了新的发展。作者提出，共同体美学的核心在于打破“我者”和“他者”的隔阂，寻求在独立性的前提下的共同点，提供了一种全新的思考方式。[②]

李镇从历史、现实、理论、实践、美学和技术等多个角度出发，分析了中国与东盟电影合作的特点和发展趋势。文章指出，自 20 世纪 20 年代

---

① 范昊源，赵鑫. 中国与东盟合拍片的困境、模式创新与未来走向 [J]. 电影文学，2023,(14):107-110.

② 罗远平. 中国与东盟人文网络电影的共同体美学 [J]. 电影文学，2023,(14):115-117.

以来，南洋华侨生活圈不仅是中国商品的外销市场，也是中国文化产品，特别是电影的主要海外市场。中国在对外文化交往中，强调的平等互利、互相尊重和共同发展的主体间性模式理论基础，来源于中国的哲学和文化传统，强调了“各美其美、美美与共”的理念。并分析了不同学者对于中国与东盟电影合作的研究，包括东南亚华语电影的身份认同问题、中国与东盟译制片的传播、电影产业的协同发展、合拍片的模式创新以及中国与东盟电影的美学范式创新等，认为电影不仅是文化交流的重要媒介，也是推动双方文化共同体意识、强化战略伙伴关系的关键途径。①

唐茂妮探讨了中国与东盟在电影产业方面的合作及其对广西电影产业发展的影响，强调电影产业合作是中国与东盟全方位战略合作的重要组成部分，也是电影文化周举办创新的主要目标。作者指出，作为中国与东盟文化经济合作的前沿省份，广西在电影产业方面拥有独特的资源禀赋、发展政策和推进效果，这对于两地文化活动中电影产业的演化至关重要。论文从关联互补、要素要求等角度分析中国与东盟电影产业的合作机制。此外，作者建议加强电影产业人才培养，从讲好与讲清中国故事的角度出发，同时找准广西电影的功能定位，从在地与离地的角度进行探讨；并强调通过特色与底色的彰显来推动中国与东盟电影产业合作交流的重要性。②

4. 电视剧：东方美学与文化输出的结合

黄健君和李香凝分析了《苍兰诀》在东盟国家成功的原因，包括其扎实的原著基础、独特的东方美学风格、丰富的音乐元素和高质量的视听体验。作者认为，文化交流是最高效的互动形式，可以实现无隔阂、无疆界的传播。《苍兰诀》的成功在于其内在的深度挖掘和外在的宣传合作。剧中独具一格的中国传统文化符号和审美，如非遗工艺的展示和中国古典美学的彰显，为中华传统审美意蕴的构建与传播提供了显著

---

① 李镇 . 中国与东盟电影研究 [J]. 电影文学 ,2023,(14):94.

② 唐茂妮 . 中国与东盟电影文化周与广西电影产业发展 [J]. 电影文学 ,2023,(14):122-125.

优势。[①]

覃露莹分析了中国与东盟视听周的缘起与发展，突出了其作为区域媒体合作和人文交流的重要平台和中国与东盟广电视听交流合作的典范。自2019年创办以来，中国与东盟视听周已成为中国和东盟国家间民心相通、文化相融的积极推手，尤其在媒体领域的人文交流品牌活动中发挥了显著作用，并强调疫情期间也不例外。此外，提出了视听周在未来发展中应做到提升活动质量、加强专业性和针对性并增强学术价值，并强调其在服务共建更为紧密的中国与东盟命运共同体中所扮演的角色。[②]

（三）“中国与东盟音乐周”的合作实践与文化交流

潘林紫认为，“中国与东盟音乐周”通过作品展演实现了音乐的交流和区域之间的对话，并且围绕作品解说、技法探讨和东盟音乐文化专题进行的高峰论坛促进了专业层面和文化层面的交流。此外，演出吸引了众多市民观众，促进了城市文化环境的构建，肯定了“一带一路”背景下音乐周在民族交往和地区和平方面的重要作用。[③]

许颖通过对在第七届“中国与东盟音乐周”当中作曲家陆培的访谈，总结了陆培眼中的民族化、陆培与听众、陆培理解的现代音乐等内容，在理解陆培的音乐创作理念基础上，为其他中国与东盟作曲家更好发挥中华传统文化符号的魅力，并理解国外音乐的先锋性方面提供参考。[④]

戴伟对“中国与东盟音乐周”的发展历程做了回顾，并对其定位作出明确划分：首先中国与东盟自由贸易区的建立和广西本身的地理优势、民

---

① 黄健君，李香凝.“一带一路”倡议下中国古装电视剧视听艺术在东盟国家的传播——以《苍兰诀》为例 [J]. 电影评介，2023,(08):86-90.

② 覃露莹.中国与东盟全面战略伙伴关系中的人文交流品牌活动探究——以中国与东盟视听周为例 [J]. 中国广播电视学刊，2022,(12):76-79.

③ 潘林紫.跨域对话多样传播——第四届“中国与东盟音乐周”述评 [J]. 人民音乐，2015,(11):25-28.

④ 许颖.民族·雅俗·现代——“中国与东盟音乐周”访作曲家陆培 [J]. 歌海，2018,(05):29-32.

族文化优势为音乐周的创办提供基础；同时指出音乐周本身是以民族音乐艺术精品为主的交流盛会。因此应该通过摆脱“自娱自乐”，打造国际性音乐盛会；开设东盟各国民族民间音乐专场介绍音乐会；采用新媒体宣传；开设相关比赛，吸引参与等方式，以民族性、探索性、学术性为主要目标，在音乐探索中发现问题，解决问题，为东盟各国民族音乐文化及民族文化交流提供平台，推动广西艺术学院以及东盟各国的音乐创作发展。①

田可文探讨了中国音乐与东盟音乐的关系、“中国与东盟音乐周”的历史定位等问题，并认为中国的民族音乐语言需要提升，需要创造出使世界各民族普遍都能够欣赏与接受的音乐作品。所以应该强调音乐作品具有“民族性”因素，同样也强调具有“世界性”的音乐视野。此外，作者强调展演的音乐作品的民族化，认为要在音乐作品的内容与题材上，探索如何突出广西历史文化风貌与民俗风情，如歌舞剧《刘三姐》和山水实景演出《印象·刘三姐》等作品。②

张灿和义璐甜分析了第十一届“中国与东盟音乐周”的举办活动现状，认为其凭借依托线下线上平台，坚持三大固定板块音乐会、高峰论坛、专家讲座实现音乐周的成功举办；并且本届音乐周坚持其一贯的原则，突出民族音乐特色，立足本土联通东盟，给观众带来特别的视听体验。③

孙展从音乐展演、研讨会、赛事平台等方面分析了“中国与东盟音乐周”的现状，认为应该从以下几方面优化音乐周的举办：首先搭建更高国际化平台，寻求更高层次发展；其次要调整举办时间和地点，创新音乐内容和形式，并寻求联合举办的机会。除此之外，还要积极开展各类音乐比赛，并在比赛中增加东盟元素等方式，区别其他音乐盛会，推动中国和东盟国

① 戴伟.中国与东盟音乐周的发展历程与当下的定位思考[J].音乐创作,2017,(01):61-64.

② 田可文.中国音乐与东盟音乐关系探析——参加“中国与东盟音乐周”活动有感[J].歌海,2016,(01):52-54.

③ 张灿，义璐甜.依托线下线上平台突出民族音乐特色——2022年第十一届中国与东盟音乐周综述[J].音乐生活,2023,(05):58-61.

家之间的音乐交流。①

（四）中国与东盟艺术教育的人才培训与旅游开发合作

韦思铭深入探讨了创新美育视域下东盟艺术教育机制的中国化传播特色，通过分析东盟各国在艺术教育方面的创新举措，阐述了创新美育在当代高等艺术教育中的重要性，以及如何通过中国化传播特色促进教育改革和人才培养。他指出，创新美育核心是艺术创新与美育教学，目的在于塑造复合型全面人才。并认为，创新美育是当代高等艺术教育传播活动的核心观念，也是中国教育改革不断优化的具体内涵。韦思铭指出，东盟国家的艺术教育机制呈现出明显的中国化传播特色。这一传播特色以立体式、多元化传播载体为主，不断对东盟艺术教育机制内容进行中国化融合，大众传播媒介在其中发挥着重要作用。他进一步强调，东盟艺术文化教育机制中的创新美育理念，是基于高等教育、素质教育及审美教育三个维度的新型教育观念。文章还讨论了“圣人之教”的概念在东盟艺术教育中的应用。东盟各国的教育核心是培养内外兼修的人才，与中国孔孟提出的“圣人”观念相吻合。②

陈玉茜、郁立翱等集中探讨了中国和东盟在艺术教育及旅游开发方面的合作，尤其是在深化这些领域合作的策略和途径上，并指出这些具体的对策和措施对促进中国与东盟在艺术教育和旅游开发方面的深度合作的意义。作者明确了中国和东盟之间长久以来的友好合作关系，强调了全球范围内对两者更深入合作的普遍期待。作者通过以广西艺术学院和东盟国家之间的合作为例，揭示了当前东盟艺术教育面临的主要挑战，诸如专业不全、教育质量参差不齐、线上资源缺乏和体验感差等问题。并强调通过建

① 孙展．中国与东盟国家音乐交流互动的路径和策略——以中国与东盟音乐周为例 [J]. 歌海，2023，(02)：72-80.

② 韦思铭．创新美育视域下东盟艺术教育机制的中国化传播特色研究 [J]. 中外艺术研究，2020，(01)：168-173.

立高标准的东盟艺术学科和学术体系、举办高级别的东盟艺术赛事、构建数字化东盟艺术教育平台以及创建东盟艺术体验区等措施，旨在提升东盟地区艺术教育的整体质量，同时推动艺术教育与旅游业的融合发展。①

侯李游美、李晨赵以成都大学中国与东盟艺术学院美术与设计学院的实际情况为案例，深入分析了在社会主义背景下高校艺术教育的方向和方法。他们强调了中国共产党在教育工作中的核心作用，认为加强党的领导是教育工作的根本保障；并进一步探讨了艺术教育、意识形态和身份意识的关系，认为艺术教育不仅是文化艺术的传播，更是意识形态教育的重要组成部分。在实际操作层面，成都大学中国与东盟艺术学院美术与设计学院积极响应这一教育方针，通过各种教育实践和活动，如国家级竞赛、学术峰会、师生展览等，致力于培养具有国家意识和社会责任感的艺术人才。在全球化背景下，艺术教育不仅影响文化艺术领域的发展，还对社会的整体进步和国家的未来发展具有深远意义。因此，艺术教育需要关注价值判断和意识形态的问题，这不仅决定了社会文化的整体方向，也是艺术教育者和学生肩负的伟大时代使命。②

（五）中国传统艺术的传播方式与传播策略

伍小东深入探讨了中国书画在东盟各国的传播和交流方式。他指出，中国书画在东盟各国的传播和交流日益扩大，主要有三种方式：展览交流、留学生传播、艺术家考察交流。通过这些多样化的传播和交流方式，中国书画在东盟国家中的影响力逐渐提升，不仅促进了文化艺术的交流，还加深了人民之间的相互理解和友好感情。这种跨文化的艺术交流有利于构建

---

① 陈玉茜，郁立翱，廖月洁，陈冰窈，韩悦，左佳．中国与东盟艺术教育和旅游开发融合对策探析——以广西艺术学院为例 [J]. 文化创新比较研究，2021，5(06)：173-175.

② 侯李游美，李晨赵．“为党育人”的高校艺术教育路径探究——以成都大学 - 中国与东盟艺术学院美术与设计学院为例 [J]. 财富时代，2022，(11)：92-97.

和谐的国际关系，促进不同文化之间的相互尊重和学习。①

张伟提出了一系列切实可行的策略，旨在提升中国画在东盟国家的传播效果。通过在中国画设计中融入东盟元素，加强对中国传统文化的传承，以及调整传播策略以适应东盟受众的审美和文化偏好，中国画可以作为一个重要的文化交流媒介，促进中国与东盟国家之间的文化交流和相互理解。张伟强调，中国画的设计和传播应该紧密结合东盟各国的文化和审美偏好。他还指出，中国画的设计应该适应东盟各国的国情及受众心理。同时还要增加东盟各国的文化元素。张伟进一步提出，中国画的传播不仅要强调其艺术美感和创新，还要强调民族化和中国民族文化的传承。通过这种方式，中国画可以在东盟国家中发挥更大的文化交流和教育作用，成为增进理解和友好关系的桥梁。②

王岚岚采用跨学科的研究视角，从传播时间、传播主体、传播渠道和传播效应等多个方面，对南派筝乐在东盟国家的传播景观进行了全面的跨境研究。特别关注潮州、客家、粤乐和福建四大筝派的南派筝乐文化，探讨其与东盟多国筝乐的渊源关系，以及在异国文化语境中的演变轨迹。并指出，中国南派筝乐的传播历史在东盟国家分为两个主要时期。早在古代，中国的南派筝乐就已经传入东盟国家，如越南和印度尼西亚。这些地区的筝乐形式和中国南派筝乐有着深厚的联系。此外，随着中国对外文化交流政策的开放，在21世纪初，中国南派筝乐的传播在东盟国家得到了加速，成为马来西亚、新加坡等地华人圈的主要乐器之一。她强调，中国南派筝乐的传播对加强中国与东盟国家的文化认同感至关重要。通过对南派筝乐对海外传播的音乐文化现象的研究，可以强化中国与东盟国家之间的文化联系，促进社会的和平稳定及经济的繁荣发展。此外，文章还提出了一些

① 伍小东.中国书画在东盟各国的传播、交流方式研究[J].数位时尚(新视觉艺术),2009,(04):56-57+71.

② 张伟.中国与东盟背景下中国画对外传播策略研究[J].艺术百家,2017,33(05):222-224.

具体的研究发现，如马来西亚、新加坡等国家筝乐的发展现状、教学方式以及生存现状等。这些研究不仅揭示了南派筝乐在海外的传播路径，还展示了其在异文化语境中的生长和发展。①②

杨柳探讨了在全球化背景和中国与东盟全面战略伙伴关系发展的大环境下，广西地区桂学文化向东南亚传播的途径。论文强调桂学文化的历史传承和丰富内涵，突出了广西特色文化的国际传播价值。并提出，全球化和中国与东盟全面战略伙伴关系的不断发展为跨国文化传播提供了良好的环境。③

五、中国与东盟艺术传播理念

（一）周边传播理念：以人为本，构起家鲜明东方特色的周边传播叙事体系

闫成胜指出，东盟国家作为中国的周边国家，不仅面临美国干扰正常周边交流的问题，而且有极大的发展潜力。因此，第一，要加强周边协同配合，采取有效的周边传播手段积极应对美国对中国周边区域的搅扰；第二，要坚持以人为本，构建既与西方理念相融通又具有鲜明东方特色的周边传播话语和叙事体系；第三，要以当地民众喜闻乐见的方式展现周边题材、创作符合周边市场的时代“精品”；第四，要积极适应国际传播移动化、社交化、可视化特点，采取有力措施鼓励媒体机构、影视企业、网络平台积极开展周边传播，开拓海外市场，厚植共同利益；第五，要充分利用各种交流机制平台，扩大人员交流规模，提高交流质量。

---

① 王岚岚.中国南派筝乐沿“海上丝绸之路”在东盟国家的传播研究（上）[J].乐器,2023,(01):64-67.

② 王岚岚.中国南派筝乐沿“海上丝绸之路”在东盟国家的传播研究（下）[J].乐器,2023,(02):58-60.

③ 杨柳.中国与东盟全面战略伙伴关系下的桂学文化面向东南亚传播的路径思考[J].桂学研究,2023,(02):249-258.

针对周边国家媒体发展实际需求，为各国人才培养和能力建设提供实实在在的帮助。①

（二）中国戏剧：打造符合东盟公众审美情趣的艺术情境

邹颖指出，南宁虽然是中国的边缘城市，但也逐步成为跨地域文化传播的输入点和输出点。因此，在面向东南亚国家跨文化传播时，应该利用戏剧这种文化传播手段，聚焦特殊地带的特殊人群，通过传递符合现代社会语境的内容，引起全世界的共鸣。同时，要秉持现代戏剧观，在对东南亚戏剧文化了解的基础上实现艺术交融，注重艺术产生的文化背景和底蕴的传播和交流；除此之外，还要培养熟通多国语言戏剧艺术工作者，以突破跨文化传播中的语言限制和族群限制。②

邹颖对中国与东盟戏剧周存在的问题做了分析，并通过对乌镇戏剧节的分析指出，中国与东盟艺术传播当中要汲取乌镇戏剧节的经验，做到扩大情感传播的影响力，用符合大众审美情趣的社会观打造艺术情境——坚定不移地以现代化的大众生活体验出发构建戏剧文本；坚定地注入广西多民族聚集的特色民俗文化，以独特的民族性节日气氛调动受众能动的想象，突破日常生活的庸俗化；同时指出，人作为传播媒介，是进行文化普及的最直接、有效的形式，充分发挥具备社会影响力以及明星效应的戏剧艺术家的作用，最大广度地吸收受众并带动受众“人人交流”，实现传播范围最大化。③

许晓明总结了中国与东盟京剧艺术发展与传播研讨会中研究者、京剧艺术家和教育者等各方观点，指出会议中对京剧的内涵、发展方向和培养目标达成以下共识：京剧是中国的国粹，它具有“雅俗共赏”的属性。京剧的发展历程表明，京剧是一门活态发展的艺术，在坚守传统“类型化”

---

① 闫成胜 . 笃行周边传播战略化育亲仁善邻厚谊 [J]. 传媒 ,2023,(14):9.

② 邹颖 . 边境地区如何带动文化的内外交流——以中国与东盟戏剧周为例 [J]. 卫星电视与宽带多媒体 ,2020,(05):194-195.

③ 邹颖 . 中国与东盟戏剧周品牌影响力的传播策略 [J]. 戏剧之家 ,2021,(09):37-38.

表演的同时，应该学会借鉴包括西方舞台艺术在内的其他艺术门类的成就，在表演中注重典型性。京剧在海外华人中起着文化认同符号的作用，本着国家文化发展战略的需要，应该注重京剧在海外的推广。尽管京剧存在着生存生态“荒漠化”的趋势，但是只要加强人才培养，并拓宽教育渠道，加强演出市场的培育，注重以科学的戏曲理论作为指导，京剧将在国家加强非物质文化保护工作背景下重获春天。①

何荣任总结了中国与东盟戏剧周发展的基本情况，并梳理了传播过程中存在的问题，并提出相应的建议。首先，中国和东盟的戏剧发展处在不同的阶段，并从历史角度分析指出东盟对其戏剧文化自信不足，也没有形成独特民族性的戏剧艺术，导致东盟处于被动局面；其次，中国戏曲艺术在东盟的传播，由于文化、政治等因素面临被审查和被曲解的风险；最后，华人剧团参与度不高等问题，也阻碍了中国戏曲文化在东南亚地区的传播。为了突破以上困境，其认为，第一应该以戏剧表演体系的理论建设为主题，深入开展中国与东盟戏剧对话和理论交流；第二加强中国与东盟戏剧人才培养的合作与交流；第三结对帮扶华人社团，不断提高华人戏剧的创作、演出能力；第四加强民间剧团的交流演出；第五加强青少年之间的戏剧交流。②

杨智认为，当代戏曲的发展呈现出两个明显趋势。首先，随着戏剧的理性启蒙和现代意识的增强，戏曲的艺术空间与表现力正不断彰显，这在大型剧目展演如中国—东盟（南宁）戏剧周上得以体现。这意味着戏曲不仅在传统领域中寻求创新，也在更广泛的文化舞台上找到了表达的空间。其次，戏曲名家的参与与倾情演唱变得至关重要。在这一趋势下，对于戏曲作为综合艺术是否能够吸引观众，以及名角在其中的地位和作用是

---

① 许晓明 . 你方唱罢我登场，各抒己见谋戏途——2009 年中国与东盟京剧艺术发展与传播研讨会综述 [J]. 歌海 ,2009,(06):10-12.

② 何荣任 . 新时代背景下中国与东盟戏剧交流与发展探析——以南宁市中国与东盟戏剧周为例 [J]. 戏剧之家 ,2018,(16):7-9.

否不可替代，成为关键问题。这一点在大型戏曲展演活动上日益凸显，显示出名家的演绎和表达能力对于戏曲艺术的重要性。同时，杨智也指出了一些局限性。随着新时期戏剧的“两度西潮”以及“写实”戏曲的兴起，传统的“演员至上，名角称王”的模式呈现出弱化的趋势。这表明，在新潮流和新趋势的推动下，戏曲艺术也面临着变革和挑战。演员的个体表现力或许不再是唯一的制胜法宝，而整体作品的创新和深度可能更为受重视。这一变化显示出戏曲艺术在迎接当代观众和审美需求方面的努力和调整。①

（三）视听内容：讲述贴近本土语境的中国历史与故事

覃彤对《志同道合》纪录片传播过程的分析，指出其如何实现精准传播讲好中国故事，并进一步提出传播路径的思考。首先，“一国一策”策略的实施是关键，两国媒体的紧密合作，共同策划、联合制作、双方共同推广，并实现同步播出。这种协同合作的方式不仅促进了两国之间的文化交流，还使得纪录片更贴近当地观众，赋予其更强的地方性。其次，采用当地人熟悉和理解的语言，通过本土语境来讲述与中国相关的历史和故事。这种语言选择不仅使得内容更容易为观众接受，也更好地传递了纪录片的主题和信息。最后，制作中将历史与当下、宏大叙事与微观故事、国家与个体有机融合。这种综合性的叙事手法使得纪录片不仅能够传递中国的宏观形象和历史背景，还能够深入挖掘个体的生活故事，从而更全面地展现真实的中国。这一实践充分证明，采用精准传播的方式是向世界展现真实、立体、全面的中国的有效途径。通过在合作中充分发挥各方优势，使得纪录片既具备国际视野，又能够贴近当地观众的需求，实现了更广泛而深入

① 杨智．关于“名角的不可替代性”及其局限——以第五届中国与东盟（南宁）戏剧周为例 [J]. 艺术评论，2017，(12)：129-134.

的传播效果。这为未来国际合拍项目提供了有益的借鉴经验。①

覃彤以广西广播电视台携手五洲传播中心、柬埔寨国家电视台联合制作的纪录片《患难与共中柬情》为主要案例，梳理相关合作实践和成果，认为该片从平实视角纪录中柬共同抗疫的故事，同时两方通过融通中外深度开展“云合作”、因地制宜调整合作方案改进节目形态，开启了双边人文交流合作新模式。并认为，广西台应该持续大力发挥地缘、人缘优势，加强国际传播能力建设，以合拍纪录片为抓手，推动“我”与他者的“合奏”，以润物细无声的传播方式，广泛宣介中国主张、中国智慧、中国方案，力求营造“西方不亮东方亮”的有利格局。②

苏宇对广西电视台外宣类纪录片如何做好国际传播做出总结，其认为纪录片制作应该依循外交政策，坚持广西特色；重视纪录片前期的策划调研，严控产品质量，从而实现“立足广西，握手东盟”做好外宣类纪录片。③

刘蕴锋、朱彦先总结了纪录片跨国合拍模式的实践路径，认为应该首先做到有效交流，畅通双边合拍言路；同时做好案头规划和紧急预案，及时应对进程变化；另外，要充分具备国际视域，引领两国合拍主线，避开“以我为主”叙事手法，将关注点放在了与对象国、受益者相关的“人”和“事”；最后要与对象国媒体和拍摄对象共建汇集媒体资源的“中央厨房”，通过调控、梳理促使相应的媒体资源嫁接到合理的出口，实现“借船出海”，充分调控中外媒体资源。④

① 覃彤.精准传播讲好中国故事——中老合拍纪录片《志同道合》样本解读[J].新闻潮,2022,(02):12-14.

② 覃彤.新形势下中国与东盟媒体合作新路径——以纪录片《患难与共中柬情》为例[J].新闻潮,2022,(10):10-12.

③ 苏宇.立足广西,握手东盟——关于广西电视台外宣类纪录片的浅思[J].视听,2017,(03):29-30.

④ 刘蕴锋,朱彦先.纪录片跨国合拍模式实践路径探析——以纪录片《和合澜湄——中老铁路建设纪实》拍摄为例[J].声屏世界,2022,(08):66-68.

曾余榕总结了中外合拍纪录片的国际传播策略，并认为在题材上应该选择紧扣民生热点话题，在叙事上应该避免“以我为主”，而是将小人物故事和国家往来的典型事件娓娓道来，将友好和平发展的大局落实于具体的惠民措施中，使百姓在自己的国家和经济发展潮流中，获得自我身份认同；在时间节点上要精准把握历史脉络，推动传播效果的最大化。①

蒋雪林选取2019年度广西广播电视和网络视听国际传播类优秀作品为研究对象，对其进行评析和总结研究，认为通过“借嘴说话”传播中国与东盟合作理念，借助国际化表达传播“命运共同体”理念，进行深化合作，将作品落地东盟国家主流媒体。同时，他分析了目前视听类作品存在的问题，比如作品少、作品视角内宣化、外宣题材创新性不足等，并认为之后的纪录片创作应该树立受众意识、了解受众需求、强调内外有别的同时加强媒体间合作，尤其是新媒体之间的合作。②

王焕玲分析了新时代背景下，中国与东盟电影在文化交流中的重要作用，并探索了这些电影如何有效传达中国的历史、文化和价值观。其指出，中国与东盟国家在文化圈中有着相似的文化根基，这为中国电影在东盟地区的传播提供了有利条件。文章强调，讲述中国故事的电影应该坚持以理服人的原则，用事实说服观众，并且应该客观、真实地展示中国的自然风光、历史和文化。并强调中国与东盟电影讲好中国故事的四个关键方面：建立故事内核、贯彻形式概念、坚持以情动人和坚持以道化人。③

① 曾余榕.浅析中外合拍纪录片的国际传播策略——以《家在青山绿水间——志同气和》为例[J].视听，2020,(06):60-61.

② 蒋雪林.探析以广西故事传播中国与东盟合作的策略——以2019年度广西广播电视和网络视听国际传播类优秀作品为例[J].新闻潮，2021,(06):41-44.

③ 王焕玲.中国与东盟电影讲好中国周的逻辑与路径[J].电影文学，2023,(14):118-121.

六、中国与东盟艺术传播影响

（一）音乐周的传播：多民族文化共享仪式的构建

许婉华通过对中国与东盟音乐周的传播场域进行分析，并通过问卷调查等方式调查了音乐周对广西民族文化传播的效果。结论如下：首先，在Facebook上注册的中国与东盟音乐周账号会定期发布音乐会消息，可以增加外籍音乐家关于音乐会进度的了解。在参加音乐会期间，音乐家对于校园内音乐周活动的招贴也较为感兴趣，同时，通过摄像和社交内容发布，部分音乐家在志愿者的指引下认识南宁。同时，受访外籍人员增进了对广西民族文化的了解，如广西民歌、舞蹈和服装。其认为，广西民族音乐文化成为中国与东盟音乐周的重头戏。多种媒介传播与传播场域的影响，对促进广西民族文化传播起到了非常大的作用。①

刘佳和陆桂晶基于传播仪式观视域对中国与东盟音乐周的传播效果进行分析，认为中国与东盟音乐周形成了具有强效传播机制的多民族文化共享的仪式。具体而言，其通过对其象征意义、仪式参与者、仪式过程、传播场域四个要素的具体分析，认为中国与东盟音乐周作为一种文化仪式，能够将来自世界30多个国家的音乐家及成千上万的乐迷以共同体的身份集聚到同一场域当中，构建了一个有意义、包容、多元的文化共同体，营造了文化共享氛围。同时，中国与东盟音乐周的仪式参与者基于“传统与现代结合，民族与世界融通”的共同信仰，在具体仪式过程中和来自世界各地的乐迷共享情感，使得各国参与者能够在信仰、情感、意愿等方面形成情感连接，进而将原本分散的特殊个体整合到已然凝结的共同体当中，最后得以在各民族艺术文化的相互碰撞中形成更高层次的民族认同。②

---

① 许婉华．中国—东盟音乐周广西民族文化传播的影响 [J]. 北方传媒研究，2020,(06):86-88.

② 刘佳，陆桂晶．碰撞与认同：传播仪式观视域下的中国与东盟音乐周 [J]. 黄河之声，2020,(22):122-123.

（二）戏剧周的传播：推动中国文化“走出去”

覃小琼认为中国与东盟（南宁）戏剧周推动了中华文化“走出去”，主要体现在：一是分布于全国各地具有丰富地域特色的文化汇聚南宁，通过在文化殿堂、高校和基层社区的演出交流，深入传播中华文化；二是依托戏剧周主办方平台和合作交流机制，中国与东盟人文领域的交流合作实现常态化发展；三是戏剧周创新性采用“4+1”模式展开各项活动，即由“演（演出）、研（研讨）、展（展览）、赛（竞赛）+大联欢”构成，内容丰富、结构立体，艺术家们通过各项活动，多层次开展交流，这种立体复合的结构，有效地拓宽了中国与东盟文化交流合作的空间与深度；四是中国与东盟各国共同策划的专题展览，以专业化的策展技术，多角度多层面地展现了不同国家的优秀传统文化。①

（三）视听周的传播：增强两地文化交流深度和广度

陆正宁分析了第四届中国与东盟视听周的成功和影响。论文指出，该活动充分把握了新时代的新机遇，通过高规格、高标准、高质量的活动，成功推动了中国与东盟国家之间的视听合作。特别是通过设置“1+1”双会场形式，扩展了开幕式晚会的举办场地到东盟国家，增强了两地文化交流的深度和广度。作者强调，这种创新形式不仅展示了中国与东盟之间的文化交流，也为新时代下的国际视听合作提供了新思路。②

（撰稿人：武家莹，复旦大学新闻学院 2023 级研究生）

---

① 覃小琼 . 中国与东盟（南宁）戏剧周助力中华文化“走出去”的实践与探索 [J]. 中共南宁市委党校学报 ,2022,24(03):56-60.

② 陆正宁 . 把握新时代新机遇赋能新视听新未来——第四届中国与东盟视听周取得丰硕成果 [J]. 广播电视网络 ,2022,29(10):7-8.

中国与东盟文化传播研究

中国与东盟国家之间经济、政治和文化联系日益紧密，随着中国与东盟自由贸易区的建立和区域合作的不断深化，文化交流和传播成为促进中国与东盟国家相互了解和友谊的重要途径。

在这一背景下，中国与东盟文化传播研究逐渐兴起，旨在深入研究中国与东盟国家之间文化交流和传播的机制、规律和影响，并提出相应的政策建议。这一研究领域涉及文化、传播、国际关系等多个学科，通过跨学科的研究方法，探讨文化差异对传播效果的影响，以及如何利用现代技术手段推动文化传播，促进文化产业的繁荣和发展。

此外，中国与东盟文化传播研究还关注文化产业、文化创意、数字文化等新兴领域的发展，探讨如何利用这些领域的发展推动文化传播，促进文化产业的繁荣和发展。中国与东盟文化传播研究是在中国与东盟区域合作不断深化的背景下应运而生的，具有重要的理论和实践意义，对于推动中国与东盟文化交流与合作、促进地区和平与发展具有积极的作用。

近年来，中国积极培育文化领域新业态，与东盟的文化交流合作不仅有传统的艺术表演，还有影视创作、期刊出版、动漫游戏、文博展览、考古、申遗等多个领域。随着中国与东盟国家往来不断深化，双方文化交流合作也在不断升级，持续增进文明互鉴，促进民心相通。

一、媒体报道中的中国与东盟文化传播

媒体报道对中国与东盟文化传播至关重要。它通过各种媒体平台，如报纸、电视、互联网等，将中国与东盟文化的信息传播到更广泛的受众中，提高了文化的知名度和影响力。媒体报道能够深入介绍中国与东盟文化的各个方面，加深人们对其历史、传统、艺术、文学等的理解。同时，媒体报道为文化交流提供了平台，促进了不同文化之间的交流与合作。它还能够塑造中国与东盟文化的形象，激发人们的兴趣，进一步推动文化的传承和发展。因此，媒体报道在中国与东盟文化传播中起着关键作用，对促进文化交流、增进相互了解和友谊具有重要意义。

（一）传统媒体报道中的中国与东盟文化传播

徐一林认为应该结合广西的媒体和广西独特的文化特点及时传递有关东盟的最新报道。他认为应该从多种角度深化报道：强化文化意识，用文化视角解读会展经济；挖掘广西丰富且深厚的文化资源底蕴，进行集群式开发和立体式传播；重视“经济现象的文化视角”和“文化现象的经济视角”的报道经验。①

李雨思表示，20世纪90年代，我国与东南亚各国逐渐实现关系正常化，21世纪开始，我国与东南亚联盟进行正式对话。长期以来，我国对周边国家秉持睦邻友好政策，采用各种文艺作品宣传国家形象。自2000年起我国实行文化外交“走出去”战略以来，广西电视媒体以各种方式向周边国家进行亲善交流， 在交流中为今后的“东盟现象”诞生奠定基础，同时能为从广西走进东盟各国电视荧幕创造必要前提。②

Kotchakorn Limsakul 和王莲花表明，泰国的华文报纸有很长的发展历

---

① 徐一林 . 从文化角度深化会展报道——谈谈媒体对中国与东盟博览会的报道 [J]. 法制与经济（下旬刊）,2009,(05):108-109.

② 李雨思 . 广西电视文化传播中的“东盟现象”背景研究 [J]. 电影评介 ,2013,(10):82-83+100.

史，但泰国华文报纸的发展，其过程不是孤立的，是与泰国的华人经济、华人社团与华人教育的发展密切相关，是相互促进、相互扶持，双向作用的关系。随着中泰关系升温、文化贸易等领域合作的深入以及泰国掀起的学习华文热潮，泰国华文报纸在其国内、中国及东南亚相关国家的影响力日益增长。以及中泰两国自建交以来，双边贸易进一步加强，经过 35 年的经贸的合作，中国是泰国第二大贸易合作伙伴，泰国稳居中国在东盟国家贸易伙伴第三的位置。在中国与东盟深度合作的背景下，中泰双方已经从经济合作延伸至科技、文化之上。近年来，中国面对全球化市场影响，更注重与东南亚各国外交关系的发展。在中泰发展经贸合作关系的过程中，华文报纸发挥信息沟通及桥梁的作用。①

刘璐表示，面临日益严峻的中西方舆论攻防态势，今后中国与东盟周边传播势必将成为我国突破西方舆论封锁，重塑国家形象的重要渠道。东盟地区与我国地缘相近、人缘相亲、文缘相通，做好东盟传播对我国增强国际影响力，与东盟各国携手合作，共同提升区域话语权大有裨益。今后，我们应积极顺应媒体融合发展趋势，充分利用新媒体传播技术，借助青年媒体人的智慧和创造力，为构建更紧密的中国与东盟命运共同体注入新动能。②

（二）新媒体时代中国与东盟文化传播

随着时代的变迁，媒体也从传统媒体过渡到新媒体时代，新媒体作为重要的工具，在中国与东盟文化传播研究当中有着举足轻重的地位，其相关研究也百花齐放，各有各的亮眼之处。

龙金晓认为，随着中国与东盟交往的日益密切，双方将携手共建“21

---

① Limsakul K ，王莲花 . 中国与东盟自由贸易区对于泰国华文报纸发展机会分析 [J]. 传播力研究 ,2019,3(25):33.

② 刘璐 . 浅析传统媒体实施东盟传播的机制发展与创新 [J]. 新闻研究导刊 ,2020,11(18): 208-209.

世纪海上丝绸之路”，构建更紧密的中国与东盟命运共同体。在这一过程中，中国面向东盟的新媒体外交也将促进双方合作发展。新媒体外交作为国家公共外交活动中的重要组成部分，较传统意义上的媒体外交而言，在传播影响力上具有无法比拟的优势：外交主体多元化让普通民众能积极参与到外交活动中，极大地壮大了国家外交力量；外交方式的多样化让国家声音能拥有更多新媒体渠道进行传播；外交内容的“软”化让受众能浏览到更多具有创意价值的外交内容，易于接受与认同；外交对象的分众化则让外交活动根据不同受众特点传播相应内容，获得精准化的传播效果。因此，新媒体外交拉近了中国与东盟国家民众彼此间的距离，让中国与东盟双边合作如虎添翼。龙金晓先从定义、发展现状和特点概述新媒体外交，厘清新媒体时代外交活动的变化和特征。其次，对在当下中国面向东盟的新媒体外交中承担重要作用的中国与东盟主题新媒体进行现状分析和重点案例研究：第一，从传播主体角度对中国与东盟主题社交媒体中主要的新媒体账号进行梳理分类，并就内容和特点作简要介绍；第二，以中国与东盟博览会官方新媒体作为重点案例进行分析，从媒体定位、人才架构、渠道管理、微信平台建设及微信内容分析四个层面剖析其运营状况。在此基础上，归纳总结出中国面向东盟的新媒体外交现存问题，并提出三点应对策略：以当代中国价值观和中国文化为传播基点、打造具有新媒体传播力的对外传播内容和构建适应新媒体的对外传播渠道模式。①

王海迪指出，在共建“21 世纪海上丝绸之路”的背景下，广西媒体的推动使广西与东盟国家文化上的交流与合作取得了一定的成就。新媒体时代，传媒技术发展迅速，广西媒体也应该紧跟时代潮流，更好地服务于广西对东盟的跨文化传播，更好地服务于“一带一路”倡议。在新媒体背景下，媒体肩负着增强中国文化软实力的重任，媒体需要利用跨文化传播思维提升中国文化输出能力，进而达到文化软实力和传播影响力相得益彰的目的。

① 龙金晓 . 中国面向东盟的新媒体外交研究 [D]. 广西大学 ,2017.

广西壮族自治区拥有独特的区域优势和丰富多彩的民族文化资源优势，是面向东盟进行跨文化传播的重要平台。①

无论是传统媒体还是新媒体，在中国与东盟文化传播的分析与研究过程中，都有着无可比拟的重要作用，尤其是随着时代发展，科技进步的当下，人工智能时代的来临，既充斥着挑战，也伴随着机遇，如何利用人工智能以及媒体工具加强中国与东盟文化传播交流，巩固中国与东盟文化传播和谐友好的氛围，促进中国与东盟各国之间的美好友谊相处，是未来研究的重中之重。

二、“一带一路”背景下的中国与东盟文化传播

从“一带一路”视野下观看，中国与东盟文化传播有许多优点，可以促进文化交流，为文化传播提供了更多机会和平台；中国与东盟文化得以在更广泛的区域内传播，扩大了文化的影响力；“一带一路”为中国与东盟文化产业的发展提供了新的机遇，促进了文化产品和文化服务的创新和推广；文化传播有助于增进中国与东盟国家人民之间的相互了解和友谊，为区域内的和平与稳定作出贡献；通过文化传播，促进了中国与东盟国家人民之间的民心相通，为区域内的合作与发展奠定了坚实的民意基础。在“一带一路”视野下，中国与东盟文化传播具有重要的意义和作用，有助于推动区域内的文化交流与合作，增进相互了解和友谊。

（一）多元中国文化的跨文化传播

朱虹认为，“一带一路”作为中国重大的开放战略，我们应该通过历史遗存和地缘关系将中国的发展与定位向更高更大的目标推进。这条路无疑成为中国和东盟等国家交流的新通道。中国是世界上最早种植茶叶的国

① 王海迪 . 新媒体时代广西媒体对东盟国家跨文化传播的优化策略研究 [J]. 新媒体与社会 ,2015,(04):284-295.

家，茶叶是世界重要的原料作物，在这样的背景下，深入开发中国茶文化既是搭建中国文化和东盟各国文化共同交流的桥梁，也是撬动中国同东盟国家合作发展的撬杠。对中国同东盟各国的贸易交往及国际传播具有深刻意义和价值。①

林雨晴、袁方明和臧雨表明，广西与东盟国家文化交流频繁，是实现“一带一路”民心相通的重要节点。刘三姐文化作为八桂文化的典型代表，其在东南亚传播过程中取得相当成就，新时代“一带一路”民心相通给刘三姐文化传播带来了新的机遇，但同时也受到文化断层、传播渠道单一、传播动力不足等因素制约。文章以刘三姐文化共通性为切入点，阐述其打造本土化和国际化相结合的 IP 形象，运用新媒体传播等实践策略，推动刘三姐文化精品“走出去”，旨在增强国家软实力，共享文化发展成果。②

王海迪表示，随着“一带一路”倡议的不断建设和推进，在跨文化传播层面，“一带一路”倡议包含的“利益共同体”“命运共同体”“民心相通”的理念与跨文化传播的理性不谋而合，再一次把跨文化传播的实践问题摆在我们面前。旅游作为“一带一路”建设的重要组成部分，文化吸引是旅游往来的核心基础，文化认同是旅游交流的重要成果。理应通过对“一带一路”倡议的分析，阐释如何克服跨文化传播障碍，寻求国际共识，建构“一带一路”倡议下中国与东盟旅游的跨文化传播与合作。③

（二）文化品牌与“一带一路”体育文化传播

常凌翀以为，文化品牌正成为中华传统文化的国际表达，精心打造民族文化品牌也成为中华文化走出去的战略要求。深入挖掘文化内涵，不断

① 朱虹 . 简析“一带一路”背景下的中国茶文化传播 [J]. 旅游纵览（下半月）, 2016, (08): 307.

② 林雨晴，袁方明，臧雨 .“一带一路”视野下中国文化在东盟的传播研究——以刘三姐文化传播为例 [J]. 传播与版权，2021, (07): 94-96+107.

③ 王海迪 .“一带一路”背景下中国与东盟旅游的跨文化传播 [J]. 传媒论坛 , 2021, 4(10): 119-121.

创新传播方式，在品牌塑造过程中嵌入中国文化的独特元素，提升文化品牌的潜在价值，已逐渐成为夯实国家文化软实力，增强中华文化国际影响力的重要途径。①

伍庆指出“一带一路”背景下，国外民众对中华文化的需求更强烈，文化交流合作的机制更健全，合作网络更广泛，海外平台发挥积极作用，交流活动也丰富多彩，中华文化对外传播面临着新的机遇。在全球化的推动下，离岸文化中心在吸收融合外来文化内容，强化对外传播效果等方面具有明显特征。中国与东盟国家文化交流历史悠久，自贸区建设成效显著，文化合作氛围浓郁，已有部分文化产品获得热烈反响。面向东盟国家建设离岸文化中心有良好的条件，对于加强我国与“一带一路”共建国家尤其是东盟国家之间的文化交流合作，促进民心相通，有着积极的意义。②

中国和东盟国家山水相连、血脉相亲，友好关系源远流长。近年来，广西充分发挥毗邻东盟国家的地缘优势、区位优势，积极参与海外中国文化中心合作共建，大力推动中华文化走进东盟，同时将东盟优秀文化“请进来”，搭建文化交流合作平台，广泛开展人文交流活动。③

金美兰和王海迪指出，“一带一路”倡议植根于深厚的历史土壤，有着悠久的历史渊源，是对古代丝绸之路的传承和延续。党的二十大报告中提出要“坚守中华文化立场”“加强国际传播能力建设”。将中国文化融入“一带一路”建设中，是“增强中华文明传播力影响力”的必然选择，也是中国文化“走出去”的必由之路。东盟国家是“一带一路”重要的参与者与建设者，推动中国文化在东盟国家的传播与交流是促进各国民心相通、构建人类命运共同体的必然要求。我们需要构建拓展传播平台，丰富

① 常凌翀．“一带一路”战略下民族文化的传播路径研究 [J]. 今传媒，2017, 25(12): 15-16.

② 伍庆．“一带一路”背景下文化对外传播新机遇与建设面向东盟国家的离岸文化中心 [J]. 中国与东盟研究，2019, (03): 3-17.

③ 卢羡婷，黄庆刚．中国与东盟文化交流合作走向纵深．新华网 http://www.xinhuanet.com/politics/2020-11/29/c_1126800231.htm.

交流层次，可以通过非政府组织在春节、清明节、端午节、中秋节四大中国传统节日中组织各类文化交流活动，介绍节日的来历、纪念形式及其意义，增进中国与东盟国家的友好关系，促进彼此理解和文化包容；把握受众特性，实现精准传播，相对于面向东盟表达的广博性和统一性而言，精准化推行“一文化一传播”的差异性表达方式，更具精细化、针对性特点。在这种多文化、多语种的传播模式中，寻找中国文化与东盟国家文化的共同价值理念，既尊重文化差异又相互包容理解，在存异中求同，在包容中共融，更好地实施精准传播；重视对话协商，促进民心相通，随着“一带一路”倡议的深入发展，中国以及沿线各国人民的跨文化敏感和移情能力都在一定程度上有所提升。一方面，我们要正确认识各民族文化存在差异，但并不存在优劣之分，这是对东盟国家进行中国文化传播的前提。另一方面，挖掘中国与东盟各国的文化共性，做到精准化传播，以共性文化引导东盟国家人民跨越移情障碍。在我国以及东盟国家跨文化敏感和移情能力的双向提升下，民心相通才能真正实现“入脑入心”。[①]

涂海宁和庞菲表明，“一带一路”倡议为中国体育文化的发展提供了千载难逢的机遇，是民族传统体育文化“走出去”的最好平台。民族优秀传统体育产业文化建设是传承中华民族优秀传统文化的中心环节，中国从传统体育文化大国向现代体育文化强国迈进的发展道路中，依据“一带一路”倡议，实现弘扬我国优秀传统文化，优化我国与国际文化交流的模式；中国与东盟有着不同的民族文化特点，中国传统民族体育艺术文化始终追求“天人合一”，提倡“修身”“形神”，尊重和谐。[②]

根据前文所述，在“一带一路”背景下，以下几个方面可以促进中国与东盟文化传播研究：

---

① 金美兰，王海迪．“一带一路”背景下中国文化在东盟国家的传播路径 [J]. 中国民族教育，2023,(10):34-37.

② 涂海宁，庞菲．“一带一路”视域下中国与东盟民族传统体育交流发展中心的构建规划 [J]. 大陆桥视野，2022,(06):122+125.

1. 加强学术交流：举办学术研讨会、学术论坛等活动，促进中国和东盟国家的学者之间的交流与合作。

2. 推动文化交流项目：通过文化交流项目，如艺术展览、文化演出、文化旅游等，增进双方民众的相互了解。

3. 开展联合研究：鼓励中国和东盟国家的学者开展联合研究项目，共同探讨文化传播的问题和挑战。

4. 利用新媒体技术：利用互联网、社交媒体等新媒体技术，扩大文化传播的范围和影响力。

5. 培养文化传播人才：加强文化传播人才的培养，提高他们的专业素养和跨文化交流能力。

中国与东盟的文化传播研究具有重要意义。通过在“一带一路”背景下，对文化传播的研究，可以增进双方的相互了解，加强文化交流与合作，促进民心相通，为共建“一带一路”美好局面奠定坚实的民意基础和社会基础。未来，期待双方能够进一步深化文化传播研究，探索更多创新的文化交流方式，为推动中国与东盟的文化发展和繁荣做出更大的贡献。

三、中国与东盟间的传统文化传播

中华传统文化博大精深，种类繁多，琳琅满目，许多领域都有着交流的活跃度，所涉及的相关文献的视角和切入点以及主题也各有不同，适合分别梳理。传统文化作为中国与东盟各国的共同财富，拥有悠久的历史和深厚的底蕴，这为文化传播提供了丰富的素材和资源。传统文化体现了中国与东盟各国的民族特色和地域特色，具有独特的魅力和吸引力，有助于增进区域内国家之间的相互了解。传统文化与人们的生活息息相关，能够引发情感共鸣，促进不同国家和民族之间的情感联系和文化认同。传统文化可以为文化创新提供源泉和动力，通过对传统文化的挖掘和创新，推动文化产业的发展和文化交流的深入。传统文化在中国与东盟文化传播研究中具有重要的作用和地位，能够进一步推动区域内文化的交流与合作，促使各国之间和谐交流。

中华文化源远流长，是中华民族乃至全人类的宝贵财富。中国与东盟国家地理相连、山水相依、历史相通，有着先天的地缘文化共性。自“中国与东盟自由贸易区”启动以来，中国与东盟各国间在经济、文化等领域的交流不断深入，为进一步深化彼此间的交流、推动中国与东盟国家的共同繁荣发展，应加强中华文化在东盟国家的传播，具体可通过创新传播理念、拓展传播主体、提升传播效能、加大传播力度等策略实现。[①]

（一）中国医药文化的东盟传播

韦健和方宝表示，中医药文化作为中国的文化符号，传播到东盟国家的有利条件，涉及地理历史、政策环境、合作现状等方面。中国与东盟国家一衣带水，古有往来，但中医药文化在东盟各国的传播依然面临困难：文化认同度低，中医药标准还未实现国际化；小语种中医药复合型人才匮乏；传播方法及手段急需创新等。他们提出了相关策略：利用华人华侨提升文化认同，通过内外合力加速中医药标准与国际接轨；中国与东盟高校合作培养小语种复合型人才；中医药产业与文化产业等其他产业深度融合。[②]

韦健和李少丽指出，广西药膳文化对外传播可增强民族自信，弘扬民族化，为广西药膳的传承与发展注入新的生机。广西药膳文化对东盟传播具有区域、政策及教研等独特优势，但面临质量标准体系不完善、挖掘与发展力度不够、知名度不高等问题。广西本土应加大人才培养及学科建设力度，增加与东盟高校及科研院所等的合作交流，为广西药膳文化对东盟传播提供人才及技术支撑。此外，还需借力互联网及新媒体等现代信息技

① 刘胜良，欧海燕 . 中华文化在东盟国家的传播策略 [N]. 中国文化报 ,2023-08-10.

② 韦健，方宝 . 中医药文化在东盟国家的传播 [J]. 文教资料 ,2020,(06):70-73.

术，多渠道多层次地宣传与推广广西药膳文化，加强文化认同及融入。[①]

壮瑶医药文化既凝结着中国医药理论思想和科学技术的智慧，又是广西民族文化和社会历史的见证与结晶。李庆林和万卉英认为，在面向国际尤其是东盟各国进行民族文化传播的层面上，壮瑶医药文化的传播既是我国文化软实力建设和广西中医药文化强区建设的特色环节，也是我国外宣版图中关键而独特的维度。李庆林和万卉英侧重在卫生健康共同体的视域下，考察广西壮瑶医药传播在卫生、文化、经济层面上的多元意义，并以促进民族文化健康发展从而联动政经文卫、打通内外为目标，研究壮瑶医药文化传播效果提升的未来路径。[②]

吴国天和陆春敏主要研究中国传统体育养生在东盟国家国际化传播的现状以及重要意义，从传播主体、传播客体以及内容和渠道等分析传统体育养生项目在东盟国家传播的效果，建议通过坚决贯彻执行国家有关方针政策，重视传播主体的培养，发挥明星效应，借鉴跆拳道、瑜伽等项目的海外推广模式，以及加强宣传运用多种媒体形式等改善和突破。[③]

（二）中国体育文化的东盟传播

黄鹂鹂认为中华文化历史悠久、博大精深，是我国文化软实力的重要基础和资源。东盟青年通过学习和了解凝聚着民族特质和精神风貌的中国传统文化，必将加深对中国的认识。通过加强传统文化课程设计，建立体验中心，设立考级制度，培养师资队伍等措施，能够在东盟青年中加强中国传统文化传播，进一步增进中国与东盟交流合作，睦邻友好关系，更好

---

① 韦健，李少丽 . 广西药膳文化对东盟国家传播的优势和策略 [J]. 文教资料 ,2021,(06):47-49.

② 李庆林，万卉英 . 卫生健康共同体视域下广西壮瑶医药文化面向东盟传播的价值与路径探析 [J]. 文化与传播 ,2022,11(03):19-24.

③ 吴国天，陆春敏 . 中国传统体育养生在中国与东盟的国际化传播研究 [J]. 运动精品 ,2020,39(07):42-43.

地服务于国家发展战略，助力民心相通工程。①

刘肖、黄东教和唐明欢为了更好地突显文献资料在中国传统文化传播中的应用，以中国舞狮在东盟的传播为案例，力求呈现文献资料对舞狮东盟传播的记述状况。他们从文化传播的视角梳理与总结了东盟舞狮传播的历史经验，旨在为文献资料在中国传统文化传播中的有效介入及合理应用提供一些有益的借鉴。②

沈英历、段凯、乔诗琪研究表明，伴随着我国国际影响力的增强，国际地位的不断提高，我国与各国的来往在政治、经济、文化等方面日益频繁，体育领域也不例外。中国与东盟自由贸易区正式启动于 2010 年 1 月 1 日，自建成自贸区后，东盟和中国的贸易占到世界贸易的 13%，是发展中国家间最大的自贸区，这为中国与东盟国家在体育事业的发展交流打下了坚实的基础。鉴于中国民族传统体育项目的流传的广泛性以及中国与东盟国家合作的密切性，他们探寻了中国民族传统体育项目在东盟国家的发展，促进中国与东盟国家的体育文化融合。③

王晓彤基于媒体融合背景下，从传播的主体、客体以及传播的内容、形式及途径等分析当前民族体育舞蹈在东盟国家传播的效果，旨在探讨将民族体育舞蹈通过一种全新的方式走进东盟国家，通过移动互联网的终端，将民族体育舞蹈与中国与东盟的传播进行国际化联动。④

---

① 黄鹂鹂 . 在东盟青年中加强中国传统文化传播的探析 [J]. 广西青年干部学院学报 ,2018,28(06):19-22.

② 刘肖，黄东教，唐明欢 . 文献视域下舞狮东盟传播及历史经验窥探 [J]. 四川体育科学 ,2021,40(03):88-91.

③ 沈英历，段凯，乔诗琪 . 中国民族传统体育项目在东盟国家的国际化传播研究 [C]. 国家体育总局体育文化发展中心 , 中国体育科学学会体育史分会 .2022 年东盟体育科学大会论文摘要集 .2022:2.

④ 王晓彤 . 媒体融合视域下民族体育舞蹈在中国与东盟的国际化传播研究 [C]. 国家体育总局体育文化发展中心 , 中国体育科学学会体育史分会 .2022 年东盟体育科学大会论文摘要集 .2022:2.

任杰英与王定宣基于人类命运共同体视角对中国与东盟民族传统体育传播进行探讨，结合“一带一路”重要倡议需求，对中国与东盟民族传统体育当前传播路径进行深入剖析，以期发现问题、改善问题，为民族传统体育的国际化推广发展夯实基础，亦加深中国与东盟各国的体育文化交流。①

呼志昊和王玉倩指出，新冠疫情对当今世界各国的发展带来了巨大的影响，人们对生命健康的保全可谓是愈加重视，亟须一种能够促进人们身心健康的健身手段，东盟国家亦是如此。武术作为拥有健康价值的健身手段，成为世人可接受的健身项目之一，然而在武术文化向东盟国家传播的过程中已然面临着新的机遇与挑战。因此，为了进一步探索出适合中国武术文化向东盟国家传播的有效策略，积极迎接新机遇、勇于面临新挑战，已成为当今武术文化对外传播的首要任务。②

贺小花、马新宇和唐明欢等表示，实现东盟区域优先，文化先行携手建设中国与东盟命运共同体是人们对美好生活的向往。武术文化的东盟传播具有新的时代价值与历史意义。华人华侨的迁徙历史推动武术文化在东盟传播的脉缘，中国与东盟命运共同体建设给武术文化传播带来了新的机遇，但传播理念缺失、模式单一，文化差异仍是现阶段的发展困境。他们认为，中国武术应从技术“走出去”，向文化“走进去”转向，树立“溯本与开新”的传播理念；以文化差异性为切入点，加强武术文化交流，树立“亲善共享”观念；传播模式从“游离性”的宣传到“整体性”传播；以“武术人”为纽带，落实中国面向东盟传播“三步走”的现实路径。③

---

① 任杰英，王定宣 . 人类命运共同体视域下中国与东盟民族传统体育传播路径探骊 [C]. 国家体育总局体育文化发展中心，中国体育科学学会体育史分会 .2022 年东盟体育科学大会论文摘要集 .2022:2.

② 呼志昊，王玉倩 . 机遇与挑战：后疫情时代中国与东盟武术文化传播研究 [C]. 国家体育总局体育文化发展中心，中国体育科学学会体育史分会 .2022 年东盟体育科学大会论文摘要集 .2022:2.

③ 贺小花，马新宇，唐明欢等 . 命运共同体视域下中国与东盟武术文化传播研究 [J]. 广州体育学院学报 ,2021,41(02):81-84.

（三）中国与东盟传统文化的传承与发展

苏妙英通过对第十届中国与东盟传统文化传承与传播主题论坛进行分析，认为要搭建中国与东盟各国之间文化交流合作的平台有以下三个优点：历史悠久、相融相通，中国与东盟国家间文化之间的交流源远流长，必将从过去延续至今；文化无界，传之有道，传统文化的传承与传播搭建了中国与世界文明交流的平台；华侨华人能够助推传统文化的传承与传播。①

孙丰蕊点明民族传统技艺传播与传承是非遗保护工作的重要方面。职业教育通过建立民族文化传承基地等方式，在促进民族传统技术传播与传承方面日益发挥出重要作用。以2019中国与东盟职教联展暨论坛为观察基点，发现民族传统技艺传播和传承主要划分为民族饮食制作技艺传承、民族传统手工技艺传承、民族医药诊疗技艺传承、民族歌舞表演技艺传承4类。体现出技艺传承与专业教育深度链接，文化传统与现代技术完美联姻，产教融合与文化创意双重驱动的传承特点。职业院校开展民族传统技术传承面临着传承重复性和简单化，人才培养质量考核评价不足，校政合作、校企合作不够深入等问题。需要加强国家和地方教育部门的顶层设计，构建民族技艺传承职教体系、全面提升育人水准，加强各方合作，实现多主体育人。②

唐志云觉得在中国与东盟旅游合作背景下，广西民族传统体育文化的传承与发展前景广阔。可以开发广西民族传统体育旅游文化资源，打造广西民族传统体育旅游文化品牌，加强广西民族传统体育导游的培养，认为这三点可以成为实现广西民族传统体育文化传承与发展前景以及中国与东

---

① 苏妙英．搭建中国与东盟各国之间文化交流合作的平台——中国与东盟传统文化传承与传播论坛综述[J]．八桂侨刊，2013，(03)：73-76.

② 孙丰蕊．民族传统技艺传播与传承的职教路径——基于对2019中国与东盟职教联展暨论坛的观察与思考[J]．职业技术教育，2020，41(30)：53-59.

盟文化传播交流的重要路径选择。①

从古至今，传统文化跨越时间长河，源远流长，不断传承与发展，延续至今，不仅仅是体育、医学和养生方面，更包括教育或技艺的传播与传承，在未来，传统文化的继承与发展将越来越宏大，传统文化与中国与东盟文化传播研究将有更广阔的发展前景。希望通过深入研究和广泛传播，能够进一步推动中国与东盟国家之间的文化交流与合作，增进相互了解和友谊。同时，也期望在传统文化的传承与创新方面取得更多突破，为人类文明的繁荣和发展作出更大贡献。

四、中国与东盟间的民族文化传播

研究民族文化与中国与东盟文化传播可以促进不同国家和民族之间的相互了解，增进彼此之间的和谐交流和合作。通过研究民族文化，可以深入了解不同国家和民族的历史、传统、价值观和社会制度等方面的差异，从而更好地理解彼此。这种理解有助于消除误解和偏见，增进相互尊重和信任。同时，研究中国与东盟文化传播可以促进中国与东盟国家之间的文化交流和合作，增进彼此之间的文化认同和相互理解。这有助于加强中国与东盟国家之间的政治、经济和文化联系，促进地区的和平与稳定。现今，相关研究成果收获颇丰，各有各的内容与成就，不仅为民族文化的研究提供了更多理论资料支持，也为中国与东盟文化传播研究贡献了进一步的指导方向，更为中国与东盟各个国家之间的民族文化沟通奠定了和谐稳定、稳中求进的充满美好憧憬的局面。

（一）民族文化东盟传播策略

杨彦春认为广西是一个多民族聚居区，具有丰富的民族文化资源。广

① 唐志云．中国与东盟旅游合作背景下广西民族传统体育文化的传承与发展的调查与分析 [J]. 广西教育，2014,(35):26-27+44.

西高校图书馆有文献资源优势、专业管理与技术人才优势和现代化技术设备优势。中国与东盟战略背景下，加强广西高校图书馆民族文化资源建设与传播，有利于弘扬地域民族文化精华、文化广西建设和广西以良好形象走向东盟和世界。而开发馆藏民族文化资源、拓宽文献资源搜集渠道、建立民族文化资源数字化共享平台、整合宣传资源和加大宣传力度，是广西高校图书馆民族文化资源建设与传播的主要路径选择。①

黄露和魏庆豪指出，近年来，中国与东盟之间的往来日益密切，双方在政治、经贸、文化等多领域合作不断加深，硕果累累。尤其在文化领域方面，中国与东盟山水相连、文化相近，为双方的交流与合作提供了更便利、更广阔的空间。“民族的才是世界的”，在保持本国原有文化特色的同时，更深更广地进行双方文化方面的交流与合作，民族元素的相互融合与传播占据其中重要的位置。广西是一个多民族地区，其作为中国与东盟合作的桥头堡，如何利用其地域民族元素做好对外传播，可以拓展地域民族元素的传播载体和媒介，充分发挥个人传播主体的作用，将民族元素融入现代设计中进行传播，针对东盟各国的文化差异合理传播中国地域民族元素。②

广西凭借特殊的地理位置和人文环境，成为对东盟国家进行文化传播的重要门户。广西少数民族文化和东盟各个国家的文化相互交融，各有其美。徐姝敏以本土化的周边传播理论作为支撑，分析当前广西少数民族文化传播中的优势以及不足，提出寻找文化价值共性，构建文化广泛认同；注重民族特色内容，打造区域民族形象；聚合多元主体，拓展文化传播网络；塑造多级传播渠道，塑造多级交流平台；打造文化品牌协

---

① 杨彦春 . 中国与东盟战略背景下广西高校图书馆民族文化资源建设与传播 [C]. 广西图书馆学会 . 广西图书馆学会 2011 年年会暨第 29 次科学讨论会论文集 .2011:5.

② 黄露，魏庆豪 . 地域民族元素的对外传播——基于中国与东盟框架的分析 [J]. 青年记者 ,2017,(08):120-121.

同发展文旅产业等五个方面的周边文化传播的创新性路径。①

基于新媒体蓬勃发展背景下，陈佳以民族文化品牌为研究对象，分析探索在“一带一路”倡议重要建设阵地的东南亚地区传播的问题。从地缘文化交流、地区新媒体业态发展、新媒体“出圈”等方面进行优势分析，关注当下发展状况，尝试提出以新媒体为导向的四点传播策略：民族文化品牌 IP 的充分挖掘与新媒体环境下的深度培育；民族文化品牌的主流传播与民间传播协同发展；民族文化品牌传播的产业链构建与专业人才培养；立足文化安全，增强文化自信。使民族文化借助新媒体形成品牌化传播态势，并长期、持续地树立对外传播新形象，打造我国民族文化传播新格局。②

（二）壮族文化东盟传播的共同体建构

张九桓、姚遥和王启龙等表示，在民族文化传播、发展与交流中，开放与包容相辅相成，“唯因文化的包容性，开放在实践操作上才成为可能；唯因文化的开放性，包容才获得了实质性意义。人类文化的发展如果没有开放和包容的品质，就不能保持长久的生机和旺盛的活力。”我们的当务之急，是将对外传播的民族文化进行现代化的阐释与解读，使其能深层次地为其他国家的民众所理解。更重要的是，我们对外传播的传统文化，终究要客观体现出我们和西方国家本身所存在的理念不同。在这种文化和理念的影响下，我们才能展示出对内亲民爱物、对外济弱扶贫的中国形象，才能够号召更多国家与中国一道努力，成为真正促进国际公平与正义的负

---

① 徐姝敏.周边传播视域下广西少数民族文化对东盟传播的路径探析[J].新闻潮,2022,(08):14-17.

② 陈佳.新媒体视域下民族文化品牌的东南亚传播策略研究[J].环渤海经济瞭望,2021,(07):38-39.

责任的新型大国。①

金乾伟表示，广西地处我国南疆之地，因历史上壮侗语族融合而形成“稻作文化”，又因地方发音称之为“那 [Na2] 文化”，范围包括华南地区及东盟国家。由此，充分结合传统的民族生态文化特质，打造南疆电视特色频道，由广西自然链接了中国与东盟，这不单是电子信号的传播覆盖，而是以鲜明的生态自然、独特风情、民族团结分别打造电视特色频道的名片、名牌、标识，在中国与东盟视域下为讲述美丽中国提供有益的参照。②

由广西艺术学院主办的第十一届中国与东盟音乐周于 2022 年 11 月 27 日至 12 月 1 日在广西南宁成功举办。张灿和义璐甜对这次音乐盛典进行了总结。从微观看，它坚持了音乐周的三大板块，繁荣了广西南宁的音乐文化生活，也使广西艺术学院的师生能通过线下线上的方式欣赏到来自国内外音乐家们的表演，与音乐领域专家学者学习交流；从宏观看，它坚守为中国和东盟乃至世界音乐家提供表演舞台和交流平台，推动了国内的现代音乐创作与表演。中国与东盟音乐周已成功举办了 11 届，其建构的音乐交流平台的影响力日益扩大，相信往后中国与东盟音乐周将会有更多更高水平的现代音乐新作品和来自世界各地的音乐人参加盛会，共同推动当代音乐的繁荣发展。③

“那”文化是壮侗语族形成的文化，主要分布在我国南方地区，同时在东南亚一些民族和地区中也有分布。在壮侗语中，“那”指的是“田”“水田”。冠以“那”字的地名遍布珠江流域及东南亚一些地区，成了特有的

---

① 张九桓，姚遥，王启龙等 . 中国民族文化的国际传播——面向东南亚的实践与经验 [J]. 公共外交季刊 ,2015,(03):85-91+128.

② 金乾伟 . 中国与东盟视域下的民族生态文化传播研究——以“南疆特色频道”为例 [J]. 西部广播电视 ,2018,(21):11-13.

③ 张灿，义璐甜 . 依托线下线上平台　突出民族音乐特色——2022 年第十一届中国与东盟音乐周综述 [J]. 音乐生活 ,2023,(05):58-61.

地域性文化景观，形成了“那”文化圈。“那”文化圈人民围绕水稻耕种这一基本生产方式，在思想观念、宗教信仰、风俗习惯、饮食结构等方面，形成了自己的文化特色。黄玉华表示，我国“那”文化的外宣翻译是中国与东盟命运共同体构建的“黏合剂”，能促进中国与东盟民心相通，推动中国与东盟经贸合作，面向东盟塑造我国良好形象，推动我国民族地区的发展与振兴。但是，目前我国“那”文化外宣翻译工作还面临着一些问题，如翻译研究尚未得到应有的关注、翻译标准未得到规范、翻译人才匮乏、面向东盟国家的翻译与宣传尚有不足等。未来需要从文化学、翻译学、传播学等学科理论与实践入手，系统整合“那”文化元素，科学运用翻译方法，细化优化译介传播，重视和支持人才培养，从而推进面向东盟的我国“那”文化外宣翻译研究工作。①

谭晶和申波表明，文化交流作为共建国家往来交流的隐形影响力，无论在对外还是对内的认识和思考中，都起到十分重要的作用。广西壮族文化与东盟各国文化的紧密联系，不仅表现在文化形式上，也体现在文化内涵的传递中，这些联系为中国与东盟各国的交流奠定坚实的交流基础。谭晶和申波着眼于“壮族文化与东盟各国文化的联系”，从贸易往来、文化艺术合作、民间团体交流、语言培训发展四个方面，探析广西壮族文化与东盟各国文化交流发展的途径。区域经济一体化发展离不开文化的交流与传播。尽管区域文化多元性特征明显，但文化交流与发展的不平衡，使得壮族文化在对外交流中面临较大困境。因此，在文化交流中，首先，充分发挥区域经济优势，以区域经济的合作发展为交流渠道，通过多种创新的贸易合作及文化交流方式展现壮族文化的精彩，可以不断推动汉语教学实效性的发展。其次，注重以“汉语 +”形式带动壮族文化的传播与交流，可以进一步丰富汉语学习内容，为区域经济发展创设优良环境。最后，注

① 黄玉华．中国与东盟命运共同体建设背景下我国“那”文化外宣翻译研究 [J]. 广西社会科学，2022,(11):62-68.

重发挥壮族文化的区域化特征，提高壮族文化在区域文化交流中的主动性，进一步丰富壮族文化与东盟各国文化交流的途径。①

随着中国与东盟各国对话交流的进一步加深，壮族文化逐渐走进东盟国家，壮族文化典籍应借助译介的桥梁，讲好中国故事；同时，在经济合作建设方面发挥文化黏合剂的正向引导作用。邓英凤和何彦诚采用SWOT分析法对壮族文化典籍面向东盟国家译介的内外部环境进行分析，明确自身的优势和劣势以及所面临的机遇和挑战，从而进一步探讨在不同矩阵中所采取的各种译介策略，最后指出基于SWOT作出的决策由于时间的局限性并不能自始至终都会保持其有效性，而应该根据需要对各矩阵的译介策略进行必要的调整和整合，以达到有效译介的目的。②

民族文化不仅体现单一民族所拥有和经历的历史，更反映出人类经过悠久岁月所走过的痕迹，还让民族留下的瑰宝闪闪发光，供后人学习借鉴。一方水土养一方人，中国和东盟各国人民同属黄种人，所拥有的民族文化历史十分相似，互通往来，通过对民族文化的研究，无疑可以使得中国与东盟文化传播研究锦上添花，让中国与东盟各个国家的学术、外交以及人民日常生活之间的往来更加密切，交流更加频繁，相处更加和谐，为世界和平以及人类和谐发展增添亮眼的曙光。

五、中国与东盟文化传播研究的新视域

广西与东盟国家文化交流频繁，是实现“一带一路”民心相通的重要节点。前文提到的刘三姐文化，其作为八桂文化的典型代表，在东南亚传播过程中取得了不小的成就。随着新时代“一带一路”的发展，刘三姐文化传播迎来了新的机遇，但其他的传统文化与刘三姐文化一样，也受到了

---

① 谭晶，申波 . 广西壮文化与东盟各国文化交流途径探析 [J].“一带一路”与中国与东盟合作发展研究 ,2021,(00):89-98.

② 邓英凤，何彦诚 . 基于 SWOT 分析的壮族文化典籍面向东盟国家译介策略探究 [J]. 广西民族师范学院学报 ,2022,39(05):75-80.

文化断层、传播渠道单一、传播动力不足等因素的制约。因此，更多的新兴文化与中国与东盟文化传播的互相结合的研究愈发增加，旨在增强国家软实力，共享文化发展成果。中国与东盟文化传播研究应该注重结合实际情况，采用各种新型研究角度、方法和策略，不断推动文化交流和发展，推进各国之间的文化友好交流与和谐融洽相处。

（一）中国与东盟文化传播的社会共同体研究

庞光鹏指出，全人类共同价值是应对人类社会共同挑战和构建人类命运共同体的价值引领，是指导新时期中国与东盟社会文化共同体建设的重要理念。中国与东盟社会文化共同体建设有利于加强中国与东盟命运共同体关系、彰显中国负责任大国的国家形象以及打造区域性关系发展的典范。然而，中国与东盟各国文化交流存在“区域差异”的难点，文化合作呈现“近而不亲”的痛点，各国文化发展面临“机制不全”的堵点等一系列亟待解决的问题。为此，应深入理解和深刻把握全人类共同价值的科学内涵，并将其作为中国与东盟社会文化共同体建设的理念指导和价值指引，构建互联互通的交流体系，形成共建共享的合作格局，打造相辅相成的发展平台，推动中国与东盟之间实现良性互动，共同开创合作共赢的美好未来。①

徐增展和石张表明，对东盟进行跨文化传播，取得文化理解与认同，打造合作共赢的双边关系，对实现“一带一路”倡议的意义重大。在这一过程中，文化体系之间不可避免地会产生碰撞甚至冲突。要实现不同文化的共生，需要在整合中国与东盟之间的文化模因的基础上，适当选择跨文化传播的内容，探索科学有效的传播渠道，如此才能构建共通的语意空间，实现中国与东盟命运共同体的和谐存续。②

---

① 庞光鹏 . 以全人类共同价值引领中国与东盟社会文化共同体建设 [J]. 新东方 ,2023,(05):77-82.

② 徐增展，石张 . 基于文化模因整合对中国与东盟跨文化传播的内容选择和传播渠道探索 [J]. 广西大学学报 (哲学社会科学版),2021,43(01):118-123.

（二）中国与东盟文化传播中的汉学教育研究

龚剑超表明，汉字国际传播奠定了中国文化在世界范围内的强大影响力。随着“一带一路”倡议的全面实施，中国与东盟国家的文化交流日益密切，东盟民众的汉字学习热情也因此高涨。汉字以其独特的魅力成为中华文化的显著标志，它激发着东南亚华人的身份认同，也吸引着东南亚的非华裔民众对中华文化的热切关注。以对外汉字教学为主要途径，加强汉字在东盟国家的传播，可以有力推进中国与东盟国家的文化交流。龚剑超认为汉字是中华文化的载体，是东南亚华人身份认同的标志，也是东南亚的非华裔民众深入了解中国的重要工具。因此，加强汉字国际传播在中国与东盟各国的文化交流活动中具有重要意义，而对外汉字教学便是加强汉字国际传播的重要途径之一。我们应该从理论拓展、理念转变、教材研发、师资提升等方面入手，切实提高对外汉字教学水平，提升汉字国际传播水平，推进中国与东盟国家的文化交流，为“一带一路”倡议的施行创造更好的人文氛围。①

吕芳表明，作为中国文化“走出去”代表的孔子学院，在东盟国家传播中国文化的过程中，面临被贴上泛政治化标签、文化推广模式单一固化、文化传播场域结构要素失衡的问题。在和谐文化观的视野下，求同存异、尊重文化多元与差异，化解意识形态差异带来的误解倡导；尊重文化多元与差异，有针对性设计适宜东盟的多样化文化推广模式；倡导和谐共生，平衡调达文化传播场域中的结构要素，才能突破困境，提升孔子学院在东盟国家的中国文化传播力。孔子学院应抓住契机通过“走出去”主动融入社群，了解社群文化生态，展示孔子学院形象，增强中国文化感召力；再通过“请进来”邀请社群成员参加孔子学院举办的中国文化活动，增进彼此了解，密切社群联系，营造和谐的社群关系和良好的发展空间，多渠道

① 龚剑超 . 基于汉字国际传播的东盟国家汉字教学推进策略研究 [J]. 文化创新比较研究 ,2020,4(35):190-192.

促进双方资源的双向流通，增强孔子学院可持续发展的内驱力。①

文虹任以为，东盟是中国对外传播的重点区域和优先方向，作为“数字原住民”的青年群体在推进文化交往与文明互鉴中具有不可替代的作用。文虹任通过对 94 位东盟青年展开深度访谈，从现实逻辑出发，分析中国文化向东盟青年传播的情况，从而为我国的国际传播工作提供依据和参考。在文化全球化的时代，东盟青年群体对中国文化的整体期待和接受程度已经提高。东盟青年作为跨文化传播的主力军和生力军，他们的社会传播扩散能力不可小觑。争取东盟青年的文化认同，需要通过“对话”这一方式，增强中国文化的国际吸引力。根据东盟青年的媒介使用习惯，扩大介绍中国文化的内容传播频道，生产更多中国特色的文化作品，重点关注国际社交媒体与中国社交媒体跨界联动的节点内容。从各种活动设计到话题内容，再到价值观的传递，需要提高文化传播活动的质量，在活动开展和传播过程中植入中国传统文化符号，彰显中国传统文化魅力，从而吸引广大各国青年参与其中。②

白杨认为，现实社会中存在的各种现象实际上是文化与现实的交互作用的结果，共同体是社会构成的基本要素。中国与东盟高等教育共同体则是在教育领域形成的，引领东盟国家现实社会的知识创造与传播的利益共同体、责任共同体和命运共同体。高等教育是社会精英所组成的文明筛选、认定、创造及传承的共同体，研究文化、创造文化、传承文明是高等教育的核心任务。由此，中国与东盟高等教育共同体的建设必须从文化研究入手，研究不同文化产生的源头，研究各文化之间相互沟通的桥梁，研究高等教育基于各种不同文化的建构，并以此作为教育共同体存在且可持续发展的根基。中国与东盟高等教育共同体构建是我国推进与东盟区域外交的着力点。研究中国与东盟高等教育共同体构建的形成、延续与变迁，必须从文化

① 吕芳 . 和谐文化观下的东盟孔子学院中国文化传播研究 [J]. 齐齐哈尔大学学报（哲学社会科学版），2018，(12)：50-52.

② 文虹任 . 中国文化在东盟青年中的传播现状与传播趋势 [J]. 传媒 ，2023，(01)：58-60.

的角度来审视历史、现在与未来。研究东盟国家不同民族的文化渊源所形成的现实社会类型，有助于中国与东盟高等教育共同体的构建，有助于深入了解生命和理解不同文化延伸出的社会伦理、价值判断依据、现实社会的行为规范、对未来幸福生存的诉求。研究应基于中国与东盟建立的文化基础，准确把握当下中国与东盟高等教育共同体构建的思想基础和实践的动力源泉。在新发展格局下，研究构建中国与东盟高等教育共同体，是加快推进构建国内国际双循环的关键，而进一步强化中国与东盟更高水平的伙伴关系必须基于对文化的理解，并由此构建超越文化认同的人类命运共同体。关于中国与东盟高等教育共同体的研究还须聚焦文化现实所存在的人文社会实践因素，以文化研究为核心，来开展教育交流合作，探索人才培养的方法与途径，加强人力资源开发合作，创新教育共同体构建的交流渠道。①

（三）中国与东盟文化传播研究的领域拓展

李海滨指出，文化是国家软实力的重要部分，是民族精神的象征。文化产业在区域经济发展中具有重要作用，中国与东盟合作框架为我国文化产业发展提供了良好的机遇，美术文化产业要在服务国家东盟战略中发挥积极作用。中国与东盟发展模式下，我国美术文化传播应以双向互利为原则，通过中国与东盟文化交流，推动政治、经济等领域的可持续发展。东盟是文化多元化区域，中国的美术是传统文化传播的造型艺术，中华优秀传统文化自古以中国文化符号的形式对外传播，在中国与东盟国家合作交流中，文化融合是必然产物，其中美术文化在文化交流中扮演着重要的角色，中国的美术文化在东盟国家的传播具备深厚的文化积淀基础。在中国与东盟发展模式下，中国美术设计要保持传统文化特色，并将中国美术设计与品牌文化相结合，利用品牌传播将中国美术传递到东盟各国，从而推

---

① 白杨．中国与东盟高等教育共同体研究：前沿与展望 [J]. 成都师范学院学报，2022，38(10)：46-51.

动中国美术文化的创新发展。文化认同理念为中国与东盟美术文化交流创新提供了认知基础，要做好“文化搭台、经济唱戏”，不断完善美术文化交流与合作发展机制，加深我国与东盟各国的友谊，为打造融合包容的利益共同体筑牢基石。①

中国自古以来就与东盟国家拥有极其深厚的渊源，近年来随着我国与东盟国家建立文化交流的活动日益增多，舞蹈艺术也愈发受到民众的重视。同时，云南地区地处我国西南角隅，因其优渥的地理环境条件使得该地具有极为浓郁的舞蹈艺术风格与跨境民族文化。赵天宇认为，通过云南地区与东盟国家进行舞蹈交流实践活动，对于我国与东盟国家的各方交流来说都具有十分重要的积极意义。因此，赵天宇通过对云南地区与东盟国家的舞蹈交流进行论证，阐述云南地区与东盟国家舞蹈交流的发展现状，其中，有利条件包括历史环境的优越性，人文情怀具有相似性，国家支持具有政策性，战略安排的完善性；有效路径包括加强跨境舞蹈交流合作活动，举办跨境舞蹈文化论坛峰会，开展跨境舞蹈传承事项研究。从而得出云南地区与东盟国家进行舞蹈交流实践，能够为国家间的舞蹈文化传播与发展带来的积极影响意义。②

吴娟丽和王康锋认为，中国作为面向东盟体育合作与发展的重要平台，是一个立足于与东盟对接的区位优势。但在宗教信仰和新常态下社会经济推动、各国之间的文化外交影响之下，现代体育文化行业同样受到极大的冲击。因此，在资源管理、人才培养、保护机制等方面有所欠缺，他们通过运用文献资料研究法、数据分析法、专家访谈法对中国面向东盟国家的体育文化传播所出现的问题进行分析研究，并提出策略，进而促进双方的合作。③

---

① 李海滨 .“中国与东盟”发展模式下我国美术文化发展的创新路径 [J]. 名家名作 ,2022,(20):78-80.

② 赵天宇 . 中国云南地区与东盟国家舞蹈交流实践与研究 [J]. 艺术评鉴 ,2022,(09):170-172.

③ 吴娟丽，王康锋 . 中国面向东盟国家的体育文化传播研究 [J]. 武术研究 ,2023，8(09):148-150.

中国与东盟文化论坛为中国与东盟国家文化交流提供了国际性平台，刘彦飞通过对其视觉形象系统化的整体规划、设计研发、实践应用及设计管理，打造中国与东盟文化论坛 VI 设计一体化方案，实现中国与东盟文化论坛的视觉识别、活动氛围渲染以及品牌形象的塑造，传达和展示了中国与东盟文化论坛举办的核心理念，这有利于民族文化和意识形态的传播、形成良好的国际形象、国家“软”实力的提升。同时，为中国与东盟国家文化交流塑造了良好的品牌形象，做出了积极贡献。[①]

东盟来华留学生具有独特的价值观念、思维方式和行为模式，在东道主国家完全陌生的文化体系中，他们要承受行为方式、学业和人际交往等心理压力。刘卫玲和赵亚丽通过对北部湾大学东盟来华留学生跨文化适应情况进行问卷调查与深度访谈，发现调查对象存在对学业畏难、交际圈受限、“圈子”文化意识强烈等跨文化适应问题。提高东盟来华留学生跨文化适应能力的有效措施有：培养留学生的文化互动胜任力，帮助他们认识中国的文化与其祖国文化的差异，使他们从自己的文化习惯中解放出来，尤其是克服民族中心主义和偏见等问题，从而能有效地进行跨文化对话和在东道主国家履行自己的职责；创建有效的学业提升环境，建立一对一的互助学习关系，建立学分奖励、小组合作制度，健全汉语教学培训体系，面向东盟来华留学生开展心理辅导，缓解他们紧张的学习压力，提高其学习效率；帮助留学生建立良好的人际关系，利用网络帮助东盟来华留学生加强与本校学生的联系，新媒体具有实时性、跨时性和互动性的特点，会给予置身于异域文化中的留学生的心理需求以极大的满足，可以帮助留学生通过自我性格展现、人格发展、价值探索和人生规划提高留学质量、完成留学目标；引导留学生充分体验当地文化，在异国他乡，东盟来华留学生既要在认同自己的文化身份和文化传统时反思和转换不适应的方面，又

① 刘彦飞 .VI 设计在中国与东盟文化论坛形象塑造中的实践应用 [J]. 民博论丛 ,2019,(00): 240-245.

要积极理解和学习中国文化，积极参与当地社会生活。这样，能够促进留学生从单纯的跨文化接触转变为对未来人生产生积极意义的跨文化学习，从而实现更充分的成长。①

李艳英表示，广西与东盟的文化交流合作不断加深，并日益成为中国甚至东盟各国文化消费的集群地带，使得广西动漫产业迎来发展战略机遇期。在此视域下，广西动漫产业应凸显以受众为本位的思维和创作模式，通过重拾动漫喜剧创作传统塑造观众喜爱的动漫作品，优先选用新媒渠和培养动漫迷的营销模式，形成广西动漫产业的良性互动，将广西的动漫产品与中华文化传播到东盟各国乃至世界各地。②

欧苏婧表示中国与东盟警务合作在不断加强，但由于文化特质等原因，各国警务人员存在思想意识、价值观念上的文化差异，影响了国际间警务合作。文化双向交流模式的运用有利于解决此类问题。在与东盟国家的警务合作中引入文化双向交流模式，可以避免"文化侵略"的猜疑。文化双向交流模式的应用，首先要发掘传统文化精髓，尤其是融合中国当代生活中的文化发展，将传统与当代融合作为传播内容。其次，与东盟国家警务合作中的文化双向交流模式强调双向性，传播者和受众处于平等地位，可以随时交换角色。最后要了解受众心理，根据不同国家采取不同的符合受众特征的传播交流手段。③

唐蔚指出，在中国与东盟自由贸易区的建立之前以及今后的发展进程中，会展业都在其中扮演了非常重要的角色。会展不仅是商品的展览和交流，更是文化的交往与融合。要推动自贸区的繁荣和发展，需要提升会展

① 刘卫玲，赵亚丽.基于文化心理学的东盟来华留学生跨文化适应研究——以北部湾大学为例[J].北部湾大学学报，2022,37(05):59-65.

② 李艳英.中国与东盟视域下的广西动漫产业发展新思维——基于"受众本位"的理论视角[J].东南亚纵横，2013,(02):45-48.

③ 欧苏婧.中国与东盟警务合作中文化双向交流模式研究[J].法制博览，2020,(10):55-56+59.

活动的内涵与品质，抓好会展文化建设。①

杨柳以为，全球化背景下，中国与东盟全面战略伙伴关系不断发展，给跨国文化传播提供了良好的环境。在国际局势、技术发展、文化传播需要等多个因素的共同推动下，桂学文化向东南亚传播的路径也成为广西地区开展文化推广战略的重要研究方向，携手东盟国家，是桂学文化发展的重要倡议。杨柳探讨中国与东盟全面战略伙伴关系下的桂学文化向东南亚传播的路径，为国家地区间的特色地域文化传播、交流与合作寻找创新模式，思考文化领域的拓展与可持续发展。②

戎霞指出，北部湾以海上丝绸之路始发港——合浦古港为起点造就了举世瞩目的海洋文化，在中国古代产业文明向东南亚等海外地区传播的过程中起着重要的载体作用。北部湾经济区海洋文化历史悠久、内涵丰富，为重启海上丝绸之路提供了优质产业资源。当前首要工作是要将海洋文化资源尽快转化为可持续性文化品牌、实施较有市场前景的文化项目、构建现代化海洋文化产业体系，从而开拓出中国面向东盟进行文化建设和传播进程中更具影响力和话语权的区域文化产品。③

陈星认为数字技术发展使得传播权的扩张动摇以复制权为根基的传统版权理论，网络服务提供者版权过滤义务对“避风港原则”产生变革，技术措施对合理使用制度产生冲击等。在当前中国与东盟经贸合作中，各国版权立法对数字版权中传播权及相关核心制度的回应程度不同，中国数字作品走向东盟国家面临缺乏法律有效保护、缺乏版权登记与交易协作机制、缺乏纠纷解决机制等问题。《区域全面经济伙伴关系协定》契合了中国与

---

① 唐蔚．浅析中国与东盟自由贸易框架下文化传播因素在会展业的作用 [J]. 传播与版权，2015，(01)：169-171.

② 杨柳．中国与东盟全面战略伙伴关系下的桂学文化面向东南亚传播的路径思考 [J]. 桂学研究，2023，(02)：249-258.

③ 戎霞．中国与东盟文化传播视阈下北部湾经济区海洋文化产业创新研究 [J]. 广西财经学院学报，2015，28(04)：30-35.

东盟数字版权保护的内在需求，中国应贯彻总体国家安全观，完善涉外数字版权保护立法，以传播权为核心，体系化重构数字版权保护制度，建成中国特色的数字版权保护示范体系，推动东盟各国数字版权保护制度调适，并建立中国与东盟数字版权保护法律协调机制。[①]

无论是文化还是研究都会与时俱进，更新迭代，当一方出现变化，另一方也会随之赶上，故步自封不可取，当有新东西、新技术出现时，应积极探索，并实际应用，与所研究的内容融会贯通，寻找中国与东盟文化传播研究的新发现，推动中国与东盟文化传播研究的新方向。

（撰稿人：陈轩昭，复旦大学新闻学院 2023 级研究生）

① 陈星 .RCEP 框架下中国与东盟数字版权保护制度研究 [J]. 东南亚纵横 ,2022,(05):73-84.

中国与东盟价值传播研究

在当今全球化和新媒介技术迅速发展的背景下，中国与东盟价值传播研究作为国际传播领域的一部分，正日益显示出其独特的重要性和复杂性。这一研究领域不仅涵盖了跨文化交流、政治经济合作，还深入到价值观、文化理念和社会规范的相互传播与理解。近年来，随着“一带一路”倡议的推进以及全球化的加深，中国与东盟各国之间的互动与合作正日益加强，这也为中国与东盟价值传播研究提供了新的研究视角和丰富的实践案例。

本部分旨在综述中国与东盟价值传播的当前研究态势，分析其在国际传播领域的独特地位与影响，以及评估其未来发展方向。我们希望能够为深化中国与东盟各国之间的文化交流、增进相互理解与合作提供理论依据和实践指导。

一、中国价值观的国际传播

社会主义核心价值观是当代中国价值观念的集中体现和核心要义，但在国际舞台上，它们仍面临诸多挑战，如被国际社会忽视、误解或错误解读，其全球影响力也尚未得到充分发挥。因此，强化这些价值观在全球范围内的传播显得尤为迫切和重要。这一任务不仅具有紧迫的现实意义，关系到如何有效提升国外受众对社会主义核心价值观的认知、接受和认同，同时也具有深刻的理论意义，涉及对社会主义核心价值观全球内涵与共享特性的准确理解和理论支撑。这项重要命题既是实践的考验，也是理论研究的重要课题。

在既有研究中，有部分学者就社会主义核心价值观对于国际传播的重要意义及当前社会主义核心价值观在国际传播的时代机遇进行了分析。

（一）社会主义核心价值观国际传播的重大意义

增强社会主义核心价值观国际传播，是增进我国与其他国家相互了解和认同、增强中华文化软实力的重要需求。在 2013 年中共中央政治局第十二次集体学习时，习近平总书记强调："提高国家文化软实力，要努力传播当代中国价值观念。当代中国价值观念，就是中国特色社会主义核心价值观念，代表了中国先进文化的前进方向。"

在过去已有一批学者从软实力、国家形象和意识形态安全等角度，对社会主义核心价值观国际传播对于我国的重大意义进行了分析。

韩震认为从社会主义核心价值观表述方面，推进社会主义核心价值观国际传播有利于继续完善当代中国价值观的凝练概括。①

而众多学者集中于讨论社会主义核心价值观国际传播对于中国本身的意义。在《建设社会主义文化强国须搞好核心价值观的对外传播》一文中，蔡惠福和刘大勇强调，为了推进社会主义文化的大发展和大繁荣，同时建设社会主义文化强国，必须采取更加积极主动的姿态来实施文化"走出去"战略。这包括加强文化的对外传播、改善文化交流以及扩大中华文化的国际影响力。而有效地传播中国特色社会主义核心价值观，对于提升文化"走出去"战略的水平和效果具有直接影响，是有利于提升文化软实力，和建

---

① 韩震 . 社会主义核心价值观与中国文化国际传播 [M]. 北京：中国人民大学出版社，2017.

设社会主义文化强国的。①

在《论新时代社会主义核心价值观的对外传播》一文中，王安忠认为，新时代社会主义核心价值观对外传播的重大意义包含了：树立中国良好国家形象、提高中国文化软实力、抵御和抗衡西方价值观输出、彰显社会主义制度优越性等。王安忠主张，应树立社会主义核心价值观的世界眼光，打破西方价值偏见；构建新时代中国特色的话语体系，创新话语方式；阐发其世界历史意义，兼具共同价值和中国特色；建立政府主导、多元主体、多种方式对外传播的世界战略格局，实行国际分众传播；并推进社会主义核心价值观对外传播的全面研究，强化有效理论支撑。②

也有一批学者就社会主义核心价值观国际传播对于世界的重大意义进行了研究。例如，在《论社会主义核心价值观的对外传播及其实践路径》一文中，朱霁提出，社会主义核心价值观国际传播不仅有助于提高中国的国际地位和塑造良好的国际形象、对内促进中国民众正确价值观的塑造和社会良好风气的形成，也有利于推进社会主义核心价值观国际传播，有利于丰富全球治理理念，推动全球性问题的解决。③

段立国在《当代中国核心价值观念国际传播的战略意蕴》中强调核心价值观念的国际传播对维护中国国家意识形态安全，提升中国文化软实力，打造中国良好国际形象和提升中国国际话语权等具有重要中国意义，也对丰富全球治理理念，促进国际共识凝聚，重构世界文化新格局和国际新秩序等具有重要世界意义。④

---

① 蔡惠福，刘大勇．建设社会主义文化强国须搞好核心价值观的对外传播 [J]. 红旗文稿，2012,(05):12-15.

② 王安忠．论新时代社会主义核心价值观的对外传播 [J]. 世界社会主义研究，2018,(08):14-21.

③ 朱霁．论社会主义核心价值观的对外传播及其实践路径 [J]. 马克思主义研究，2016,(08):102-107.

④ 段立国．当代中国核心价值观念国际传播的战略意蕴 [J]. 求索，2016,(03):169-174.

（二）中国价值观国际传播的时代机遇

汪信砚认为应当抓住各国解决全球性问题、寻找价值认同和共识的时代机遇，推进社会主义核心价值观国际传播。而“一带一路”倡议，正是为社会主义核心价值观全球共享性价值的挖掘和国际传播提供了良好的机遇。①

李辽宁等在《论“一带一路”与中国价值观国际传播的互促共进》一文中强调：“一带一路”与中国价值观国际传播是互促共进的关系，充分认识这种关系的深刻内涵及其重要性，并在实践中化解相关风险和挑战，对于推进“一带一路”的顺利实施具有十分重大的意义。②

张恒军、唐润华在《中国价值观全球传播的新契机和新逻辑》一文中提出，“一带一路”背景下中国价值观的全球传播是当前极具引领性、前瞻性的重要研究课题，不仅具有很强的理论意义，更具有强烈的现实价值……通过重建“精神丝绸之路”，使中国价值观成为人类共同价值观的重要组成部分。③

因此，在当前全球化背景下，世界面临的诸多挑战迫切需要一个具体的价值共识来指引解决方案。在这方面，“一带一路”倡议成为社会主义核心价值观国际传播的有效平台。通过这一倡议，社会主义核心价值观得以跨越国界，为构建人类命运共同体提供了坚实的价值基础和共享性支持。这样的时代机遇为社会主义核心价值观在国际舞台上的传播和接受创造了条件，有助于促进不同文化和国家之间的理解和协作，为全球性问题的解决提供共同的价值指导和思想支撑。通过共同认可和实践这些价值观，全球社会可以更加团结协作，共同应对环境、发展、和平等全球性挑战。

---

① 汪信砚．价值共识与和谐世界 [J]. 武汉大学学报（哲学社会科学版），2017，(05)：11-20.

② 李辽宁，李丹琪．论“一带一路”与中国价值观国际传播的互促共进 [J]. 理论与评论，2020，(05)：54-60.

③ 张恒军，唐润华．中国价值观全球传播的新契机和新逻辑 [J]. 社会科学战线，2018，(03)：151-157.

（三）“一带一路”倡议下社会主义核心价值观的国际传播策略

自2001年中国加入WTO开始，中国开始接轨国际进程，成了经济全球化的一环。与此同时，随着中国经济在世界经济的地位越来越举足轻重，东西方关于价值观的冲突也逐渐显露出来。中国特色社会主义核心价值观，由于其具有鲜明的地域特色和地域文化历史价值，因此被认为是对传统以西方价值观文化为主流的价值观的挑战。由于国外受众长期处于他们的文化环境下，中国价值观对于他们而言，属于“他者”，对于中国文化的认同度相对较低，甚至有很多国外民众很少接触、了解中国文化，更不用说是熟知、接受和认同了。在这样的境遇下，如何充分利用好“一带一路”这一倡议的机遇，拓宽价值观传播的宽度、广度、深度，是许多学者业已考虑的问题。

项久雨和张业振在《当代中国价值观国际传播中的自我与他者》中强调在当代中国价值观国际传播中，过分强调自我而无视、敌视他者是不可取的；同样，一味迎合他者而放弃自我也是不可取的。由此可见，自我与他者的关系是当代中国价值观国际传播躲不开、绕不过的基础问题。一方面，要理直气壮地坚持自我立场，坚持传播内容由中国自己生产，传播重点由中国自己选择，传播过程由中国自己主导，传播效果由中国自己评估。另一方面，要正视他者在传播中的地位和作用，将他者视为传播内容生产的必要助手，传播活动展开的客体要素，传播效果评估的主要参考，传播策略构建的基本依据。坚持自我，是正视他者的前提；正视他者，是坚持自我的限界。为此，当代中国价值观的国际传播必须在坚守自我立场的前提下，尊重他者；在自我与他者的和谐互动中，增进价值理解，达成价值共识。①

郑飞婷在《中国价值观传播的价值、阻碍与策略》一文中提出，要从

① 项久雨，张业振．当代中国价值观国际传播中的自我与他者[J]．武汉大学学报（哲学社会科学版），2018，71(02)：23-30.

对内和对外两个方面进行中国价值观传播的贯彻。对内，要强化重点、重视引导、把握传播教育规律，可以从强化国家认同教育、探寻并利用传播科学规律、加强引导教育方面进行探究，从而增强国内民众的国家认同感、发挥社会主义核心价值观的引领作用。对外，要加强力度、重视技巧、用好传播科学。可以从主体责任清晰、客体对象明确、传播动机鲜明、传播媒介多样以及传播效果明显等多方面进行分析，从而使国外民众了解、明白中国价值观，打破“中国威胁论”“中国崩溃论”等不实言论。①

李辽宁和李丹琪在《公共外交：“一带一路”背景下中国价值观国际传播的重要载体》一文中强调，公共外交对于“一带一路”背景下中国价值观国际传播的重要作用。他们强调，要广泛开展公共外交教育和培训，形成全民公共外交的大格局；加强公共外交的理论和实践研究，提高传播中国价值观的效果；打造公共外交的精品名牌，提高传播中国价值观的艺术性和影响力；加大公共外交的系统化建设，提高传播中国价值观的整体效能。②

陈伟军在《“一带一路”背景下中国价值观的国际传播路径》一文中强调，在“一带一路”背景下，中国价值观的国际传播需要在载体拓展和文本创新上下功夫，创新公共外交和文化产品的国际化叙事策略，以提升中国价值观在国际舞台上的影响力。具体包含：第一，载体拓展和文本创新。要推动中国价值观的国际传播，需要依托各种载体，如事件活动、公共议题和文化产品等。文本创新是价值观国际传播的关键支撑，通过这些载体传播中国价值观。第二，要对比西方价值观的传播：美国等西方国家重视利用不同载体传播其价值观，如好莱坞电影、公共议题中的“正义”话语，以及去中心化的公共外交等。中国在进行价值观国际传播时，需要考虑如

① 郑飞婷．中国价值观传播的价值、阻碍与策略 [D]. 重庆师范大学，2022.

② 李辽宁，李丹琪．公共外交：“一带一路”背景下中国价值观国际传播的重要载体 [J]. 理论与评论，2019,(05):33-43.

何在载体和文本方面进行创新。第三，公共外交的策略：在公共外交方面，中国需要创新修辞和叙述方式，主导共建“一带一路”的公共议题。例如，在人权、环保等全球议题中，中国需要创造新的叙述逻辑，由宏大叙述转向更贴近国际话语的方式。第四，强调了人文交流的重要性：人文交流活动对传播中国价值观至关重要，但不应仅限于宣讲，而应转换思路，使交流活动更具创意，强调“以人为主”。第五，要采用文化产品的国际化叙事策略：中国的文化产品在“走出去”时，需要运用国际化叙事策略，讲好中国故事。中国应创新文化产业形态，适时转换文化产品对外传播策略。第六，要采用文化符号体系和国际化叙事方式：在“一带一路”民心相通中，新闻出版、影视、动漫、网络游戏等文化产品对传播中国价值观起着不可替代的作用。中国需要深入挖掘国际传播的文化资源，研究文化产品的国际化叙事策略。①

李镇宏则提出，在融媒体时代，要优化整合多元的传播媒介资源，形成以主流媒体为核心的媒体矩阵，同时打造高效的信息传播平台，开发信息传播的网络化产品，从而实现中国特色社会主义核心价值观在国际上的顺畅传播。②

二、中国价值观的东盟传播研究概览

中国对东盟的价值观传播是中国价值观国际传播的重要组成部分，具有深远的意义。从传播背景来看，中国与东盟国家间的关系历史悠久，文化、政治、经济的相互交织为价值观传播提供了丰富的土壤。在当前的国际环境中，中国推动以和平、发展、合作为核心的价值观，这与东盟国家的发展需求高度契合。

在传播现状方面，中国与东盟的交流合作日益密切。中国通过“一带

---

① 陈伟军．“一带一路”背景下中国价值观的国际传播路径 [J]. 学术界，2018,(05):70-77.

② 李镇宏．融媒体背景下当代中国价值观国际传播优化研究 [D]. 福建师范大学，2022.

一路”倡议等多边平台，加强与东盟国家的经济技术合作，同时促进文化、教育、旅游等领域的交流。这些交流不仅在经济层面，更在价值观的相互理解和尊重上发挥着重要作用。中国的发展模式、治理理念等，在与东盟的互动中展现了其独特的吸引力和说服力。

在传播路径上，学者们提出了多元化的传播途径。这包括官方外交、民间交流、媒体传播和文化软实力的展示等。例如，通过教育交流和学术合作，中国的价值观念得以在年轻一代中传播；通过媒体和网络平台，中国的发展经验和文化元素能够更广泛地传播到东盟国家。

总体而言，中国对东盟的价值观传播不仅促进了双方的相互理解，还加深了区域合作和共同发展。这种传播有助于构建更加和谐的国际关系，推动构建人类命运共同体的理念，体现了中国在全球治理中的负责任大国形象。同时，这种传播也是中国对全球文化多样性和文明交流互鉴的积极贡献，展现了中国在全球化时代中的文化自信和开放姿态。

（一）中国价值观东盟传播的背景研究

中国对东盟进行价值观传播不仅具有可行性，而且具有必要性。

从可行性角度来看，中国与东盟国家有着深厚的历史和文化联系，共同的发展目标和面临的挑战使双方在价值观传播上有着天然的基础。通过“一带一路”等多边合作机制，中国与东盟的合作已经深入到经济、政治、文化等多个领域，为价值观的传播提供了坚实的平台。

李艳、韦国善在《中国核心价值观对中国—东盟文化认同构建的路径思考》一文从文化认同的角度去探讨价值观传播的可行性，认为其重要体现在“文化认同基础、区域意识增强、地区间交流增多”三方面。他们强调中国和东盟国家的文化交流与合作具有深厚的历史基础对价值观传播构建文化认同具有良好影响。尤其在儒家文化、佛教文化和华人文化等方面，中国文化在历史上对东南亚地区产生了深远影响，而东南亚的多元文化背景也为中国与东盟文化交流提供了良好的基础。同时区域意识的增强对中国与东盟文化认同建构有积极的促进作用。随着中国与东盟国家合作的深化，区域内的国家越来越意识到共同价值观的重要性，这为文化认同的构建提供了机遇。文化认同的建立也有助于各国在政治、经济等方面的合作，增强区域内的和平与稳定。除此之外，中国与东盟国家之间的交流不断增多，包括学生互派、文化活动等，这些都促进了文化认同的形成。中国的积极参与和合作态度在文化上对东盟国家产生了积极影响。①

从必要性角度来看，中国与东盟的价值观传播能够促进双方的相互理解和信任，有助于维护地区稳定和和平。随着全球化的深入发展，区域合作成为解决跨国问题的重要手段。中国的发展理念、和平共处五项原则等核心价值观，对于推动地区合作，实现共同发展具有重要意义。通过价值观的传播，中国可以更好地与东盟国家沟通，深化合作，共同面对区域和全球性的挑战。

庞光鹏提出，全人类共同价值是应对人类社会共同挑战和构建人类命运共同体的价值引领，是指导新时期中国与东盟社会文化共同体建设的重要理念。通过这种价值引领，中国和东盟能够在尊重和理解彼此文化的基础上，共同构建一个更紧密、和谐的社会文化共同体，为地区乃至全球的和平与发展做出贡献。其意义具体表现为：第一，能够深化中国与东盟命运共同体关系：全人类共同价值的引领有助于强化中国与东盟国家间的命运共同体关系。这一价值观超越了传统的对抗性价值理念，促进了文化交流和理解，帮助中国和东盟国家在文化多样性中找到共性，共同应对区域内的挑战。第二，能够彰显中国负责任大国的国家形象：全人类共同价值的倡导反映了中国作为负责任大国的形象。中国通过举办文化活动、加强文化遗产保护等方式，推动了与东盟国家的文化交流，从而强化了中国在东盟地区的软实力和国际影响力。第三，能够促进区域内的和谐发展：全

① 李艳，韦国善. 中国核心价值观对中国—东盟文化认同构建的路径思考 [J]. 现代商业，2016，(28)：167-168.

人类共同价值的推广有利于构建一个和谐包容的社会文化环境，促进中国与东盟各国之间的文化互鉴和交流。这不仅有助于解决文化冲突和分歧，也为区域内的稳定与发展提供了坚实基础。①

李艳、韦国善在《社会主义核心价值观在东盟经济一体化中的地缘战略研究》中提到社会主义核心价值观是社会主义核心价值体系的重要内容、核心部分，反映了整个体系的中心思想及本质上的体征、特性；体现了社会主义核心价值体系丰富多彩的核心内容；指出了社会实践活动的基本要求。为了在东盟地区实行经济一体化的地缘战略，就必须在东盟地区树立我国社会主义核心价值体系。并且遵循“坚持和平共处五项原则，奉行独立自主的和平外交政策”“创建有利于中国地缘安全的东盟区域安全机制”“为祖国和平统一创造有利的地缘环境”“妥善解决与中国相关的东盟热点地缘问题”这四大举措。

（二）中国价值观东盟传播的问题研究

中国对东盟的价值观传播需要克服文化差异、传播方式的局限性、国际形象与政策一致性问题以及提升软实力和国际话语权等挑战。通过解决这些问题，中国的价值观传播才能在东盟国家中取得更好的效果。

黄钦分析了 2018 年东盟六国网络调查数据，发现虽然东盟国家认可中国在政治、经济和科技方面的实力，但对中国国民形象、产品质量存在负面观点。针对此现象，黄钦从传播主体、强语境文化等角度分析了当前中国对东盟价值观传播的主要问题：第一，传播主体的多元化挑战：中国与东盟国家的交往日益频繁，中资企业、产品和游客成为中国形象的重要传播主体。调查显示，虽然东盟受访者对中国的政治、经济、科技实力评价较高，但对中资企业、产品和国民的评价不尽理想。这反映了中国在国际传播中，传播主体的多元化带来新挑战。第二，强语境文化导致的传播

① 庞光鹏 . 以全人类共同价值引领中国—东盟社会文化共同体建设 [J]. 新东方 ,2023,(05):77-82.

障碍：东南亚地区文化多元，属于“强语境文化”，即交流中的符码意义有限，大多数意义藏于背景和接受者心中。这种文化特性导致“文化过敏”或“文化麻痹”现象，易产生误解和冲突，这对中国的价值观传播构成障碍。第三，核心层文化传播的弱化：中国对外文化传播主要集中在物质文化和行为文化层面，而心理文化层面的传播不足。这导致中国的价值观念和核心精神在传播过程中显得模糊不清，影响了中国形象的国际塑造。第四，新媒体舆论场的话语权问题：在新媒体时代，中国在国际话语权方面存在不足。调查显示，东盟民众主要通过非中国媒体了解中国，这导致中国形象易被外部势力塑造和误解。①

针对这些问题出现的原因，研究者多从内部和外部两个角度进行了拆分。从内部来看，研究者主要强调中国自身对于软实力建设的忽视。

从外部来看，外国势力的报道渲染是主要原因。韦国善和李艳认为，西方某些国家和媒体因担心中国的崛起，故意夸大或歪曲中国的问题，挑拨中国与其他国家的关系，尤其是东盟国家。这种行为主要源于西方国家对中国强大后可能威胁其利益的担忧。美国和日本特别担心中国的增强实力，并推动其邻国加入反华行列。西方媒体也以本国利益为优先，散播带有偏见的中国新闻，意图扰乱中国与东盟的经济贸易合作。这种做法不仅显示了西方国家的保护主义心态，也对中国的软实力建设构成了挑战。②

（三）中国价值观东盟传播的细分研究

1. 新闻报道与中国价值观东盟传播的相关研究

黄信在《论中国与东盟新闻报道的价值取向》这篇论文中深入探讨了中国与东盟关系中新闻报道的价值取向问题。论文指出，在过去的“黄金

---

① 黄钦．以当代中国价值观为抓手塑造良好国家形象——基于 2018 年东盟六国网络调查数据的分析 [J]. 对外传播，2019,(04):51-54.

② 韦国善，李艳．社会主义核心价值观与东盟地缘文化战略研究 [J]. 广西民族师范学院学报，2014,31(06):74-76.

十年”中，尽管中国与东盟的关系取得了显著进展，但在新闻报道方面却显示出一定的宣传价值取向的弱化。主要表现为缺乏国际视野和国际传播意识，地方媒体在报道时往往偏重于树立本地形象，忽视了更广泛的国际合作背景。同时，这类报道在非集中宣传阶段往往缺乏深度和广度，反映出媒体报道人员对东盟自由贸易区及东盟国家情况的了解方面存在不足。此外，社会和专家对这些报道的参与度较低，导致报道内容单一，缺乏开放性和多元视角。论文还强调了中国与东盟自由贸易区的建设对于国家战略的重要意义，并提出这应成为新闻报道的重点。在此背景下，媒体报道应以宣传价值为首要，强调中国与东盟合作的积极效果，并应在报道中平衡经贸成就和双方合作的政治、文化理念。报道需要结合宣传与新闻的特点，既突出政策宣传，又呈现客观信息，处理好新闻形式下的宣传内容和从特定报道看宣传与新闻的关系。在结论部分，黄信提出，为了提升中国与东盟新闻报道的效果，应着重关注合作理念和知识的传播，更多关注双方文化的认同和融洽，以及合作理念的传播。同时，报道应平衡经贸合作与文化交流，突出双方合作的成就，同时关注中国与东盟之间的文化交流和理念分享。此外，需要处理好报道的宣传价值与新闻价值，确保报道既有深度也有广度。最后，论文强调，报道应从国际视野出发，把握正确的价值取向，促进中国与东盟关系的进一步发展。通过这种方法，可以有效地提升中国对东盟国家价值观传播的影响力，加强双方的文化和理念交流，推动中国与东盟关系的全面发展。①

潘丽华在《中国与东盟新闻报道国际视野价值取向的缺失和矫正》的研究，为中国在对东盟国家进行有效的价值观传播提供了深刻的洞见和实用的建议，强调了提高国际视野和文化敏感性在国际传播中的重要性。文章探讨了中国在对东盟国家进行新闻报道时存在的问题，尤其是在价值观的传播和国际视角上的缺失。论文指出，中国的东盟新闻报道在全球化背

① 黄信．论中国与东盟新闻报道的价值取向 [J]. 东南亚纵横，2014,(12):36-39.

景下显得尤为重要，因为它们不仅反映了中国的对外政策和国家形象，而且对于塑造东盟国家民众对中国的看法起着关键作用。研究显示，中国的媒体在报道东盟相关新闻时，往往缺乏国际视角和深度，过于集中在国内视角和利益上，忽视了东盟国家的多样性和复杂性。潘丽华强调，为了更有效地进行国际传播和价值观的传递，中国需要在新闻报道中融入更多的国际元素和多边视角，更加注重报道的质量和深度。这不仅涉及提高记者和编辑的国际视野，也包括对东盟国家文化、政治和经济的深入理解和尊重。通过这种方式，中国的新闻报道可以更加全面和客观，更能体现出真实、立体的国家形象，有助于在东盟国家中传播中国的价值观和文化，同时促进中国与东盟国家之间的相互理解和信任。论文还分析了中国媒体在报道东盟新闻时存在的具体问题，如对重要国际事件的报道不够及时、报道内容缺乏深度和多样性、对东盟国家文化和社会的理解不足等。潘丽华建议，中国媒体应更加重视国际新闻报道的专业性和深度，通过提高记者的专业技能和对国际事务的理解，加强与东盟国家媒体的交流和合作，共同提高新闻报道的质量和影响力。①

王辉等在《跨文化传播视野下的媒体“东盟”报道研究——以〈广西日报〉报道为例》中，深入分析了中国媒体在报道东盟新闻时面临的跨文化传播挑战及其对中国与东盟价值观传播的影响。他们不仅深入剖析了《广西日报》在报道东盟新闻时面临的具体挑战和问题，也提供了一系列解决方案和建议，对于理解和改善中国媒体在东盟新闻报道中的跨文化传播具有重要意义。他们认为，《广西日报》作为中国对外宣传的重要媒体，在报道东盟新闻时，常面临文化差异的制约、国际传播视野的缺失和新闻传播环境的影响等挑战。尽管《广西日报》在报道东盟国家的政治、经济和文化方面做出了努力，但在跨文化传播的过程中仍然面临诸多挑战。为了改善这一状况，论文提出了几点对策，如拓宽东盟报道的文化视野、消解

① 潘丽华 . 中国与东盟新闻报道国际视野价值取向的缺失和矫正 [D]. 广西大学，2007.

东盟报道的刻板印象和平衡报道克服文化自我中心等。这些对策旨在帮助媒体更好地理解和适应跨文化传播的环境，提高报道的客观性和多元性，从而有效地促进中国与东盟国家之间的文化交流和理念分享。[①]

虞雪在《跨文化交流视野下中国与东盟的媒体合作》主要探讨了在全球化和文化多样性保护的大背景下，中国与东盟之间的媒体合作如何促进跨文化交流。文章首先强调了中国与东盟长期以来在物质文化、制度文化、精神文化方面的交流，指出这种交流在当前的全球化背景下变得尤为重要。文章接着分析了中国与东盟媒体合作的现状，指出相较于西方国家，中国在东盟国家的媒体影响力仍然有限。为此，作者建议采用建构主义的跨文化交流观，并培养对东盟国家文化的敏感度和理解。这一点尤为重要，因为它关系到中国如何通过媒体合作有效地传播其价值观和文化。在讨论中国对东盟的价值观传播时，文章强调了文化产品在这一过程中的重要作用。作者认为，通过文化产品的引进和输出，可以促进中国文化在东盟的传播，并建议采用文化融合的方式进行交流。例如，通过电视节目、电影和音乐等方式，将中国文化以更易于接受和理解的形式呈现给东盟国家的民众。文章还提供了一些具体的媒体合作案例，如中国中央电视台（CCTV）在东盟国家的影响力，以及东盟国家媒体在中国的报道等。这些案例展示了媒体合作在促进文化交流和理解方面的具体成效。在策略方面，作者提出了加强与东盟的跨文化交流的多种方法。例如，输出更多具有中国特色的文化产品，克服民族中心主义，构建融合中国和东盟文化元素的新价值观。此外，还强调了对传统文化资源的传承与创新的重要性，以及在共同的文化和价值基础上寻找共鸣。最后，文章总结指出，中国与东盟国家共同的历史感和现实感是加强跨文化交流的宝贵资源。作者强调，媒体合作在促进人文交流合作中发挥着关键作用，不仅有助于增强双方的民心相

---

① 王辉，潘丽华．跨文化传播视野下的媒体“东盟”报道研究——以《广西日报》报道为例 [J]. 新闻知识，2013,(05):15-17.

通，也为进一步的文化和价值观交流铺平了道路。通过这种合作，中国不仅能够更好地传播其价值观，还能够更深入地理解和尊重东盟国家的文化特色。①

2. 文化艺术对中国价值观东盟传播的影响研究

文化艺术在促进中国与东盟国家之间价值观传播方面扮演了多重角色。从增强双方的文化吸引力和理解，到作为品牌影响力传播的工具，再到在教育领域内对年轻一代价值观的塑造，文化艺术在这个过程中显现出其独特的力量和影响。这些研究表明，艺术和文化交流是促进国与国之间相互理解和尊重的重要手段，尤其在中国和东盟国家之间的关系中扮演着关键角色。

李杰在《大数据时代下中国与东盟体育文化传播的价值定位、现实困境与创新路径》一文中，对中国与东盟之间在体育文化传播领域内的互动和合作进行了深入探讨。文章主要聚焦于在当前大数据时代背景下，如何有效地促进中国体育文化在东盟的传播，同时分析了这一过程中遇到的挑战和困境，并提出了创新的解决路径。这不仅为理解中国与东盟体育文化传播提供了有价值的见解，而且对于指导中国与东盟体育文化交流实践、解决现实问题和发展未来策略具有重要意义。通过这样的研究，可以更好地理解在大数据时代下，如何通过体育文化传播加强中国与东盟国家间的互动与合作，共同推动双方文化交流与发展。文章首先明确了大数据时代中国与东盟体育文化传播的价值定位，强调了话语互联、文化互融和价值互享的重要性。这包括完善话语体系的构建，促进“一带一路”话语的共建，以及通过新媒体科技的优势，加深“中国与东盟”文化共创。作者指出，通过这些方式，可以加强体育文化话语体系的构建，同时创新体育产业模式，实现“发展国家”的经济共赢。接着，文章探讨了中国与东盟体育文化传播在大数据时代所面临的现实困境，包括话语认同的障碍、文化信息

① 虞雪 . 跨文化交流视野下中国与东盟的媒体合作 [J]. 传媒论坛 ,2019,2(08):7-8.

不畅、资源分散导致的联动不充分，以及体育产业模式的单一性。这些困境主要源于中国与东盟的文化与语言环境差异，以及体育文化资源整合度不高等问题。针对上述挑战，李杰提出了创新的发展路径。这些路径包括媒介创新、平台搭建、技术革新和主体保障，旨在增强体育话语的传播效力和范围广度，提升体育资源的整合创新和区域联动，拓宽体育产业的经济效益和社会效益，以及完善文化传播的政府扶持和队伍建设。文章的核心在于强调大数据时代为中国与东盟体育文化传播提供了新的机遇，同时也带来了挑战。通过提出创新的对策和路径，李杰试图寻找解决这些挑战的方法，以加强中国与东盟国家之间的体育文化交流，促进双方的相互理解和合作。[①] 文章通过深入分析和研究，为中国与东盟体育文化传播提供了新的视角和思路，展示了体育作为一种强有力的文化交流工具，在促进国家间友好关系和价值观念传播方面的重要作用。

邹颖在其论文《中国与东盟戏剧周品牌影响力的传播策略》中深入探讨了中国与东盟戏剧周活动在推广中国传统戏剧艺术和促进中国与东盟文化交流中的作用，展示了艺术特别是戏剧在传播中国对东盟的价值观、增强文化交流和推动跨文化理解方面的潜在作用。通过中国与东盟戏剧周这一平台，中国不仅能够传播其独特的文化和艺术，还能够在全球化的背景下加强与东盟国家的文化联系和理解。文章着重分析了戏剧周作为一个文化品牌，如何通过艺术的力量和情感共鸣来影响和塑造受众的价值观念和审美体验。邹颖指出，戏剧作为一种综合艺术，不仅具有艺术性和思想性，还担负着文化传播和价值观念交流的重要任务。文章首先强调了戏剧周在传播中国戏剧艺术独特审美价值中的作用，揭示了其作为一个外向型文化品牌的重要性。邹颖指出，戏剧周活动的成功在于

---

① 李杰 . 大数据时代下中国与东盟体育文化传播的价值定位、现实困境与创新路径 [C]. 在国家体育总局体育文化发展中心，中国体育科学学会体育史分会（编），2022 年东盟体育科学大会论文摘要集 .2022.

其能够创造一个艺术和节日的双重结合的文化氛围，通过艺术内容的情感共鸣来吸引观众，实现情感因素的推动和审美体验的提升。她还讨论了戏剧的能量如何直接影响现实社会的审美趋向，以及戏剧周如何作为传承中华文化精神的平台，为戏剧爱好者提供一种超越现实生活的审美体验。接着，邹颖探讨了中国与东盟戏剧周活动如何通过各种文化交流活动如学术交流、剧目评论、非遗展览等，来扩大其文化影响力。文章分析了不同的戏剧形式如何吸引不同年龄和背景的受众，特别是年轻一代，通过不同的审美表达机制来促进文化交流和价值观的传播。文章还提出了一些挑战，例如传统戏曲的观众老龄化问题，以及戏剧内容与现代审美趋势的不同步问题。邹颖建议，为了提高戏剧周的文化影响力和品牌价值，需要探索符合当代人审美趣味的艺术内容，以及加强对戏剧文本现代化的推广。①

李峰在《中国与东盟艺术文化交流活动的思想政治教育功能探析》中深入探讨了中国与东盟之间艺术文化交流活动对大学生思想政治教育的重要作用，为我们提供了一个关于艺术和文化在当代国际关系中作用的深刻视角，特别是在中国与东盟之间的交流中，展示了艺术和文化在促进相互理解和尊重、形成共同的价值观念方面的重要作用。文章的核心在于分析艺术文化交流活动如何作为一种有效的教育工具，影响和塑造年轻一代的价值观和思想认知，特别是在国际化的背景下。李峰强调，艺术文化交流活动不仅为大学生提供了丰富的实践渠道，增强了对多元文化的理解和尊重，还促进了对中国及其文化的深入认识。通过这些活动，大学生能够在感性与理性的结合中接受教育，体验文化的多样性，从而更好地形成包容和理解的思维方式。文章详细论述了中国与东盟艺术文化交流活动在大学生思想政治教育中的多重功能。首先，这类活动通过艺术的形式拓宽了思想政治教育的实践渠道，使得教育更具吸引力和实效性。其次，它还发挥

① 邹颖 . 中国与东盟戏剧周品牌影响力的传播策略 [J]. 戏剧之家 ,2021,(09):37-38.

着导向功能，通过艺术活动传递积极的价值观和理想，帮助学生树立正确的世界观、人生观和价值观。此外，文章还探讨了艺术文化交流在精神熏陶、团队协作和自我提升方面的作用，强调了它在塑造健康、积极的心态和价值观念中的重要性。李峰通过这项研究，揭示了艺术文化交流在国际关系和跨文化理解中的独特作用。文章证明，艺术和文化不仅是美的享受和创造，更是一种强大的教育和沟通工具，能够跨越国界和文化差异，促进国与国之间的理解和合作。通过分析中国与东盟的艺术文化交流，李峰揭示了艺术在塑造和传播价值观、建立和谐国际关系方面的潜力和重要性。①

何颖从东盟博览会的角度分析了文化的作用。其认为，中国—东盟博览会作为一种“文化经济”，不仅担负着经济、科技等发展任务，而且具有一种理想信念、价值观念的交融和认同的文化使命。在《以文化力提升中国与东盟博览会的竞争力》一文中，其核心观点聚焦于文化力如何作为一种独特而强大的力量，提升中国与东盟博览会的吸引力和品牌价值。文章深入探讨了文化力在国际经贸盛会中的作用，揭示了文化力如何推动博览会核心竞争力的形成和发展，以及如何通过丰富的文化内涵、绚丽多彩的文化活动，增加博览会的吸引力和经营张力。何颖指出，文化力包括精神因素、智力因素和娱乐因素，覆盖知识、价值观念、精神动力及人文环境、创新能力和人力资源等内容。在中国与东盟博览会的背景下，这种“文化经济”不仅承担经济和科技发展任务，还具有理想信念和价值观念交融的文化使命。博览会的经济模式选择体现了以人为本、合作共赢的人文价值观，在中国与东盟市场竞争中显示了鲜明的文化特征。文章进一步强调了文化力是博览会核心竞争力的重要元素，详细分析了如何通过文化力整合博览会核心竞争力。文化赋予博览会经济发展以深厚的人文价值，提供了整合的独特作用，能迅速提升博览会的竞争力，使竞争对手难以模仿。

① 李峰.中国与东盟艺术文化交流活动的思想政治教育功能探析[J].广西社会科学，2017,(06):48-50.

同时，文化力能够成为调整中国与东盟自由贸易区社会常态的调控器，帮助解决人与自然、人与人、人与社会之间的矛盾。何颖还探讨了文化力如何增进博览会的独特魅力。东盟作为一个文化多元的区域，在经济一体化过程中，文化的碰撞、交流与融合成为合作的必然产物。文化力有鲜明的区域表现空间，通过各种文化活动，如南宁国际民歌艺术节等，增进了中国与东盟之间的友谊和交流。最后，何颖指出，文化力与经济力的结合构成了新的生产方式，文化消费成为投资的主要选择，成为新的经济增长点。文化力不仅可以扩大博览会经济发展总量，创造新的财富源泉，还能通过文化产业自身的扩张和辐射，带动物质生产领域其他产业的发展，为物质生产部门注入新的发展动力。①

梁儒谦和杨海光的《增强我国文化在东盟国家影响力的研究》通过详细分析和探讨中国文化在东盟国家的影响力，为理解艺术和文化在塑造和传播价值观方面提供了独特视角。文章着重于中国与东盟国家自 20 世纪 90 年代初以来的良性关系发展，强调文化交流和合作成为全面合作的先导，并取得了丰硕成果。梁儒谦和杨海光将这些成果和影响细致地梳理，并针对存在的不足和问题，提出了加强中国文化在东盟国家影响力的具体策略。文中强调，中国与东盟国家之间的长期友好往来关系，政治、经济、文化往来频繁，为文化交流打下了良好基础。作者进一步指出，共有的文化因子和价值观是促进两国交往合作的融合剂，有助于增强信任和理解。此外，文章也关注了中国在东盟国家的现代文化影响，指出东盟国家普遍对中国的发展战略和外交战略持认同态度，对中国的执政理念、发展模式和价值观给予高度评价。文章还提到了中国文化在东盟国家传播中面临的挑战，包括文化共同体的未完全形成、负面文化影响的存在、东盟国家社会制度的不同等因素。梁儒谦和杨海光建议，要通过弘扬共

① 何颖．以文化力提升中国与东盟博览会的竞争力 [J]. 广西民族学院学报（哲学社会科学版）,2006,(01):110-114.

有的文化因子、中国现代精神文化、社会主义核心价值观的普世价值，讲好中国故事，打造强大的话语体系等措施来增强中国文化的影响力。文章的核心在于展现文化力量在国际关系中的作用，特别是在中国与东盟国家之间的交流中，文化力量如何助力于构建更紧密的命运共同体。梁儒谦和杨海光的研究揭示了文化在国际交流和合作中的重要性，展示了文化力量在塑造和传播价值观、增强国家影响力方面的潜在力量。①

罗艳和黎学锐在其论文《“一带一路”倡议框架下左江花山岩画文化景观的保护利用与价值传播》中，深入探讨了在“一带一路”倡议下，左江花山岩画文化景观如何成为中国文化传播的重要媒介。其提供了一个独特视角，展示了艺术和文化在当今世界，尤其是在“一带一路”倡议下，对中国对东盟价值观传播的重要作用。通过左江花山岩画这一具体案例，他们探讨了文化遗产的保护和利用对于文化交流和价值观传播的重要性。文章集中于如何通过文化景观的保护和利用，促进文化价值的传播，特别是在促进中国与东盟国家之间文化交流和价值观传播方面的潜力。罗艳和黎学锐首先强调了左江花山岩画的独特性和科学价值，指出这些岩画不仅是重要的文化遗产，还是研究中国古代文化和艺术的宝贵资料。作者提出，这些岩画的保护和利用对于弘扬中国传统文化、提升国家文化软实力具有重要意义。文章详细探讨了如何通过多种途径保护和利用这些文化资源，从而增强其在国内外的影响力和认知度。文章还分析了“一带一路”倡议下，如何更好地利用左江花山岩画来促进中国文化的国际传播。罗艳和黎学锐认为，这些岩画不仅能够促进文化遗产的保护，还能作为中国文化对外交流的重要平台，特别是在与东盟国家的文化交流中发挥作用。他们提出了一系列策略，包括加强文化景观的国际合作、推广文化旅游以及利用科技手段提升文化遗产的可及性和吸引力。论文最后指出，左江花山岩画的有效保护和利用，不仅有助于维护中国文化遗产，还能加强中国与东盟

---

① 梁儒谦，杨海光．增强我国文化在东盟国家影响力的研究 [J]. 文化学刊，2019,(10):81-84.

国家间的文化交流和理解。罗艳和黎学锐强调，通过这些文化交流活动，可以促进双方对彼此的文化和价值观的了解和尊重，从而加深双方的友好关系。[①]

3. 教育对中国价值观东盟传播的塑造研究

左向蕾、张莉在《基于东盟来华留学生群体的当代中国价值观念传播可行性探析》一文中，深入分析了中国价值观念在东盟留学生中的传播过程和影响。文章首先强调，中国价值观念的核心是社会主义核心价值观，通过东盟学生在中国的学习和生活经历，这些学生对中国价值观念有了直观的认知、切身体会和深刻感悟。这不仅增强了他们对中国国家形象的满意度，而且为他们回国后成为中国价值观念传播的生力军打下了坚实的基础。文章详细分析了东盟来华留学生在不同阶段对中国价值观念的认识和感受。在来华之前，通过各种渠道，如电视、网络、孔子学院等，这些学生已经对中国价值观念有了初步的了解。到达中国后，他们通过日常生活中的观察和体验，例如在城市建筑、社会人文环境和人民的生活水平中，更加深入地了解中国的发展和进步。通过参与校园文化活动和与社会群体的交流，他们切身感受到了中国人民的友好、包容以及社会的自由、平等、公正氛围。此外，文章还探讨了中国政府和教育机构如何通过文化和教育交流活动，如中华书法、京剧艺术、校园文化节等，促进东盟留学生对中国价值观念的理解和认同。这些交流活动不仅加深了留学生对中华文化的认识，也使他们对中国的社会价值观念产生了深层次的感悟。文章最后指出，东盟留学生在华期间的经历和感受使他们成了中国价值观念传播的重要力量。通过这些留学生回国后的自发传播，有助于加强中国与东盟国家之间的文化交流和相互理解。综上所述，文章全面地分析了中国价值观念在东盟留学生中的传播过程，展示了文化交流在促进国家间理解和友好关

---

① 罗艳，黎学锐．“一带一路”倡议框架下左江花山岩画文化景观的保护利用与价值传播 [J]. 广西教育学院学报，2018,(03):21-24.

系中的重要作用。[①]

甘毅在《“超级”新闻属地传播的样本》一文中深入探讨了广西媒体在中国对东盟价值观传播中的角色和重要性。文章以“超级”新闻属地传播为核心概念，详细分析了广西作为中国与东盟新闻传播的主要地点，如何通过其媒体平台有效地传播中国的价值观念和政策理念至东盟国家。文章强调，自从中国与东盟博览会举办以来，广西便成为中国对接东盟的重要窗口，而广西媒体则担负起了中国与东盟新闻传播的重要任务。文章首先介绍了所谓的“超级”新闻，它指的是超越当地行政级别范围的全国性或国际性新闻事件，而属地传播则是指在“超级”新闻发生地的传媒所负责的新闻传播行为。在此背景下，广西媒体通过多种方式，包括中央驻桂媒体的组合、广西本地媒体间的组合、广西媒体与国家媒体的组合以及网络媒体的联网组合，有效地扩大了对中国与东盟博览会和中国与东盟商务与投资峰会的报道，从而在国内外产生了广泛影响。文章进一步分析了广西媒体在中国与东盟新闻传播中所扮演的各种角色。例如，广西日报专门成立了东盟报道部，并推出了“对接东盟”专版，而广西电视台和广西电台则通过与中央台的合作，进行了大型直播和报道。此外，广西新闻网等网络媒体也在网上推出了有关中国与东盟的全景报道专题，与多家知名网站建立了专题推荐链接，使得中国与东盟的“超级”新闻在广大网民中产生了巨大的影响。文章还强调了广西媒体在国际路线上的发展，包括作为中国与东盟之间国际事件的见证者、走进东盟进行跨国采访活动，以及邀请东盟媒体到访广西进行业务交流。通过这些方式，广西媒体不仅增加了自身的国际关联度，而且加强了中国与东盟国家之间的文化和信息交流。最后，文章对广西媒体在中国与东盟“超级”新闻属地传播中的价值开发进行了分析。作者指出，广西媒体通过抢先中国与东盟“宣传话语权”、

① 左向蕾，张莉．基于东盟来华留学生群体的当代中国价值观念传播可行性探析 [J]. 教育观察，2019,8(07):38-39.

开发中国与东盟的“市场享有权”，以及提升广西的中国与东盟“国际关联度”，在提升中国与东盟新闻的传播效率和影响力方面起到了关键作用。通过这些方式，广西媒体不仅在中国与东盟关系的构建中发挥了重要作用，而且在传播中国的价值观念和政策理念方面也起到了积极作用。①

李红兵、梁玉国和钱民辉在《中国与东盟高等教育共同体建设：时代价值、现实基础与实践逻辑》一文中，深入探讨了中国与东盟国家间高等教育共同体建设的重要性及其对价值观传播的影响。文章详细分析了中国与东盟高等教育共同体建设的时代价值、现实基础和实践逻辑，强调了其在促进区域教育一体化进程中的作用，提供了关于中国与东盟高等教育共同体建设的深刻见解，显示了这一建设对于促进中国与东盟国家间教育合作、加深文化理解、传播价值观念以及构建区域教育一体化的重要作用。文章强调了高等教育共同体在当今全球化背景下，对加深国家间理解和合作具有重要意义。文章指出，中国与东盟高等教育共同体建设不仅是高等教育国际化的理性诉求，还是双多边互联互通的实际需求，同时也是构建人类命运共同体的内在要求。作者强调，这一共同体建设彰显了鲜明的时代价值，它旨在通过教育交流合作，满足高等教育国际化的需求，促进教育理念的国际化，强化多元参与的教育共治，凸显交流合作的平台共享，并推进形式多样的教育共为。此外，文章还讨论了高等教育共同体建设的现实基础，包括社会文化根基、互补性的经济贸易合作结构以及制度化的教育交流合作框架。文章中还探讨了中国与东盟高等教育共同体建设的实践逻辑，包括立足互利互惠的价值共识、强化多元参与的教育共治、凸显交流合作的平台共享以及推进形式多样的教育共为。这些实践逻辑体现了在全球化和区域一体化的背景下，高等教育共同体对于促进教育国际化和

① 甘毅 .“超级”新闻属地传播的样本 [N]. 中华新闻报 ,2008-01-30.D04.

区域合作的重要性。①

沈悦的研究论文《浅议东盟来华留学生中国文化认同的提升途径》深入探讨了如何通过教育提升东盟来华留学生对中国文化的认同，进而影响和塑造价值观传播。文章详细分析了提升东盟来华留学生对中国文化认同的必要性、存在的制约因素，以及提升方法和途径，强调教育在促进文化认同和价值观传播中的关键作用，提供了关于如何通过教育提升东盟来华留学生对中国文化的认同的深刻见解。她强调了教育在促进东盟与中国之间文化交流、价值观传播以及构建和谐关系中的重要作用。通过具体的教学策略和管理方法，可以有效地增强留学生对中国文化的认同，从而促进中国与东盟国家间的更紧密合作与交流。②

三、中国价值观东盟传播的提升研究

在《“一带一路”背景下面向东盟的中国价值观传播对策研究》这篇文章中，党东耀全面而深入地分析了在“一带一路”背景下，如何有效地向东盟国家传播中国价值观，提出了具体的对策和建议，以促进中国与东盟国家之间的深入合作和相互理解。通过这种方式，中国不仅在经济和政治层面与东盟国家建立了联系，而且在文化和价值观念上也进行了深入的交流和融合，从而推动了中国与东盟国家之间的全面发展和合作。③

文章首先概述了“一带一路”倡议作为中国与共建国家构建“命运共同体”的重要载体，强调其有效实施和推进依赖于共建国家对中国价值观

① 李红兵，梁玉国，钱民辉．中国与东盟高等教育共同体建设：时代价值、现实基础与实践逻辑 [J]. 广西社会科学，2022,(09):64-71.

② 沈悦．浅议东盟来华留学生中国文化认同的提升途径 [J]. 淮南职业技术学院学报，2019,19(05):73-75.

③ 党东耀．“一带一路”背景下面向东盟的中国价值观传播对策研究 [J]. 新闻爱好者 ,2019,(03):51-54.

的认同。作者指出，作为中国的邻国，东盟在“一带一路”建设中占有重要地位，因此，东盟国家对中国价值观的认知和认同显得尤为重要。文章进一步探讨了中国价值观的内涵和体系，将其定义为包含中国方略、机遇、担当的全球治理体系。重点强调了建构“人类命运共同体”、实现世界经济的转型，促进世界经济增长，以及承担中国责任，参与全球治理体系建设等核心内容。此外，作者还探讨了“一带一路”倡议如何成为中国价值观的载体，通过和平合作、开放包容、互学互鉴、互利共赢的丝绸之路精神，以及共商、共建、共享的理念，中国破解世界经济难题的发展战略。对于东盟国家对“一带一路”的了解和认知，文章指出，虽然东盟国家对“一带一路”持初期审慎的态度，但逐渐转变为积极响应。这种变化源于对“一带一路”作为国际公共产品的认识，以及东盟各国对其中的重要项目的期待和利益。然而，文章也指出，东盟国家在政治、文化安全方面对中国的担忧，强调需要在价值层面上进行传播，全面阐释和解读“一带一路”所蕴含的中国价值观。文章最后提出了面向东盟国家传播中国价值观的对策，包括以中国价值观为引领，形成价值话语体系；以交流机制为核心，形成互动话语体系；以经贸交流活动为载体，形成人文话语体系；以及发挥新闻媒体作用，形成信息交流话语体系。作者强调，这些对策旨在通过政治话语、经济话语、文化话语和社会话语组成的话语体系来化解东盟国家的疑虑，针对不同国家的不同情况，制定出民心相通的具体措施，从而获得对中国价值观的认同，并引领“一带一路”的实施和建设。

（撰稿人：王孜予，复旦大学新闻学院 2023 级研究生）

第二部分

中国与东盟战略传播方法研究

CAEXPO

中国与东盟传播策略研究

百年未有之大变局的新形势下，伴随中国综合国力不断提升，中国发展与全球紧密融为一体。通过对外传播来表达中国理念、中国方案，讲好中国故事，传播中国好声音，成为当前中国社会各界高度重视的问题。作为讲好中国故事、传播中国好声音主体的大众传播媒介，应该以国家关于对外传播的基本方针策略为依据，打造优质的对外传播内容，整合多种渠道进行全方位立体式的对外传播，不断提高对外传播的效果。①

自 2003 年中国与东盟建立战略伙伴关系以来，双方已携手开创了“黄金二十年”，2010 年中国与东盟自由贸易区建成，双方关系进入成熟期，2013 年中国国家主席习近平访问东盟国家时提出共建“一带一路”倡议，进一步深化了双方的合作。② 因此，中国如何面向东盟做好国际传播已成为一个重要议题，行之有效的传播策略是提升中国对东盟对外传播效果。本部分通过分析当前中国面向东盟的传播策略，旨在总结现状与经验，提出优化建议，以进一步加强中国对外传播能力建设。

---

① 郭虹宇 . 全球治理视域下中国特色话语的对外传播策略 [J]. 传媒 ,2022,(07):88-90.

② 郭倩倩 . 新媒体环境下中国面向东盟的国际传播策略——以央视“云听东盟”为例 [J]. 传播与版权 ,2023,(18):45-47.

一、中国与东盟政治传播策略

中国与东盟地区作为地缘邻近、政治经济联系密切的地区，其政治安全传播备受关注。在地区的复杂政治背景下，中国与东盟国家之间的政治互动与信息传播不仅关乎双方的利益，也直接影响着地区的和平与稳定。

通过对中国与东盟国家的地缘政治关系进行分析，我们能够更清晰地认识双方政治安全传播的重要性和意义。中国与东盟国家地理相近，彼此在政治、经济和安全领域存在着紧密联系，同时也面临着诸如海上争端、领土主权等共同挑战。在这样的背景下，政治安全传播成为维护地区稳定与和平的关键因素。西方语境下中国政治传播所面临的困境也是本部分关注的焦点之一。文化差异、意识形态对立、媒体环境差异等因素，给中国政府在西方传播政治信息带来了挑战。如何在这样的语境下有效传播政治信息，探讨双方的具体实践与合作机制，成为中国面临的重要课题。

中国和东盟各国之间的政治背景复杂而多样。从地缘政治上看，中国位于东亚，而东盟则是东南亚国家组成的地区性组织，双方在地缘上相近，彼此之间在政治、经济和安全领域都有着密切联系。中国是东盟国家的重要贸易伙伴之一，双方在经济合作领域取得了显著成果，通过签署自由贸易协定（ACFTA）等协议加强经济联系。文化和人员交流也促进了政治合作，增进了双方的相互理解和信任。赵如涵等指出，20 世纪初到现在“东盟”各国的“中国观”也在发生转变，从“中国威胁论”转向了“中国机会论”。[①]2003 年，中国与东盟之间的关系从“友好邻邦”转为“战略合作伙伴”，标志着中国与东盟的外交关系已日趋成熟。[②]

---

① 赵如涵，刘寒月 . 新“中国观”下我国对东盟国家的传播策略——基于多元层次媒体的分析 [J]. 对外传播，2019,(06):28-30.

② 奥斯卡 . 马蒂 . 发展中的东盟“中国观”：从威胁到机会 ?[J]. 南洋问题研究，2008,(04):9-16.

（一）中国与东盟政治传播实践

中国和东盟国家在政治安全传播方面采取了多种具体做法和合作机制，以加强双方在地区政治安全领域的合作与交流。这些做法和机制涵盖了高层对话与合作会议以及区域安全框架等多个方面。

高层对话与合作会议是中国和东盟国家加强政治安全传播的重要平台。双方定期举行高层对话、峰会和合作会议，就地区政治安全形势、合作机制和共同关切进行广泛讨论和交流。例如，中国与东盟国家每年举行中国与东盟领导人会议、中国与东盟外长会议等重要高层对话机制，为双方领导人就地区政治安全合作发展战略进行沟通和协商提供了重要平台。

此外，区域安全框架也为中国和东盟国家加强政治安全传播提供了重要机制。东盟作为东南亚地区的主要安全合作组织，为中国与东盟国家开展安全对话和合作提供了重要平台。在东盟地区论坛（ARF）等多边安全机制下，双方就地区安全形势、海上安全、恐怖主义等问题进行广泛交流与合作，共同维护地区的和平与安全。

以上提到的这些机制为双方加强政治安全传播提供了重要平台和保障，有助于促进地区政治稳定与和平，推动双方在政治安全领域的合作与发展。在未来，双方可进一步深化合作，拓展合作领域，共同应对地区面临的各种安全挑战，实现地区和平、稳定与繁荣的共同目标。

（二）中国与东盟政治传播困境

1. 西方语境与中国政治传播困境

中国在西方语境下的政治传播面临着诸多困难，这些困难主要源于文化差异、意识形态对立、媒体环境差异、网络文化与信息战以及国际舆论压力等方面。

其中最为突出的就是文化差异和语言障碍，这使得中国政府在向西方传播政治信息时面临着理解和接受的障碍。中国与西方在一些关键政治议题上存在着明显的意识形态对立，导致西方国家对中国政府发布的信息持怀疑和质疑态度。

2. 中国与东盟面临世界政治传播格局的不对称

传播格局的不对称是中国与东盟政治安全传播面临的现实问题之一。这种不对称的传播格局在许多方面都体现出来，包括信息传播的渠道、话语权的掌控以及国际舆论的形成等。

在信息传播的渠道方面，西方国家拥有发达的传媒机构和全球性的新闻网络，包括 CNN、BBC、路透社等。这些媒体在国际上具有较高的知名度和影响力，能够迅速传播消息和塑造舆论。

此外，西方国家在国际舆论的形成中占据着主导地位，他们拥有强大的舆论引导能力，能够通过媒体渠道塑造和影响国际社会对某一议题的认知和态度。

在学术研究中，有不少文献对这一问题进行了深入分析。例如，学者们指出，西方国家在国际传播中借助其发达的媒体资源和技术优势，通过对国际舆论的操控，塑造了对特定国家和地区的刻板印象和负面评价。与此同时，中国及东盟国家在国际传播中面临着信息不对称、话语权不足等挑战。在应对这一挑战的过程中，中国及东盟国家需要加强国际传播能力的建设，拓展传播渠道，提升国际话语权，以更好地传播自身的政治主张和立场，推动国际舆论的多元化和平衡发展。

3. 中国国际政治传播渠道的局限

中国在国外传播渠道的缺失是中国与东盟政治安全传播面临的一项现实问题。尽管中国在国内拥有庞大的传媒体系和先进的通信技术，但其在国外的传播渠道相对薄弱，这限制了中国政治安全信息在国际社会中的传播和影响力。

最为明显的就是中国在国外传播渠道的缺失主要体现在传媒国际化程度不足。在国外，中国传媒的覆盖面和影响力相对有限，难以与西方主流媒体竞争，从而影响了中国政治安全信息在国际上的传播效果。

中国在国外传播渠道的缺失还体现在内容和形式上的不足。中国政府通常采取官方发言人、国际频道、外文网站等传播手段进行政治安全信息的传播，但这些传播形式在国际上并不够多样化和灵活，难以吸引和影响国际受众。同时，中国在国外传播的内容往往受到政治和文化因素的制约，缺乏足够的吸引力和说服力，难以引起国际社会的广泛关注和认同。

4. 中国与东盟政治传播效果反馈机制的缺失

中国与东盟政治安全传播面临的一个现实问题是缺乏政治传播效果的反馈机制。在政治安全传播过程中，中国与东盟国家往往难以及时获取传播效果的反馈信息，无法有效评估政策措施的实际效果和影响。这种缺乏反馈机制的状况严重制约了政治安全传播的效果和成效。

其次，缺乏政治传播效果反馈机制影响了政策调整和优化的能力。在政治安全传播过程中，政策的实施往往需要不断调整和优化，以适应不断变化的地区环境和国际形势。然而，由于缺乏反馈机制，中国政府无法及时获取政策实施的效果信息，难以判断政策是否需要调整和优化，导致政策调整的滞后性和不及时性，影响了政治安全传播的灵活性和效率。

（三）中国与东盟政治传播优化策略

1.“四全媒体”的建设

“四全媒体”是指中国政府在政治安全传播方面采取的一项重要措施，旨在充分利用各种传媒平台，提升政治信息传播的效率和影响力，加强对外政治宣传和舆论引导。这一措施的实施涉及多个方面，包括建设传媒平台、加强内容生产、提升传播技术、拓展传播渠道等。

中国政府积极建设各类传媒平台，包括电视、广播、报纸、互联网等多种形式。这些传媒平台不仅覆盖了国内各个地区，还通过国际卫星等手段向海外传播政治信息。同时，政府还鼓励和支持企业、社会组织等各方面参与传媒建设，促进传媒资源的多元化和广泛化。

中国政府加强政治信息内容的生产和传播。政府部门、专业媒体、学术机构等都参与到政治信息的生产中，共同打造高质量的政治宣传内容。

这些内容涵盖了中国的政治理念、发展成就、国际合作等方面，旨在向国内外传播中国的政治声音和立场。

中国政府也在不断提升传播技术水平，采用先进的技术手段进行政治信息传播。包括采用虚拟现实技术、人工智能技术、大数据分析等，提升政治信息的传播效果和用户体验。同时，政府还注重培养和引进传播人才，加强传媒从业人员的专业化和技术水平。

中国政府通过拓展传播渠道，加强对外政治宣传和舆论引导。除了传统媒体渠道，政府还积极利用社交媒体、国际交流平台等新兴媒体手段进行政治信息传播。通过在国际社交媒体平台上发布政治宣传内容、举办国际交流活动等方式，扩大中国政治声音的传播范围和影响力。

这些措施的实施不仅提升了中国政治安全传播的效率和影响力，也加强了中国与东盟国家在政治安全领域的交流与合作。同时，中国政府还将继续加强“四全媒体”建设，推动政治安全传播工作的创新和发展，为维护地区和平稳定作出更大的贡献。

2. 冲突舆情的引导策略

“冲突舆情的引导策略”是中国政府在面对政治安全传播中出现的潜在冲突舆情时所采取的一系列策略和措施，旨在有效引导和管理舆论，化解潜在的冲突，维护社会稳定和国家利益。这一策略涉及舆情监测、舆论引导、信息发布等多个方面。

中国政府通过建立完善的舆情监测系统，及时掌握社会上涉及政治安全的各种舆论动态和声音。这包括利用大数据分析技术对网络舆情进行监测、搜集传统媒体报道、开展民意调查等方式，全面了解社会上存在的政治安全风险和矛盾。政府根据舆情监测的结果，采取针对性的舆论引导措施，及时回应社会关注的热点问题，引导舆论走向。这可能包括通过官方媒体发表评论、举办专题讲座、组织公开辩论等方式，向社会传递政府的政策立场和信息，调动社会力量，形成舆论合力。

此外，政府还通过加强信息发布，提供权威、准确的信息，避免虚假、误导性的舆论对政治安全造成的不良影响。这可能包括定期发布政府政策文件、举办新闻发布会、开设官方网站等方式，向公众传递政府的政策决策和执行情况，增强公众对政府的信任和支持。

可以说冲突舆情的引导策略是中国政府在政治安全传播中的重要举措，可以帮助政府有效引导和管理社会舆论，化解潜在的冲突，维护社会稳定和国家利益。这一策略的实施需要政府部门、媒体机构、学术界等多方合作，形成统一的舆论引导合力，为国家的政治安全和社会稳定提供有力保障。

据人民网报道，中国政府采取了多种措施应对网络舆情，包括设立网络舆情研究中心、加强网络信息发布和引导、建立网络舆情应急处置机制等。同时，中国政府还加强了对外宣传工作，通过在国际社交媒体上发布信息、举办国际交流活动等方式，积极宣传中国的政策立场和形象，引导国际舆论对中国的关注和理解。

3. 输出培养复合型人才

“输出培养复合型人才”是中国政府在政治安全传播中采取的一项重要措施，旨在培养具有跨文化沟通能力、专业知识和政治敏感度的人才，以适应国际政治传播的需求。

该措施强调对跨文化沟通能力的培养。跨文化沟通能力是指个体在跨越不同文化背景时，能够有效理解和应对他人的价值观、信念、行为方式等的能力。这种能力对于政治安全传播尤为重要，因为不同国家、地区、文化之间存在着差异，需要有能力的人才能够有效地进行跨文化交流和传播。中国政府通过提供跨文化交流的培训课程、组织海外实习和交流项目等方式，培养人才的跨文化沟通能力。该措施也强调对专业知识的培养。政治安全传播需要具备政治学、国际关系、传播学等领域的专业知识作为支撑，只有具备扎实的专业知识，才能在国际政治传播中做出有效的分析和应对。中国政府通过建立相关专业的教育培训项目、提供奖学金和资助计划等方式，鼓励和支持人才深入学习相关领域的专业知识，培养政治安全传播领域的专业人才。

此外，政府还强调培养政治敏感度。政治敏感度是指个体对于政治事件、政策、动态等的敏锐感知和理解能力，对于政治安全传播而言，政治敏感度意味着能够及时发现、分析和应对政治风险和挑战。中国政府通过组织政治教育培训、举办模拟政治情景演练等方式，提高人才的政治敏感度，使其能够在国际政治传播中做出准确的判断和应对。

根据新华社的报道可以了解到，中国政府已经加大了对国际政治传播人才的培养力度，设立了一系列相关专业的教育培训项目，提供奖学金和资助计划，鼓励和支持人才深入学习相关领域的专业知识。同时，政府还通过组织跨文化交流和实践项目、举办政治教育培训和模拟政治情景演练等方式，积极培养政治安全传播领域的复合型人才，为国际政治传播提供了人才保障。

二、中国与东盟经济传播策略

中国与东盟自 1991 年建立对话关系以来，双方经贸合作不断迈上新台阶：2002 年中国与东盟达成全面经济合作框架协议，2010 年建成自由贸易区，2015 年中国与东盟达成自由贸易协定升级版，2020 年双边共同努力达成了《区域全面经济伙伴关系协定》（以下简称 RCEP）。[①] 经济合作的发展不仅受到经济因素的影响，还受到非经济因素的影响，其中舆情传播就是一个重要的影响因素。

如何在国际传播中讲好新时代中国经济发展故事，李盛丹歌以经济日报海外社交媒体账号部分栏目为例，对其深度调研、城市经济、企业发展、百姓生活等内容发布实践进行了分析，提出了以下三个传播策略：第一，升腾城市烟火气，让点滴细节在报道中悦动；第二，根植于共通的社会实

① 全毅，郑美青，高军行 . 亚太新格局下中国与东盟经贸合作面临的机遇、挑战及对策 [J]. 国际贸易 ,2023,(06):43-54.

践，平常中讲出不寻常；第三，善用场景思维，让受众身临其境。①

东盟国家作为“21 世纪海上丝绸之路”重要的周边国家，不但与中国在经济上互相依赖，更与中国有着文化和地缘的亲近性，因此中国在面对东盟区域传播中讲好新时代中国经济发展故事也有着天然优势。吴开军等指出，在中国与东盟经济合作中，有效的舆情传播有助于提高中国与东盟经济合作的透明度和互信度，促进中国与东盟经济合作的创新和发展。②随着中国与东盟经济互动愈发深入，经济传播也已成为中国与东盟传播中的重要组成部分，研究中国对东盟的经济传播策略极为重要。

（一）中国与东盟经济传播现状

1. 广西网络媒体面向东盟的经济传播

谢卓华指出，广西网络媒体面向东盟进行传播的内容以招商为主，紧贴中国与东盟博览会开办的实际需要，体现出服务中国与东盟博览会、中国与东盟自贸区发展的特点。如北部湾在线在《新闻资讯》《新闻 910》《节目点播》《图频道》《视频道》《北部湾之声》《风尚调频》《广西广播联盟》等栏目都重点介绍了北部湾广西经济区的地理区位、资源优势和改革发展状况，介绍了北部湾广西经济取得投资政策等。南博网作为一家以推介中国与东盟贸易为主的门户网站，传播内容以经贸信息为主，其网站上的《出口》《进口》《数据分析》《金融》《东盟百科》《展会》等栏目，汇聚了中国与东盟十国的著名企业和商品信息，尤其是中国与东盟自贸区的最新动态，为中国和东盟企业提供了及时、丰富、翔实的咨询。③

---

① 李盛丹歌 . 在国际传播中讲好新时代中国经济发展故事——以经济日报海外社交媒体账号部分栏目为例 [J]. 青年记者 ,2023,(19):37-38.

② 吴开军，吴汐雯 . 舆情传播视角下中国与东盟经济合作的机遇、挑战与路径 [J]. 广西社会科学 ,2023,(09):77-83.

③ 谢卓华 . 广西网络媒体对东盟传播优化策略分析 [J]. 新闻爱好者 ,2015,(02):67-70.

2. 基于中国与东盟博览会的经济传播策略

中国与东盟博览会不仅仅聚焦经贸，还是每年一届的多层次多领域的国家和国际级交流活动，旨在为中国与东盟各国的经贸和文化交流打造坚实的合作平台。目前，中国与东盟博览会已成为中国与东盟经济传播中至关重要的主题之一，高枫在对广西卫视《新闻大通道》中国与东盟博览会电视媒体新闻报道的研究中指出，在中国与东盟合作与交流不断深入的大背景下，东盟和博览会在媒体界的热度越来越高，《新闻夜总汇》仅仅只是国内众多关注东盟相关新闻的节目之一。通过对节目报道数量、时间分布、版面布局、报道内容、形态以及新闻来源进行的比较，以小见大，可以看出广西乃至国家层面对中国与东盟的关系日益重视，友好与合作，对发展广西经济和拉动全国经济发展水平，都具有重要意义。①

林荧章则以北部湾之声为例，指出其在进行东博会报道时，以直播节目为载体，运用了“内联外和”的节目形态与运作机制，以及多层次、多样化的媒体外交形式两条主要的传播策略。具体来说，在第 15 届中国—东博会开幕之际，北部湾之声邀请了柬埔寨 NICE TV、老挝电视台、缅甸国家广播电视台、泰国国家电视台、越南之声以及国内的天津电台滨海广播、贵州旅游广播、吉林人民广播电台等 10 家电子媒体分别在北部湾之声直播室、南宁国际会展中心现场直播间、东博会开幕现场直播车三地联动，向境内外受众进行了全方位、多角度的开幕式特别直播。而且，北部湾之声不仅联结了国内外不同地域媒体开展跨国合作，中外媒体作为信息来源也能直接向对象国报道新闻，中外媒体记者间的互动，以外国人视角讲述中国—东博会故事，更拓展了媒体外交的渠道和内容。②

范易和蒙剑媚从区域性国际传播的研究角度切入，指出近年来以广西

---

① 高枫 . 中国与东盟博览会电视媒体新闻报道研究——以广西卫视《新闻大通道》为例 [J]. 中国广播电视学刊 ,2016,(04):118-123.

② 林荧章 . 地方主流媒体的媒体外交实践——以北部湾之声东博会直播为例 [J]. 青年记者 ,2020,(35):86-87.

广播电视台为代表的区域性媒体，充分利用毗邻东南亚的区域优势，主动与东盟国家的媒体合作，通过融合传播模式，立体化、多维度地展示了中国与东盟合作的经贸成果和文化交流成果。其中在经济传播领域，2018 年中国与东盟国际博览会举办期间，广西北部湾之声就联合柬埔寨 NICE TV 对开幕式进行了跨国现场直播，就两国受众对博览会展馆中经济文化产品的兴趣点进行了交流。在直播过程中，双方主持人准确运用当地受众的语言表达习惯介绍东博会，实现东博会好声音的对象国表达，进一步增进了对象国受众对东博会的了解，理解东博会对中国以及东盟乃至世界的意义。2019 年东博会期间，广西台进一步邀请了柬埔寨、老挝、缅甸、泰国、越南的记者和来自安徽、江苏、贵州等省级电视台，以及《湄公河》《索伦嘎》《金桥》《布达拉》等边境期刊的记者，一同前往百色国家农业科技园、龙邦口岸等地进行联合采访，着重介绍了当地的经济发展和成就，互相交流了对经济文化某方面的看法。这种以双方经济文化交融点为核心的传播策略，加深了东盟受众对东博会、对广西乃至对中国的了解，提升了区域性国际传播的效果。[①]

以中国与东盟博览会为代表的国际展会，已成为中国对外经济文化传播的重要平台。汤碧在《中国与东盟博览会可持续发展问题探析》一文中提出，中国与东盟博览会作为中国与东盟合作共赢的重要平台，在自贸区的建设中以及对推动中国与东盟经贸合作中起到了重要的作用。[②] 万忆等以中国与东盟博览会为例，研究了国际展会中的对外传播策略，指出中国与东盟博览会作为一场国际性的经济盛会，政府的对外传播策略应是“搭建传播平台，服务国家战略”；民众的对外传播策略应是“彰显中国进步，共谋经济发展”；媒体的对外传播策略应是“运用中外媒体，塑造国家形象”。同时其也是一个大型的经济信息汇聚沟通平台，中方展商和专业观

---

① 范易，蒙剑媚 . 提升精准度，促进区域性国际传播 [J]. 新闻战线，2020,(13):54-56.

② 汤碧 . 中国与东盟博览会可持续发展问题探析 [J]. 经济问题探索，2012,(07):13-16+32.

众以及商协会传播交换各种商情资讯，共谋发展，也是中国与东盟博览会对外传播策略的题中应有之义。①

3. 基于 RCEP 的经济传播策略

2022 年，RCEP 正式生效，其对经济领域的直接影响，将与中国与东盟在政治、文化、社会、生态等多个领域的交流实现同步。孙梦诗等以中国加入 RCEP 相关报道为例，研究了东盟主流媒体报道中的中国经济形象。结果表明，东盟主流媒体主要构建了中国“国际经济强国”的形象，把中国视为东盟重要的经济合作伙伴与投资者，如菲律宾《马尼拉公报》和泰国《世界日报》均将中国塑造为积极的合作者；但同时也有媒体认为中国经济影响过大是一种潜在威胁，如菲律宾就将中国的崛起视为一种挑战。②

针对东盟主流媒体报道中中国经济复杂、多面、矛盾的形象，中国对东盟的经济传播策略显得尤为重要。李杰锋等从 RCEP 生效后中国与东盟关系发展的角度出发，分析了广西区域媒体面向东盟传播的现状与趋势。在经济传播领域，广西区域媒体通过主动参与国家层面的国际交流合作项目，发挥了区位媒体优势，聚焦中国与东盟之间在西部陆海新通道、乡村振兴等经济领域的合作，积极实践了面向东盟的经济传播新策略。但同时也存在传播者身份定位不准、传播渠道体系化实践落后、缺乏传播效果反馈机制等问题，如 RCEP 协商期间，在西方媒体“围剿”和新冠疫情的双重影响下，东盟主流媒体中就出现了不少关于中国经济的负面报道，为中国与东盟经济合作带来了诸多障碍。③

---

① 万忆，覃维炳，张亮华．国际展会中的对外传播策略研究——以中国与东盟博览会为例 [J]. 文化与传播，2014，3(05)：30-37.

② 孙梦诗，张瑛，张祎彤．东盟主流媒体报道中的中国经济形象研究——以中国加入 RCEP 相关报道为例 [J]. 海南大学学报（人文社会科学版），2021，39(03)：158-168.

③ 李杰锋，石峰 .RCEP 框架下广西区域媒体面向东盟国际传播策略初探 [J]. 传媒，2022，(22)：56-59.

（二）中国与东盟经济传播策略

1. 新发展格局下中国经济形象在东盟的重塑

构建新发展格局是中国经济发展战略的重大转变，在此背景下中国经济形象传播策略也随之发生转变。易文研究指出，尽管目前东盟各国对中国经济形象的认识存在较大差异，但仍存在以下共同看法：首先认为中国是有影响力的“经济强国”与积极（或过于积极）的“合作者”；其次认为中国是“竞争者”“劣质产品制造者”与“威胁者”。面对此严峻挑战的同时，在当前新发展格局下，中国在东盟的经济形象建构也有着经济实力、周边外交政策、人缘和地缘、发展阶段相似以及发展理念和价值观共识的巨大优势。基于此，中国经济形象未来在东盟的传播策略应充分发挥以上优势，从多个维度进行目标定位的“提质升级”：经济实力和地位方面，在继续展现有影响力的经济大国、强国形象的同时，打造中国新发展阶段“潜力大”、“优势多”、世界经济复苏引擎的“贡献者”形象；发展模式上，突出打造中国当下创新引领、自强自立、“高质量发展”、“绿色发展”的形象，同时注重塑造中国坚持对外开放和积极推动、参与经济全球化，推动地区经济发展的开放型大国的形象；人民生活水平方面，展示中国新时代“以人民为中心”的发展思想，打造社会公平正义、民生全面保障的社会主义大国形象；企业和产品方面，突出中国的优势，打造“质优价廉”“环保高效”“科技先进”的企业和产品形象，以及在此基础上的高质量、负责任的有力“竞争者”形象；投资和经贸合作上，打造东盟经济的“机遇提供者”形象，“互利共赢”、“讲情谊，讲道义”的“良好的合作伙伴”形象，以及地区合作规范、秩序的构建者和引领者形象；发展理念和价值观上，坚持多边主义与全球化，弘扬“共商共建共享”的全球治理观与相互尊重、协商一致的共同理念，推动构建中国—东盟命运共同体和人类命运共同体。①

① 易文．新发展格局下中国经济形象在东盟的重塑 [J]. 对外传播，2021,(10):27-31.

易文和肖晓玥通过对东南亚发展中国家中的泰国、越南和老挝的三份主流官方媒体中关于中国扶贫报道的分析，为中国对这些国家讲述扶贫事业提供了更为精准的传播策略：第一，受众导向，精准传播，中国对东南亚发展中国家讲述扶贫故事应区别于对西方的讲述，重在回应东南亚发展中国家的关切和需求，对具体扶贫方法、策略和经验以及扶贫故事进行讲述；第二，拓展传播渠道，增加视频内容，根据不同国家受众偏好，把精准传播的内容放到不同的社交媒体平台上，同时多增加视频内容，迎合视频在东南亚的趋势；第三，讲述的态度要真诚、平等、温和，传播中应体现出对东南亚发展中国家真心帮助的诚意，尊重对方的发展理念和宗教习俗，同时注意在叙事中少用“榜样”“典范”“传授”等字样。①

2. 提升广西主流媒体面向东盟的经济传播能力

梁乾胜指出，RCEP 的签署意味着广西作为中国与东盟有效对接的重要节点，将在未来区域经济合作中发挥重要作用。因此，增强面向东盟国际传播的能力将成为广西主流媒体的必然使命。深耕东盟市场，首先，拓展传播范围，广西拥有“南向经济走廊”，作为地方权威媒体、国家级重要媒体的广西日报应全面传播广西的投资环境和政策利好消息等；其次，建立媒体间区域性合作，积极开展与相关生产、宣传公司合作，加快商业合作的模式革新；最后，加大投入，建立国际记者队伍是提升广西主流媒体面向东盟国家国际传播能力的关键，聚焦东盟与中国民生产业的合作，以期提高客户和东盟国家的期望值和满意度。②

3. 新语境下中国与东盟博览会传播策略优化

谢卓华通过分析中国与东盟博览会的媒体报道，探究了新媒介语境下中国与东盟博览会的传播策略。新媒介语境构成了人们了解世界的基本环

① 易文，肖晓玥．如何对东南亚发展中国家讲好中国扶贫故事——基于泰国、越南、老挝主流媒体对中国扶贫的报道分析 [J]. 对外传播，2021，(04)：22-25.

② 梁乾胜．RCEP 框架下广西主流媒体东盟传播策略 [J]. 中国报业，2023，(11)：232-233.

境，在当下包括受众媒介素养的提升、媒介形态的多元化状态和媒介现实的仿真性构建等元素。基于此背景，中国与东盟博览会作为双边经贸合作的重要一环，在媒体报道层面已经呈现出多元的分布倾向，但仍处于较为低端的层次。作者从理论和实践的角度对中国与东盟博览会报道提出了策略建议：第一，实施精准传播，引导多重话语，实现“话语引导传播”+“覆盖面和影响力传播”+“精准传播”三者的最佳结合；第二，增强可读性，关注平民内容，综合各种报道形式，注重受众在观看报道时的心理感受和心理体验，实现国家意识形态话语向平民话语的温和过渡；第三，强化受传互动，拓展反馈平台，尊重受众的主体性地位，加强受众与媒介之间的联系，改善信息反馈渠道，创造一个开放和自由的平台。①

4. 中国品牌面向东盟跨文化传播的策略建议

过去十几年间，东盟国家已成为中国品牌出海的关键市场。张剑指出，中国品牌面向东盟跨文化传播正迎来巨大机遇，包括东盟经济的迅速增长、中国与东盟间经济联系的愈发紧密、中国与东盟自贸区投资环境的不断优化、中国电商平台的海外扩张、中国与东盟间相似的文化基础和语义空间等，但同时也面临着中国品牌整体实力和在东盟地区的影响力有待提升、东盟市场复杂程度高和差异性大、逆全球化潮流等挑战。在此背景下，他提出了提升中国品牌面向东盟跨文化传播能力的建议：第一，加强品牌战略性规划，重视品牌力的打造，塑造品牌个性，提炼品牌文化，整合渠道资源，拓宽传播路径；第二，贴近东道主文化，在充分了解和尊重的基础上采用适宜的传播战略和有针对性的具体策略；第三，重视社交媒体平台和新型广告技术的运用，改进传播渠道，提升传播效率；第四，建立舆情监测机制，及时调整传播策略，做到日常运行时的精准传播和遇到危机时

① 谢卓华 . 新语境下中国与东盟博览会传播策略研究 [J]. 新闻爱好者，2010,(24):6-7.

的有效公关。[①]

罗幸研究了广西面向东南亚开展经贸和合作的基础、广西企业品牌“走向”东南亚的机遇、广西企业品牌在东南亚国家的传播现状等，发现东南亚民众对广西整体知晓度较低、对广西经贸举措知晓度低、对旅游和美食类产品知晓率最高，由此提出了以下传播策略建议：第一，打好政策“组合拳”，将广西建设成为中国面向东南亚合作的总阀门，依托中国与东盟信息港、中国与东盟博览会、中国与东盟自由贸易区等平台，打造信息合作枢纽；第二，增加高新产业领域留学生互派，打造面向东南亚的人才交流与互动高地，建设广西众创示范基地，传播示范区典型案例；第三，以TikTok等社交媒体为抓手，遵循“先粉丝后内容”的原则，培养果农、导游等自媒体，形成账号矩阵，拉动农产品、旅游市场；第四，政府搭台，企业唱戏，推动广西传统基建领域向东南亚投资，以经贸论坛等方式展开合作、建立联系、带动传播。[②]

5. 中国高铁合作项目对外传播策略改进

基础设施建设是“一带一路”共建国家建设发展所面临的重要问题，同时也是展现中国经济实力的重要机遇，其中高铁合作项目就是一张亮丽的“名片”。易文和陶云选取了中泰铁路合作项目中三家泰国主流媒体及三家中国对外传播主流媒体网站的报道进行研究，在此基础上对中国媒体高铁合作项目对外传播策略提出了改进建议：第一，增强回应力度，证实质疑，及时回应舆论热点，提升我们议程设置的能力；第二，增强高铁企业作为传播主体的作用，中国媒体在对外传播中要与高铁企业有效配合，帮助高铁企业提升传播意识，拓展传播渠道，改进传播方法，共同探讨如何进行“高铁品牌”的传播；第三，细化和深耕“合作与展示”的主导框架，

---

① 张剑．中国品牌面向东盟的跨文化传播研究：机遇、挑战及建议[J]．广西大学学报（哲学社会科学版），2023，45(05)：106-111.

② 罗幸．广西面向东盟的经济和企业形象传播研究[J]．传媒论坛，2022，5(10)：43-46+50.

提供事实、讲好“故事”，应多提供高铁所带来的各种改善民生、拉动地方经济、为合作方提供大量就业岗位等正面效益、长远效益的相关做法和经验；第四，扩大信息来源和传播对象，继续拓宽、深耕各种传播渠道，通过相互访问参观、座谈、学术交流、召开新闻发布会等多种形式与其交流，并及时发布沟通信息及成果，增强互信，互利共赢。①

三、中国与东盟文化传播策略

在全球化的大背景下，中国与东盟国家之间的文化社会传播策略呈现出多元复杂的发展态势。随着政治、经济合作的不断加深，文化社会交流也日益成为国际传播策略中的重要环节。许多专家学者深入地探讨了中国与东盟国家之间的文化社会传播策略，包括通过文化活动促进多元交流、通过文化元素构建品牌认同，以及通过人才教育培养社会共识等。上述领域的研究为理解中国与东盟社会文化交流构建了一个全面且深入的框架，这些文化社会传播策略不仅有利于加强中国与东盟的文化链接与互信互爱，且有利于反哺其政治与经济的发展，并进一步推动国家之间的和平与发展。

首先是通过文化活动促进多元交流的传播策略。文艺论坛、展览、文化节等活动能有效促进中国与东盟国家间的文化互鉴与理解。这些活动不仅是展示各自文化特色的窗口，也是增进民众间相互理解和尊重的重要平台，有利于促进区域内的文化多元性和包容性。而另一类传播策略则旨在通过文化元素建构品牌认同。具有地域特色的文化元素在塑造和推广地区品牌认同中扮演着关键角色，其不仅能够提升国家和地区的文化软实力，还有助于加强国际社会对该地区独特文化价值的认识和尊重，促进文化和经济的互利共进。最后，学者们强调了人才教育在培养社会共识中的重要

---

① 易文，陶云．中国高铁合作项目对外传播策略——基于中泰双方媒体报道框架的分析 [J]. 文化与传播，2019,8(06):1-8.

性。通过充分的高职教育交流合作，可以为中国与东盟国家培养具有国际视野和跨文化沟通能力的人才，而教育不仅能够加深个人对多元文化的理解，还能够促进整体人群的文化互信与社会共识。

（一）文化活动促进多元交流

文化活动作为传播的重要途径，可以有效促进中国与东盟国家之间的多元交流。文化论坛及各种文化展演、文化周、文化节等活动为区域内的多元文化交流提供了丰富的内容与平台，不断推动中国与东盟国家的文化融合与创新。

1. 综合性文化论坛

在各类活动中，中国与东盟文化论坛作为综合性最强的文化交流平台之一，始终致力于促进中国与东盟各国之间的文化交流与合作。中国与东盟文化论坛由中华人民共和国文化和旅游部、广西壮族自治区人民政府共同举办，至今已有十余年历史，其内容从原先单一文化产业的理论研讨，拓展到民族艺术传承发展、非物质文化遗产保护、文化与旅游融合发展等多领域的综合探讨。

自 2015 年起，中国与东盟文化论坛增加了多种形式的文化展演活动，如艺术教育合作与发展的研讨，强调了艺术职业教育与艺术传承发展的重要性。这些活动不仅提供了理论研讨与现场教学展示相结合的务实交流机会，而且还通过圆桌会议等形式，邀请了来自中国及东盟各国艺术院校的代表进行示范性课堂展示，让各国文化在互动交流中求同存异、共促发展。此外，中国与东盟文化论坛还注重双向良性互动交流，通过译制并引进东南亚国家优秀的广播、电影、电视作品及出版物等，促进了双方的文化交流，展示了中国与东盟各国人文交往的丰硕成果，诠释了“和而不同、共汇大美”的和谐理念。

曹庆华指出，文化论坛促进了中国与东盟各国的文化互鉴和理解、加深了双方人民的友好情感，这不仅增进了双方的文化互信和交流，也为深化经济和政治合作打下了坚实的社会和文化基础。诚然，文化论坛同时也面临着发展不平衡、人才不足等挑战，这些问题需要通过加强顶层设计、优化交流平台、提升论坛影响力等方式来解决。①

2. 垂直类文化活动

在中国与东盟的文化交流活动中，各种垂直类艺术周为双方的文化交流提供了活跃的平台。戏剧周、音乐周、教育周等品牌活动从文化社会的不同角度传播了中国的优秀文明。

中国与东盟戏剧周、音乐周都是具有代表性的垂直类文化活动。邹颖在研究中讨论了东盟戏剧周的传播策略以及当下面临的挑战。文章指出传统戏曲与现代受众之间存在一定断层，而这一问题可以通过营造情感共鸣情境、创造审美体验以及扩大中国与东盟戏剧周的普及度来解决。② 孙展则聚焦于中国与东盟音乐周在推动音乐文化交流方面的作用。文章指出了音乐会、研讨会及音乐比赛等活动在促进音乐文化交流、提升理论研究以及挖掘新音乐人才方面的积极贡献。文章亦探讨了音乐周的发展前景，并提出了应加强顶层设计、优化活动安排、创新内容与形式等升级措施。③ 靳真芊与罗健则对“中国与东盟教育交流周”提出了媒介形象提升的视觉传播策略。文章运用 ISMAS 模型，强调了视觉化传播在提升文化教育交流活动媒介形象中的重要作用和实践价值。④

丰富的文化交流活动反映了当代美学发展的新趋势，也让瑰丽的中华优秀传统文化与东盟国家的文化交融共鸣。这些文化活动为构建更加紧密的中国与东盟命运共同体提供了坚实的人文基础。

---

① 曹庆华 . 中国与东盟文化论坛发展状况、制约因素与提升策略 [J]. 东南亚纵横 ,2023,(04):62-69.

② 邹颖 . 中国与东盟戏剧周品牌影响力的传播策略 [J]. 戏剧之家 ,2021,(09):37-38.

③ 孙展 . 中国与东盟国家音乐交流互动的路径和策略——以中国与东盟音乐周为例 [J]. 歌海 ,2023,(02):72-80.

④ 靳真芊，罗健 .“中国与东盟教育交流周”的媒介形象视觉化传播对策 [J]. 中国传媒科技 ,2020,(05):81-83.

3. 多媒体文化活动

除了大型线下活动之外，丰富的媒体文化活动也贯穿于人们生活中的方方面面，包括纸媒、广播、电视、新媒体等形式。

广西是中国与东盟交流的重要窗口，相关的研究内容也为学界搭建了丰富的研究基础。近年来，广西广播不断加深与东盟国家广播电视媒体的合作交流，构建起“五位一体”的对外传播体系，涵盖了外宣广播、海外落地电视栏目、地方媒体驻外工作站、中越合办刊物以及东南亚新媒体网络等多种媒体形式。这些媒体的密切交流架设起国与国文化交流的重要桥梁，促进了中国与东盟国家文化相融，民心相通。[①] 谢卓华在《基于受传机理的跨域传播研究——以广西对东盟的传播为视角》中探讨了广西对东盟的信息传播现状，并分析了广西在参与性、互动性和语境性方面存在的传播障碍，并提出了相应的优化策略，包括丰富传播内容、发挥媒体功能、注重文化商业性等。[②]

广西作为中国与东盟传播的典型与标杆，对其他地区的传播策略提供了积极的借鉴意义。而随着媒体形式日新月异的发展，多媒体文化活动的传播也日益发展出更多创新模式，相关从业者需要敏锐捕捉文化交流活动的创新点与发力点。

（二）文化元素建构品牌认同

文化元素在构建品牌认同中扮演着关键角色。通过挖掘与传播具有地域特色的文化元素，不仅能够增强民众对自身文化的认同感，还能提升区域品牌的国际形象，并促进文化与经济的良性发展。

---

① 周霖，文虹任．生动多元 传播中国声音 讲好中国故事 [J]. 中国广播，2017，(10)：40-41.

② 谢卓华．基于受传机理的跨域传播研究——以广西对东盟的传播为视角 [J]. 广西社会科学，2011，(08)：33-36.

1. 中国元素的跨文化传播

随着中国与东盟各国之间经贸往来的深入，中国元素的跨文化传播成了促进双方了解和合作的新抓手。《中国元素在东盟青年干部中跨文化传播的思考与展望》一文指出了东盟国家的青年干部在文化交流中承担了重要的信使身份。因此，对他们进行中国元素的传播成了整体传播策略中的关键举措之一。然而，文化元素的传播也面临着文化中的偏见、冲突等挑战。针对这些挑战，文章指出需要持之以恒地扩大中国元素传播的深度和广度、强化传播能力建设、拓展创新传播内蕴，以消弭“中国威胁论”，树立中国高大正面的国际形象。①

另外，留学生作为中国传统文化的传播载体，其对中华元素的认知与认同对提升中国传统文化的国际影响力意义重大。张智和王湘丽采用问卷调查、深入访谈的实证研究方法，探讨了东盟留学生对中华龙狮文化的认同程度以及龙狮运动实践活动对提升文化认同的作用。研究结果表明，参与龙狮运动实践活动能显著提高东盟留学生对龙狮文化的外部表现的认同，但对其内涵与精神的理解尚存不足。但整体而言，对中国元素的深入体验对提升东盟留学生对中国传统文化的认同感、增强中国与东盟国际传播效果均有积极作用。②

2. 中国元素的品牌化建设

在企业传播的框架中，鲜活的元素是品牌化建设的重要落点。博大精深的中国元素随着现代化发展不断更新迭代，为其品牌化建设带来了良机。除了传统的中国画、中国舞等艺术形式，新时代下的中式产品包装、新中式风格时装以及相关的文化与亚文化，均可成为品牌建设的重要发力点。中国文化元素的品牌化策略不仅可以促进中国文化的广泛传播，还能深化

① 邓劲夫，罗婵，古雅丽. 中国元素在东盟青年干部中跨文化传播的思考与展望 [J]. 学术论坛，2014，37(10)：118-122.

② 张智，王湘丽. 东盟留学生对中华龙狮文化认同的实证研究——以广西师范大学国际教育学院留学生为例 [J]. 广州体育学院学报，2021，41(01)：62-67.

东盟国家对中国文化的积极理解，有效提升中国文化的软实力和国际形象。

中国元素的品牌化建设的相关研究有着浓厚的实践色彩。张伟探讨了中国与东盟背景下中国画对外传播策略，重点剖析了中国画如何在保持自身传统魅力的同时与东盟文化实现有效融合。中国传统元素与广泛世界文明的融合有利于促进中国画的国际传播，并进一步加深中国与东盟国家之间的相互理解和友谊。而针对传统符号的单一化、平面化，以及西方艺术风格冲击等挑战，张伟强调了将中国画与品牌文化、产品形态、经营理念等结合的重要性，并建议通过品牌传播手段将中国画推广至东盟各国受众，令中国画走出国门，成为中华文化与东盟国家文化交流的重要桥梁。①

中式包装设计则是日常生活中更易接触到的文化元素，也是中国与东盟文化传播的重要触点之一。目前已有许多研究企业传播的学者证明过良好的包装设计可作为企业文化对外传播的重要手段。学者杨泳指出，当前中国出口产品的包装设计在对外传播效果上存在一些问题，主要包括缺乏受众洞察力，独特元素的表现不足等。针对上述问题，灵活运用东盟特色元素是一条可行的优化之道，有利于提高产品包装设计的传播效果，促进中国产品在东盟市场的成功传播。②

中国元素的品牌化建设策略不仅增强了中国在国际舞台上的文化影响力，也为中国与东盟之间建立更深层次的文化和经济联系提供了途径。

（三）人才教育培养社会共识

人才教育是培养社会共识的基石，教育交流与合作项目可为深化中国与东盟国家之间的理解与合作奠定坚实的基础，助力双方培养出具有国际视野和跨文化沟通能力的人才。在“一带一路”倡议和“后疫情”的时代

---

① 张伟．中国与东盟背景下中国画对外传播策略研究 [J]. 艺术百家，2017,33(05):222-224.

② 杨泳．中国与东盟视野下产品包装设计对外传播策略研究 [J]. 艺术百家，2017,33(05):220-221+224.

背景下，中国与东盟的高职人才教育传播面临着全新的机遇与挑战。现有的研究多数强调了加强中国与东盟高等职业教育合作的重要性，并对中国与东盟的人才合作体系进行了机遇与挑战的分析，再进一步提出了相应的解决策略。专家学者们呼吁中国与东盟的政府、企业通力合作，推动双方教育合作向深度、高质量发展转型，以培养更多适应新时代要求的高职人才。

1. 得天独厚的合作基础

中国与东盟共有深厚的文化与社会联系，包括共享的儒家文化、交融的语言联系和相似的节日习俗等，这些因素皆为教育合作提供了得天独厚的基础。

中国与东盟的同源性不仅体现在自然地理环境上，也体现在人文社会环境中。广西与东盟国家水陆相连，地理上的接近为职业教育的交流合作提供了自然条件。随着中国与东盟自由贸易区和产业园的发展，广西高职教育获得了参与中国与东盟职业教育广泛交流和深入合作的有利条件。[①]

另外，中国与东盟的社会、历史、文化的同源性非常显著，具体体现在儒家文化的深远影响、汉字和汉语的广泛使用，以及佛教作为共同信仰的大规模普及等。除此之外，中国与东盟国家拥有相近的节日习俗，传统节日是文化的具象呈现，亦可成为引起各国人民友好互动的重要纽带[②]。

2. 来自内外的合作挑战

中国与东盟的教育合作有着得天独厚的基础，但也同时在内外部存在较大的挑战。外部环境中的问题涉及政治、经济等层面：各个国家之间存在政治体制、经济水平、文化观念、职业教育理念等差异，上述因素都对

① 潘峰．从中国与东盟职业教育交流合作看广西高职的发展 [J]. 职业教育研究，2024,(02):30-36.

② 马早明．“一带一路”背景下中国与东盟高等教育合作的策略选择 [J]. 华南师范大学学报（社会科学版）,2017,(01):70-72.

职业教育共同体的建立带来了影响。除此之外，地缘政治因素如东盟的平衡战略、美国的“亚太再平衡战略”以及南海仲裁案等，亦增加了教育合作的困难性与复杂性。在合作策略层面，合作目标不明确、主体间凝聚力不强、支持政策零散化及合作方式单一化都是亟待解决的问题。① 在教育合作的实施过程中，经济相对落后的地区在面对先进的办学方法时，不仅在硬件设施上存在不足，在教师等人才配备上也存在显著缺失。这些因素皆导致了先进的教学方式无法有效执行。

除此之外，疫情因素也对中国与东盟的教育合作带来了一定冲击。疫情影响下，东盟各国的经济和社会秩序都受到了较严重的冲击。在疫情严峻的几年中，各国间的师生交流学习活动几乎完全停摆，严重阻碍了职业教育共同体建设中的各类交流。如今，随着各国的经济从疫情中逐渐恢复，国家间的教育来往也渐渐回温。疫情时期留下的问题也引发中国与东盟的教育界专家展开了关于合作模式的新思考。为了更好地在“后疫情”时代面对全球化挑战，专家们正在不断探索职业教育合作体系的改革和创新路径。

3. 构建职业教育共同体

针对人才教育合作策略所面临的挑战，学者也提出了相应的应对策略。首先，创新人才教育培养模式是变革的基础。杨满鹏和冯少英指出，中国与东盟职业教育共同体的构建是未来发展的核心。其中，职业教育合作的重心在于培养适应社会发展需要的专业人才。这需要创新教育模式和教学方法，结合当地实际情况和产业需求，提供专业的人才培养方案。为满足各方对优质教育资源的需求，应通过互换优质教育资源、派遣教师或学生进行学习交流等方式，实现资源共享，提高教育质量。②

---

① 张义民，孙杰．高质量发展视域下中国与东盟职业教育深度合作的推进策略 [J]. 当代职业教育，2023，(05)：78–85.

② 杨满鹏，冯少英．“后疫情”时代中国与东盟职业教育共同体构建研究 [J]. 国际公关，2023，(10)：139–141.

此外，学历学位互认也十分重要。早在2010年，在中国与东盟教育部长圆桌会议暨第三届中国与东盟教育交流周上，时任中共中央政治局委员、国务委员刘延东要求进一步推进中国与东盟国家间的学历互认、高校间的学分转移和互认。在2022年，中国与东盟教育交流周职业教育国际化合作论坛上，中国教育部国际合作与交流司副司长贾鹏再次强调了推进标准互建和学分互认等机制的重要性。①

同时，企业这一主体对教育合作的作用也不可或缺。杨满鹏和冯少英指出，中国和东盟各国开展职业教育合作的目的是通过适合不同国家的教育形式，培养能够帮助“一带一路” 建设的各方面的人才。因此职业教育要健康发展，需要跟当地企业达成合作，为企业输送生产和经营所需的各种人才。② 而对企业的激励制度也有利于推动合作的顺利落实，如对于参与校企合作和参与职业院校办学的企业，在顶层设计上应有相应的政策倾斜。③

构建职业教育共同体有利于培养具备国际视野和跨文化沟通能力的人才，为全球文化交流和社会发展提供智力支撑，推动稳定的国际关系的形成。

（撰稿人：苏昕、裘诗雨、黄心怡，复旦大学新闻学院2023级研究生）

① 潘峰 . 从中国与东盟职业教育交流合作看广西高职的发展 [J]. 职业教育研究 ,2024,(02):30-36.

② 杨满鹏 , 冯少英 . “后疫情”时代中国与东盟职业教育共同体构建研究 [J]. 国际公关 ,2023,(10):139-141.

③ 张义民 , 孙杰 . 高质量发展视域下中国与东盟职业教育深度合作的推进策略 [J]. 当代职业教育 ,2023,(05):78-85.

中国与东盟传播路径研究

在当今全球化和信息技术高度发展的背景下，中国与东南亚国家之间的文化、经济和政治交流越发紧密。特别是随着“一带一路”倡议的深入推进，中国与东盟国家之间的合作步入了一个新的历史阶段。这种合作不仅涉及经贸往来，更包括文化交流与传播，这对于增强区域内的相互理解和信任，促进共同发展具有重要意义。因此，深入研究和探索中国与东盟国家之间的传播路径，不仅有助于推动中国文化的国际传播，也为促进中国与东盟国家之间的友好关系提供了新的视角和思路。

在阅读并分析了一系列相关文献后，可以看出中国与东盟在传播领域的合作正逐步深化，涵盖了媒体传播、文化与教育交流、体育与艺术交流等多个方面。这些交流和合作不仅展示了中国文化的丰富多样性，也促进了东盟国家对中国的深入了解。然而，文献分析也揭示了当前传播实践中存在的一些挑战，如文化差异带来的理解障碍、信息不对称以及政策和资源配合的不足等。

进一步研究表明，有效的传播策略需要结合现代信息技术的优势，如大数据和新媒体的应用，以及对传统传播方式的创新。同时，强调了在传播内容与形式上的本土化和个性化的重要性，以及面向青年和新一代的传播策略。这些发现不仅为中国的国际传播实践提供了宝贵的经验和启示，也为未来中国与东盟国家间的传播路径研究指明了方向。

本部分旨在系统梳理和分析中国与东盟国家间的传播路径，探讨其价值定位、现实困境及创新路径。通过深入研究，我们希望能为促进中国文化的国际传播，加强与东盟国家的文化交流与合作，以及共同构建和谐共生的区域关系贡献智慧和力量。

一、中国与东盟战略传播的背景

（一）中国与东盟关系的历史和现实

1.“一带一路”倡议与区域合作

“一带一路”倡议不仅是中国对外经济合作的新模式，也是推动全球化和多边主义的关键力量。特别是在中国与东盟的关系中，这一倡议显著加强了双方在基础设施建设、贸易、投资等方面的合作。

东盟国家地处中国南部，与中国共享陆地和海洋边界，地理位置的优势使其成为“一带一路”倡议的关键合作伙伴。中国与东盟自贸区的建立，进一步加强了双方在经济领域的紧密联系。在文化交流方面，通过“一带一路”倡议，双方增进了人民之间的相互理解和友好情感，为区域的和平与稳定奠定了坚实基础。

2. 中国与东盟国家的文化、政治与经济联系

从经济合作角度看，中国与东盟的贸易和投资合作近年来显著增长。中国是东盟最大的贸易伙伴之一，而东盟也是中国重要的外资来源地区，双方在贸易、投资和基础设施建设等方面的合作日益加深，不仅提升了物流效率，还加强了市场互联互通。特别是在“一带一路”倡议框架下，双方的经济联系更加紧密。中国企业在东盟国家的投资日益增加，而东盟国家的产品和服务也在中国市场占据着重要位置。

文化交流方面，中国与东盟的文化交流历史悠久，早在古代的海上丝绸之路时期，双方便已经开始了文化和商品的交流。在当代，这种交流更是多元化和深入。文化交流不仅限于艺术、文学、教育等传统领域，还扩

展到了影视、体育等现代领域，中国与东盟之间的交流和合作越来越深入。

政策沟通方面，中国与东盟国家的关系基于相互尊重、平等互利的原则。东盟作为地区性的政治经济组织，与中国一直保持着良好的政治对话和合作关系。两者在多个国家地区事务中通力合作，尤其在维护地区安全稳定、推动地区经济一体化等方面取得了显著成果。例如，在环境保护、可持续发展等领域，双方开展了一系列合作项目，共同应对区域性和全球性挑战。

此外，人民友好交往也是中国与东盟国家交往的另一个重要方面。双方合作开展了各种文化、教育和人文交流项目，加强了中国与东盟民众间的相互理解和友谊，为双方的政治和经济合作提供了坚实的社会基础。

综上可知，中国与东盟国家在“一带一路”倡议下的合作不仅体现在经济领域，更延伸至文化、教育、科技等多个层面。这种全方位的合作不仅促进了地区内的相互理解和信任，也为维护区域稳定与发展提供了新的动力和机遇。

（二）中国与东盟战略传播的价值

1. 增强区域影响力与文化认同

在当前全球化背景下，区域影响力和文化认同对于国际关系和区域合作的稳定性与深入发展至关重要。中国与东盟的关系发展历史悠久，但面对不断变化的国际环境和内部发展需求，双方在文化交流与传播方面仍面临诸多挑战。通过深入研究中国对东盟的传播路径，可以为增强中国在该区域的文化影响力、促进文化认同提供理论支持和实践指导。

文化共鸣是区域影响力的重要组成部分，而传播路径的研究与实践在建立文化共鸣方面发挥关键作用。

从《“一带一路”背景下广西主流媒体面向东盟传播的创新路径》和《中国对东盟传播的创新路径》等文献中可以看出，中国在推动对东盟的文化传播中，已经采取了多种创新措施。这些措施不仅涉及传播内容的创新，还包括传播方式、渠道和技术的创新。通过这些方式，中国在提升自身文化软实力的同时，也促进了与东盟国家民众的情感联系和文化认同。

根据案例可知，中国与东盟国家在电影、纪录片等领域的合作，显示了通过共同制作、共同讲述故事的方式，如《一个医院的战“疫”》等，能够有效地传递文化信息，增进相互理解和认同。这种方式不仅传播了知识和信息，也传达了情感和价值观，促进了文化认同的形成。

公共外交和文化交流是提升软实力的重要工具。文献《中国文学东南亚传播的挑战、机遇与路径》中提到，中国文学作品的传播对于提升中国的文化软实力至关重要。通过文学作品的传播，可以展现中国丰富的历史文化和现代发展，增强中国在东盟地区的文化影响力。①

跨文化交流是传播路径研究的重要组成部分。文献中提到的各种文化活动，如艺术节、体育赛事等，都是跨文化交流的重要形式。通过这些活动，中国与东盟国家能够在共享的文化平台上进行交流，增强相互之间的理解和尊重。

从《中国文化在东盟国家的传播路径》和《周边传播视阈下中国体育文化面向东盟的传播困境与路径研究》等文献中可见，中国文化的传播不仅是单向的输出，更是双向的交流和融合。在交流过程中，中国文化与东盟各国文化在互学互鉴中共同发展，这不仅增强了中国文化的区域影响力，也促进了中国与东盟国家之间的文化认同。

2. 促进经济合作与共同发展

中国与东盟之间的经济合作一直是双方关系的重要组成部分。文化传播在这一过程中扮演了桥梁和纽带的角色。例如，《电视媒体对东盟国家国际传播的路径选择》指出，通过电视媒体和新媒体的传播，可以促进中国品牌和产品在东盟市场的知名度，这直接关联到贸易和投资的增加。电

① 张经武 . 中国文学东南亚传播的挑战、机遇与路径 [J]. 当代文坛，2021,(05):15-25.

视剧、电影等不仅传播文化，也带动了文化产品的贸易。[①]《中国与东盟龙狮运动融合探索》和《大数据时代下中国与东盟体育文化传播的价值定位、现实困境与创新路径》等文献指出，通过文化和体育的传播，可以促进经济合作项目的实施和双方市场的互联互通。例如，体育文化的交流不仅加深了人民之间的了解和友谊，也为双方提供了合作的平台，进而推动了旅游、体育产业等领域的经济合作。

文化产业是经济发展的重要领域，而传播路径研究对文化产业的发展具有重要意义。文献《中国与东盟龙狮运动融合探索》展示了如何通过体育文化活动提升文化产业的价值，增加经济收益。通过国际体育赛事和文化节，中国与东盟国家的文化产业得到了共同发展，促进了地区经济的繁荣。[②]

此外，《中国文学东南亚传播的挑战、机遇与路径》等文献还提出了通过文化产品和服务的国际传播，促进中国与东盟经贸合作的观点。文化产品的传播不仅提升了中国文化的国际形象，也为中国企业提供了新的市场机遇，从而促进了共同的经济发展。

科技在现代经济发展中扮演着核心角色。《大数据时代下中国与东盟体育文化传播的价值定位、现实困境与创新路径》指出，通过科技手段（如大数据分析）优化传播策略，不仅提高了传播的有效性，也促进了科技和创新在经济合作中的应用。科技创新的传播有助于开启新的合作领域，推动区域经济的共同成长。[③]

《融媒体时代面向东南亚传播的路径探究》和《中国面向东盟国家的精准传播路径》等文献进一步强调了传播内容的精准度和创新性在促进经济合作中的重要性。随着新媒体和大数据技术的发展，传播方式更加多样

---

① 王国宽 . 电视媒体对东盟国家国际传播的路径选择 [J]. 青年记者 ,2021,(22):70-71.

② 张国斌 . 中国与东盟龙狮运动融合探索 [J]. 运动精品 ,2020,39(06):39-40.

③ 李杰 . 大数据时代下中国与东盟体育文化传播的价值定位、现实困境与创新路径 [C]// 国家体育总局体育文化发展中心，中国体育科学学会体育史分会 .2022 年东盟体育科学大会论文摘要集 . 上海体育学院；2022:2.

化和个性化，这不仅提升了传播效果，也为经济合作开辟了新渠道。

总结来说，中国与东盟之间的传播路径研究具有极其重要的意义。它不仅涉及文化共鸣的构建和公共外交的实践，还直接关联到经济合作和区域发展。这些研究为两地之间的深入交流和合作提供了理论基础和实践指导，对促进地区稳定、繁荣与和谐具有深远的影响。

二、中国与东盟传播路径选择的困境

中国对东盟的传播路径多样化，涵盖了媒体、教育、文化交流、体育等多个领域。在媒体传播方面，尽管传统媒体如电视仍然发挥着作用，但新媒体的影响力日益增长。从中国科技品牌的口碑传播研究中可以看出，社交媒体、网络平台等成了重要的传播工具。

教育交流方面，语言教育（如汉语教学）和学术合作成为中国对东盟传播的重要途径。文化节日、艺术展览和体育赛事等也是传播中国文化的重要路径，例如，龙狮运动的国际传播就是通过体育文化交流加深了中国与东盟国家的联系。

（一）传播形式与内容的限制

在分析中国向东盟的传播形式与内容时，多篇文献强调了传统传播方式的局限性。例如，在媒体传播领域，如电视、网络媒体等，存在内容创新不足和传播手段单一的问题。这不仅限于新闻报道，同样适用于电视剧、纪录片等文化产品。传统的新闻报道、文化节目等形式未能充分利用数字技术和新媒体工具，导致传播内容往往受限于固定的模式和框架，缺乏创新和互动性。

在科技产品、体育、文化艺术等方面的传播实践中，同样存在形式与内容的限制。例如，中国科技品牌在东盟的传播受限于市场策略和品牌形象的本土化不足。体育领域，尽管体育活动具有跨文化交流的潜力，但在实践中往往过于侧重于竞技成绩，忽视了文化交流和情感共鸣的构建。而在文化艺术交流中，虽然展览、节庆等活动在数量上有所增加，但在内容深度和互动性上仍有待提高。

此外，内容方面的挑战主要体现在中国故事的讲述上。多数情况下，内容忽视了文化多样性和创新性，导致在东盟国家的吸引力和说服力不足。多篇文献提到，中国传统文化和现代发展故事的融合不足，导致传播内容与东盟受众的文化认同和需求相距甚远。如中国科技品牌在东盟的口碑传播研究表明，科技传播内容往往缺乏与受众生活密切相关的个性化元素，影响了其传播效果。

（二）文化差异导致受众接受度偏低

文化差异是影响中国与东盟国家传播效果的另一个重要因素。东盟国家文化多元，与中国有着不同的历史、社会背景和文化传统。在进行文化传播时，缺乏对东盟各国文化特性的深入理解和尊重，往往导致传播内容与当地文化价值观和习俗不契合。这种文化差异导致的不适应，不仅减弱了传播的有效性，也可能引起误解和反感。例如，在探讨中国电视媒体对东盟国家国际传播的路径选择时，学者王国宽提到了如何适应和尊重东盟各国的文化特点是一个重要的问题。此外，东盟国家内部文化的多样性也要求中国在传播时采取更加灵活和多元的策略。

在受众接受度方面，中国传播内容往往忽视了东盟受众的多样性和复杂性。东盟国家社会结构和民众需求不同，单一的传播策略难以满足所有国家和群体的需求。此外，受众对中国传播内容的接受度也受到了媒体环境、政治立场和历史关系等多种因素的影响。中国的一些政治消息和价值观可能在某些东盟国家受到欢迎，但在其他国家却可能遭遇阻力。学者唐婷和敬鹏林在中国影视作品在东盟的传播研究中指出，缺乏与东盟观众文化背景和口味相契合的内容设计，限制了作品的流行度和影响力。此外，中国文学作品在东南亚的传播同样面临着译作质量、文化适应性等方面的挑战。①

（三）中国与东盟传播技术与资源挑战

在探索中国与东盟国家之间的文化和信息传播过程中，技术和资源的挑战显得尤为突出。这些挑战不仅涉及信息传播技术的应用和更新，还包括对资源的有效整合和多元主体的参与，在多个维度上影响着传播的有效性和效率。

1. 面向利用大数据与新技术的挑战

大数据作为现代信息传播的核心技术之一，其在中国与东盟传播路径中的应用存在明显局限。首先，大数据处理和分析的技术门槛较高，这对于部分东盟国家而言是一大障碍，他们可能缺乏处理大规模数据的能力。其次，中国与东盟国家之间的文化差异和信息不对称问题，使得从大数据中提炼出对东盟国家有针对性的信息变得困难。最后，由于东盟国家在技术发展水平和文化特性上存在差异，中国的技术解决方案和内容生产可能无法完全适应当地的技术环境和文化偏好。例如，《大数据时代下中国与东盟体育文化传播的价值定位、现实困境与创新路径》文献中指出，体育文化传播时的技术革新需考虑东盟国家的接受度和文化适应性。大数据不仅能够提供关于东盟受众的深入洞见，还能帮助制定更加精准和有效的传播策略。然而，挑战在于如何收集、分析并应用这些数据，特别是在不同国家间的文化差异和数据隐私保护法规的背景下。

新媒体技术如社交平台、移动应用等在东盟国家的普及和受众接受度方面存在差异。《从传播意愿到传播行为：中国科技品牌在东盟民众中的口碑传播形成机制与路径》文献中显示，尽管数字技术发展迅速，但如何使这些技术与东盟各国的文化和习俗相适应，仍然是一个挑战。此外，技术更新迅速，如何保持持续的技术跟进和内容更新，也是一个问题。

① 唐婷，敬鹏林．论中国故事走向东盟的影视传播路径 [J]. 电影文学，2019,(09):18-20.

在大数据应用中，数据隐私和安全成为重要议题。如何在尊重用户隐私的前提下收集和分析数据，是提升传播效果的关键。中国需要在遵守东盟国家的数据保护法规的同时，确保信息安全和数据的合法使用。否则，关于隐私和数据安全的担忧将阻碍大数据在跨国文化传播中的应用。

技术的有效应用还需要相应的技能和知识。《融媒体时代面向东南亚传播的路径探究》文献中强调了技术培训和知识转移的重要性。提高东盟合作伙伴的技术能力，是实现有效传播的关键。①

2. 资源整合与多元主体参与的困境

中国与东盟间的文化和信息传播活动通常由不同的主体承担，这些主体包括政府机构、媒体组织、教育机构以及民间组织等。这种分散的状态导致资源难以有效整合。资源的分散不仅限于资金和人力，还包括信息、技术和平台等。因此，如何协调和整合这些资源，形成合力，是一个重大挑战。资源整合需要政府和私营部门之间的有效协调。《中国面向东盟国家的精准传播路径》一文指出，政府部门在资源配置和政策制定方面发挥关键作用，但私营部门的创新能力和灵活性同样重要，实现两者之间的有效协调是提高资源利用效率的关键。②

传播路径的创新需要来自不同领域的多元主体参与。虽然多元主体的参与有利于丰富传播内容和方式，但同时也带来了协调和管理上的挑战。不同主体可能有不同的传播目标和策略，甚至存在利益冲突。《中国文学东南亚传播的挑战、机遇与路径》提到，不同主体之间可能存在利益冲突、协作障碍，以及沟通不畅等问题。这些问题可能导致资源整合的低效率和合作困难。③

资源分配的不平衡是另一个重要挑战。《电视媒体对东盟国家国际传

① 黄媛 . 融媒体时代面向东南亚传播的路径探究 [J]. 新闻潮 ,2023,(02):6-8.

② 李彪，高琳轩 . 中国面向东盟国家的精准传播路径 [J]. 对外传播 ,2021,(09):7-11.

③ 张经武 . 中国文学东南亚传播的挑战、机遇与路径 [J]. 社会科学文摘 , 2021, (11): 113-115.

播的路径选择》一文提出，资源往往集中于某些特定项目或领域，而其他具有潜力的领域可能由于资源匮乏而发展缓慢。实现资源的均衡分配和有效利用，对于传播路径的多样化和创新至关重要。①

（四）中国与东盟传播政策、经济和环境制约

1. 政治环境的稳定性与合作框架

中国与东盟国家的关系受到各自国内政治环境与国际政治格局的影响。政治稳定性是文化交流与信息传播的先决条件。不稳定的政治环境会严重阻碍传播活动的开展和文化交流项目的实施。例如，《中国与东盟全面战略伙伴关系下的桂学文化面向东南亚传播的路径思考》文献中提及，中国与东盟国家的战略伙伴关系提供了稳固的政治框架，为文化与信息传播提供了政策支持。②

政策支持是中国与东盟传播的基础。“一带一路”倡议作为一种重要的政治和经济合作框架，在“一带一路”倡议等高层政策的支持下，中国与东盟之间建立了更加紧密的合作关系。这种政治层面的合作为文化交流提供了广阔的舞台。

2. 经济合作与资源分配

经济环境直接影响文化传播的资源配置。李杰在《大数据时代下中国与东盟体育文化传播的价值定位、现实困境与创新路径》中提及，经济发展水平决定了可用于文化交流项目的资金，影响文化活动的质量与规模。经济的融合为文化交流带来了机遇。中国与东盟国家的经济互补性为文化产品的传播提供了市场基础，如中国科技品牌在东盟市场的成功就是一个例证。

---

① 王国宽 . 电视媒体对东盟国家国际传播的路径选择 [J]. 青年记者 ,2021,(22):70-71.

② 杨柳 . 中国与东盟全面战略伙伴关系下的桂学文化面向东南亚传播的路径思考 [J]. 桂学研究 ,2023,(02):249-258.

经济发展水平直接影响到传播资源的投入。较高的经济发展水平能够支持更多的文化交流活动，包括艺术展览、教育合作、体育赛事等。东盟地区经济多样性导致对文化产品的需求和接受度存在差异，这要求中国在传播策略上进行适应和调整。

随着经济一体化进程不断推进，中国与东盟国家之间的经济互动增加，从而为文化交流创造了更多机会。经济活动中的文化元素，如品牌传播、市场营销等，也成为文化传播的一个重要方面。

3. 政策导向与外交关系

如黄媛《融媒体时代面向东南亚传播的路径探究》所述，政府政策对文化传播有着直接的指导作用。① 例如，中国政府的对外宣传政策、文化交流项目，都在塑造中国的国际形象和推动文化传播方面发挥作用。

外交关系的温度对文化传播也有着直接的影响。良好的双边或多边关系促进了文化交流，反之则可能形成障碍。中国与东盟国家之间的多边合作机制，例如东亚峰会、中国与东盟博览会等，提供了传播中国文化的平台。

双方的文化政策和合作项目，如文化节、艺术交流活动等，对增进相互理解和信任起到了积极作用。通过政府间或民间组织的合作项目，可以有效地推广本国文化，同时学习和吸收东盟国家的文化特色。如《中国与东盟龙狮运动融合探索》，中国的对外文化交流计划、留学生项目等，都是推动文化传播的重要措施。②

未来的政策应更加注重文化交流的深度和广度，如《论中国故事走向东盟的影视传播路径》中提出的，增强故事性和本土化内容，是提升传播效果的关键。③

---

① 黄媛 . 融媒体时代面向东南亚传播的路径探究 [J]. 新闻潮 ,2023,(02):6-8.

② 张国斌 . 中国—东盟龙狮运动融合探索 [J]. 运动精品 ,2020,39(06):39-40.

③ 唐婷 , 敬鹏林 . 论中国故事走向东盟的影视传播路径 [J]. 电影文学 ,2019,(09):18-20.

4. 环境因素与文化、技术方面的挑战

由于文化背景的差异，中国文化产品在东盟国家的接受度面临挑战。例如，口碑传播在不同文化环境中的效果各异。在全球化的背景下，地缘政治因素对中国与东盟的文化传播产生了复杂影响，需要在维护政治稳定与促进文化交流之间找到平衡。

技术与创新环境，如大数据、新媒体等技术的应用，在促进中国文化传播方面起着关键作用。技术环境的成熟度直接影响传播内容的创新和传播方式的多样性。

综上所述，政策与经济、环境因素是影响中国与东盟传播路径的关键要素。只有在这些因素的正向作用下，中国与东盟间的文化传播才能实现有效地深入和广泛传播。因此，未来的传播策略需要充分考虑这些因素，以促进更深层次、更广泛的文化交流与合作。

三、中国与东盟传播路径选择的理论框架

（一）周边传播理论

周边传播理论是由陆地等在其文章《周边传播的概念与特性》一文中提出的概念，目前周边传播理论正在随着越来越多的研究成果面世而日趋完善。周边传播，就是在有效的新闻学与传播学权辖区边界两侧进行的、介于国内传播和国际传播之间的一种综合性信息传播活动。狭义的周边传播主要指依靠大众媒介对周边所进行的信息传播活动。广义的周边传播可以涵盖一切携带信息的人或物或活动。比如，任何一个商品或者出国游玩的游客，都代表其所在国家的形象，好与坏，优与劣，都会对国家形象带来一定的影响。[①] 在中国与东盟国家的交流中，这一理论尤为重要，因为

① 陆地，许可璞，陈思．周边传播的概念和特性——周边传播理论研究系列之一 [J]. 现代传播（中国传媒大学学报），2015，37 (03)：29-34.

它涉及跨文化理解、互信建设和共同利益的追求。在“一带一路”倡议下，中国与东盟国家的关系日益密切，其中文化传播作为增进理解和信任的重要手段，需要特别关注这些地区特有的传播模式和特征。中国的传播策略不仅要考虑如何有效传播中国故事，还需要考虑东盟各国的文化背景、历史传统和接受习惯。

1. 传播内容与形式的本土化

在与东盟各国进行文化传播时，内容的本土化至关重要。这意味着传播内容需要充分考虑东盟国家的文化背景、价值观念和受众预期。

中国故事在被传播到东盟国家时，需要结合当地的文化特征和历史经验来进行改编和呈现。这不仅有助于增加故事的吸引力，还能够增强受众的共鸣感。① 中国的影视作品、新闻报道、文化活动等在东盟国家的传播效果受到本土文化接受度的影响。例如，在体育领域，如龙狮运动的传播，其在东盟国家的成功归因于与本土文化的融合和适应。影视作品中，将中国故事融入东盟的文化背景，如《一个医院的战“疫”》的国际合作，能更好地引起共鸣。

此外，新闻报道和文化活动也需要考虑东盟国家的文化特点和价值观。对于一些具有宗教色彩的国家，传播内容需要尊重当地的宗教信仰和文化禁忌。例如，中国的科技品牌在东盟的传播需要结合当地民众的需求和感知价值，通过本土化的营销策略来提高品牌的接受度。②

形式的本土化不仅包括传统的媒体形式，如电视和广播，还包括新兴的数字媒体和社交平台。在这些平台上，本土化的形式更加多样化，包括本地语言的使用、当地人物和故事的呈现等。使用东盟国家的本土语言进行传播，同时采用符合当地文化习俗的符号和表达方式，可以增强

---

① 宁艳纳 . 东盟国家周边传播路径探索 [J]. 东南传播 ,2020,(02):83-85.

② 万木春 , 崔瑶 , 朱磊 . 从传播意愿到传播行为：中国科技品牌在东盟民众中的口碑传播形成机制与路径 [J]. 中国软科学 ,2022,(S1):252-271.

传播的有效性。选择与东盟国家民众日常生活紧密相关的话题和内容，能够激发更大的共鸣和兴趣。例如，有研究指出，在电视节目和在线视频中融入当地的文化元素，如音乐、服饰和习俗，能够有效提升节目的吸引力和影响力。①

2. 地缘、文化和历史因素

地缘、文化和历史因素在中国与东盟的周边传播中起着至关重要的作用。由于历史上的联系和地理上的邻近，中国和东盟国家在文化和价值观上存在相似之处。地缘近邻关系有助于构建更密切的文化交流网络，促进双方的理解和信任。例如，共享的佛教文化和传统节日在加深双方文化认同方面起着桥梁作用。

然而，这些因素也带来了挑战。如文献中提到的文化差异和政治敏感性问题，可能会影响传播内容的接受度。因此，中国在向东盟国家传播时，需要深入考虑政治态度和地缘政治的复杂性。

考虑到中国与东盟国家在文化上的相似性和共性，如家庭观念、传统节日等，这些共性可以成为传播中的重要桥梁。利用这些共性作为文化传播的出发点，可以更有效地促进中国故事在东盟国家的接受和共鸣。理解和尊重每个国家的文化特性是关键。例如，柬埔寨和泰国的佛教文化、菲律宾的天主教背景等。

中国与东盟国家在历史上有着丰富的交流和互动，这些共同的历史经验可以作为传播内容的重要资源。例如，有文献提到，通过历史故事的重新讲述，可以唤起双方对共同历史的记忆，增强文化交流的深度和广度。此外，在进行跨文化传播时，需要对历史问题进行细致入微的处理，避免引发不必要的争议。②

---

① 王国宽 . 电视媒体对东盟国家国际传播的路径选择 [J]. 青年记者 ,2021,(22):70-71.

② 唐婷 , 敬鹏林 . 论中国故事走向东盟的影视传播路径 [J]. 电影文学 ,2019,(09):18-20.

（二）精准传播理论

1. 精准传播的必要性

精准传播是指在传播过程中，针对特定目标受众，通过精确的信息筛选和传播方式选择，实现高效率和高效果的传播目标。面对国际竞争，尤其是西方国家在东盟地区的话语优势，中国需要精准化传播策略来增强其影响力和亲和力。精准传播不仅增强了信息的针对性和有效性，还促进了文化的深度交流和相互理解。①

由于东盟国家间存在显著的文化、经济和政治差异，目前的传播主要针对政府、商界学界人士，难以深入普通民众。

2. 精准传播的理论基础

精准传播的理论基础，包括受众分析理论：在进行精准传播前，先了解东盟不同国家和地区的文化背景、社会需求以及受众的媒体使用习惯，以便有的放矢，提高传播效率。

跨文化传播理论：中国需要深入理解东盟国家的文化特点、历史背景和社会价值观，以确保传播内容的相关性和适宜性，重视文化差异，寻找文化共鸣，避免文化冲突和误解。例如，通过纪录片、文化节目等方式，展示与东盟文化的相似性和差异性，有助于增进双方的文化认同和情感共鸣。

媒介融合理论：利用多媒介平台的优势，实现内容的多样化和互动化。如社交网络和数字媒体，为中国提供了新的传播渠道，能够更加直接地接触到东盟的年轻一代。传统媒体平台，为中国提供权威的传播渠道，便于更为广泛地接触到东盟国家的各年龄层受众。

3. 精准传播的实践策略

首先，要利用经济发展和文化传播作为主要手段，强调“开放共享”和“互利共赢”理念；其次，要强化与东盟的历史和文化联系，同时注意

① 李彪，高琳轩．中国面向东盟国家的精准传播路径 [J]. 对外传播，2021,(09):7-11.

敏感度，避免强势文化传播；另外，要根据不同东盟国家的特定需求和偏好调整传播策略。例如，针对年轻受众的传播策略可能与针对政策制定者或老年人群的策略截然不同，并且要结合政治和经济合作的背景，塑造符合双方共赢原则的传播内容。

具体可分为四个步骤：一是目标受众定位，明确东盟各国不同受众群体的特征，定制符合其兴趣和需求的内容；二是内容定制与本土化，创造与东盟受众文化背景和社会现实相符合的传播内容，实现本土化传播；三是多渠道传播与互动，结合传统媒体和新媒体的优势，实现双向互动和反馈；四是大数据与智能分析，运用大数据分析东盟受众的偏好和行为模式，优化传播策略。

中国与东盟的精准传播路径研究需注重受众的具体特点，重视文化差异的桥接，利用新技术和新媒体的优势，实现有效的跨文化传播。同时，需要不断面对新的挑战，进行策略的创新和优化。

中国对东盟的精准传播路径应基于深入理解东盟多样性的基础上，通过经济和文化传播，以及本土化的创新策略，强化地缘优势的利用，并激活华人华侨及年轻群体的传播潜力。这些策略将有助于中国更有效地传播其故事和价值观，增强在东盟地区的影响力和形象。

四、中国与东盟传播的路径选择策略

（一）媒体与文化在中国东盟传播的创新路径

1. 纪录片、电视媒体与新闻传播

尽管中国与东盟互为主要贸易伙伴，但在国际传播中，东盟内容的电视作品呈现数量少、形式单一、新媒体传播不足的问题。

电视新闻行动，依托新闻热点实施大型采访行动，能形成较大的规模传播效应。例如，《2017 丝绸之路品牌万里行》、中国与东盟合作之旅等活动，遍及东盟 10 国，展示了中国与东盟的紧密联系，但需避免走马观花式采访，增强深度和贴近性。

文旅活动具有柔性传播力，电视媒体应利用视听优势，组织策划文旅活动直播，如云南泼水节、广西三月三等，提高基层传播效果，增强民间交流，提升对东盟国家基层的影响力。

影视剧输出是提升国际传播能力的重要途径。近年来，中国影视剧在东南亚民众中受欢迎，但需要注意选择反映中国现实的题材，如译制中国经典和现实题材影视剧，以及举行影视剧配音表演等活动，展现真实的中国形象，发动东盟国家民众参与。

纪录片聚焦精准、故事精彩，可通过故事和视角展现中国与东盟的关联，是中国与东盟友谊的结晶。例如，纪录片《光阴的故事》系列，挖掘了中国与老挝、越南、柬埔寨的友谊故事，探索双方的深刻友谊。

电视媒体在保证内容质量的基础上，要与时俱进，利用中国出海互联网企业的平台优势，如与腾讯视频、爱奇艺、哔哩哔哩等合作，结合 5G 技术和人工智能翻译，推动视频直播发展和即时翻译，实现传播的移动化和社交化。

结合中国互联网企业特色，开发创新视频产品和活动，如与 TikTok 开展文旅活动直播、短视频秀，以及设置《解码越南》《东盟青年说》等谈话或体验式节目，弥补对东盟传播的内容缺陷，推动全方位国际传播。

另外，要高度重视“洋网红”传播，利用在东盟有影响力的“洋网红”传播中国形象，如关注中国的乡村振兴、智慧城市等发展故事。

总结来看，中国对东盟的纪录片、电视媒体与新闻传播应注重内容的创新与多样化，结合传统文化与现代社会，利用新媒体平台，以及深入了解东盟文化和受众需求，从而有效提升中国故事在东盟的传播力和影响力。

2. 影视作品在国际传播中的独特性

影视作品被赋予了讲述中国故事、传播中国精神的使命和责任。东盟是国产影视作品海外拓展的重要区域，传播中国故事的理想之地。影视作品不仅要提升在东盟的口碑和市场占有率，更要传播中国文化，塑造中国新形象。①

东盟与中国地理相近、文化根基相似，是“一带一路”倡议的关键地区。中国影视作品进入东盟不仅可以传播中华文化、检验国产影视产业发展水平，还能加快国产影视“走出去”的步伐，提升中华文化在国际传播中的话语权。

中国影视作品在东盟传播时，应将传统文化与现代中国结合起来。中华文明的深厚文化积淀提供了丰富的传播素材。同时，要让世界了解一个现代化发展中的中国，通过将历史和现代文化融合，展现“中国故事”的完整性。②

东盟多国处于大儒家文化圈，对中国传统文化有较深的认同。例如，古典小说如《三国演义》和《红楼梦》在东盟广受欢迎。传统文化在东南亚有巨大吸引力，为中国传统故事的国际传播提供了便利。

在东盟传播中国故事时，应避免单向思维，需具备国际视野，结合中国精神与东盟需求。应在文化共性基础上规避文化冲突，减少传播阻力，并适当改善可能造成文化误解的故事资源，以讲好“他者”关心的中国故事。

中国故事虽以“大视野”和“大历史”为背景，但只有通过“小人物”的视角结合“小故事”才能更易引起观众的情感认同。用小故事展现大主题、小人物书写大历史，增强故事真实感，直接拉近与东盟观众的距离。这种方式能够推动中国文化精神和价值理念进入其他国家的文化视野。

影视传播不仅是故事传播，也是价值传播。中国影视作品需对东盟这个近邻讲好中国故事，这是对外传播中国声音、建设国家软实力的需要，也是“一带一路”文化传播的需要。国产影视作品要在传统中国与现代中国之间，东盟需求与中国精神之间找到平衡点，通过讲述普通人的故事展

① 秦琪吉 . 新媒体时代中国 IP 如何做好国际传播 [J]. 当代广西 ,2022,(12):16-17.

② 唐婷 , 敬鹏林 . 论中国故事走向东盟的影视传播路径 [J]. 电影文学 ,2019,(09):18-20.

现中国与东盟的互动与变化。

（二）体育与文学在中国东盟传播的路径探索

1. 体育运动作为文化交流的桥梁

体育文化不仅包括体育运动、竞赛、教育等，还涉及体育制度、道德、组织、器械、服装等，构成了中国对外文化交流的重要组成部分。

体育赛事，如龙狮运动，已成为中国文化与东盟国家间的重要交流平台。现代信息技术，特别是大数据的应用，为中国与东盟之间的体育传播提供了新的路径。这些技术使得体育活动的组织、宣传、观众参与等方面变得更加高效和广泛。这些活动不仅仅是体育竞赛，也是文化交流的重要场合，有助于推广中国的传统文化。

目前，中国向东盟的体育文化传播还受限于传统的国际传播模式，例如对传播内容和手段的普适性应用。这种模式忽视了东盟国家的文化多样性和特有需求。在体育文化传播中，尚未精确区分东盟国家受众的具体需求，如生活方式、文化心理、体育文化价值取向等，导致传播效果不佳。

由于东盟国家的多样性，中国对东盟的体育文化传播需要从国际传播的普适性思维转向差异化传播，以适应不同国家和文化的需求。鉴于东盟各国在政治、经济、文化、语言等方面的差异，中国需精确区分和定位各国受众的体育文化需求。

在不同的文化背景下，中国的体育项目需要适应东盟国家的文化特色和接受程度。对于传统项目，如何在保持其独特性的同时，使之适应新的文化环境，是一个挑战。

一方面，要深挖体育文化共性，在周边传播中发掘体育文化的共性，以讲述中国体育故事，塑造良好的国家形象。另一方面，找准东盟各国受众的体育文化需求，明确共性和个性化需求。再者，利用现代科技，如大数据和社交媒体，来增强体育运动的吸引力和参与度。同时，需要创新传播方式，使之更加吸引年轻观众。[①] 创新体育文化交流途径，打造多元化的体育文化交流渠道，通过政策支持、经济发展、新媒体平台等，促进跨境民族间的体育文化交流。

值得提醒的是，在推广体育运动时，需要考虑其长期可持续性。这包括对运动员的持续培训、体育设施的建设和维护，以及通过体育运动促进社会和经济发展。我们也要整合和利用边疆政府、民间组织、体育企业等在体育文化传播中的角色，培养具有跨学科能力的传播人才。

综上所述，中国面向东盟的体育文化传播需要采取差异化和多元化的策略。通过深入了解东盟国家的文化需求，结合新媒体的优势，创新交流内容和形式，中国可以有效地传播其体育文化，加强与东盟国家的文化交流与合作，进而提升中国在国际舞台上的软实力和影响力。

2. 中国文学在东南亚的传播现状与路径

目前，中国文学在东南亚的传播呈现多元化发展态势。随着“一带一路”倡议的推进，中国文学逐渐成为东南亚文化交流的重要组成部分。这种文化交流不仅限于文学作品的直接翻译和介绍，还包括文学作品的改编、文学活动的举办等多种形式。例如，中国古典文学作品在东南亚地区的翻译和出版，以及当代中国文学作品的翻译、推广和学术研究。这些活动不仅促进了中国文学作品在东南亚的传播，也加深了东南亚读者对中国文化的理解和认同。[②]

随着数字化时代的到来，网络平台成了中国文学在东南亚传播的重要媒介。电子书籍、在线文学社区等为中国文学的传播提供了新的途径。

· “双语 + 文学”路径

中国文学在东南亚的传播面临着语言障碍。为提高传播效率，应注重

① 王康锋，刘朝猛，李荣娟.“周边传播”视阈下中国体育文化面向东盟的传播困境与路径研究 [J]. 武术研究，2023，8(03)：87-91.

② 张经武 . 中国文学东南亚传播的挑战、机遇与路径 [J]. 社会科学文摘，2021，(11)：113-115.

双语人才的培养。这包括在华人华侨中培养掌握当地语言和中文的“双语华人”，在东南亚留学生和本土汉语学习者中培养“双语东南亚人”，以及创建面向东南亚的双语媒体，以突破语言壁垒。

· “文学图像化”路径

在图像社会的背景下，文学的视觉传播变得尤为重要。这不仅涉及文学创作的图像化，还包括文学出版的图像化包装和文学的影视化传播。这种图像化追求有助于文学在新媒体时代更有效地传播。

· “主体多元化”路径

多元化的传播主体是中国文学在东南亚传播的关键。这包括华人华侨、中国政府、媒体、民间组织和教育机构，以及东南亚的政府、本土民众和媒体。这些主体应协同合作，共同推动中华文化和中国文学在东南亚的传播。

· 媒体整合路径

结合新旧媒体的优势，可以有效传播中国文学。这包括利用强势传媒如影视和网络传媒，以及高度重视自媒体传播。同时，也应发挥传统媒体的作用，形成多元媒体协力共进的格局。

· “国别化 + 本土化”路径

中国文学在东南亚传播时，应考虑到每个国家的特殊情况。重要因素包括华人华侨数量、华语教学机构情况、华人华侨的华语水平和华文传媒情况。这要求在媒体策略上有适应不同传播环境的“国别化+本土化”操作。

在策略上，考虑东盟国家的文化和语言多样性，进行“一文化一传播”的差异性表达，寻找中国文化与东盟国家文化的共同价值理念，进行精准传播。“一带一路”倡议下的跨文化合作涉及不同文化行为主体的自愿互利合作。在文化传播中，应强化文化主体间性思维，建构跨文化敏感和移情能力，以实现中国文化在东盟国家的有效传播和民心相通。①

广西壮族自治区在“一带一路”倡议下与东盟关系紧密，通过《广西日报》的“开放·东盟视窗”栏目和广西卫视的“海丝路”栏目，以及社交媒体如微信、抖音等，进行文化传播，强调了官方媒体和民间传播平台的结合。

例如，学者金美兰、王海迪的文献提到，在“一带一路”倡议背景下，中国文化，包括文学在内，在东盟国家的传播路径正在拓宽。这不仅包括官方的文化交流项目，如中国与东盟博览会文化展，也涵盖了数字媒体和社交网络在内的新兴传播渠道。②这些渠道不仅加强了文学作品的可及性，也增加了文学与受众之间的互动性。

另一方面，学者张经武的研究指出中国文学在东南亚的传播面临着诸多挑战，如文化差异和翻译的准确性问题。但同时，这也提供了机遇，比如通过文化交流活动和现代媒介技术，中国文学有更多的可能性在东南亚国家传播和被接受。③

（三）对话协商与民心相通的重要性

“一带一路”倡议为中国文化在东盟国家的传播提供了重要平台，加强了中国与东盟国家的经济贸易领域的互惠互利关系，同时促进了文化交流的频繁和紧密。此外，文化传播是促进民心相通的有效途径，对于推动“一带一路”共建国家之间的相互信任和深入合作至关重要。

中国文化在东盟国家传播面临的挑战包括传播主体不够多元化，以及传播内容的精准度和本土化程度较弱。为了应对这些挑战，需要建立更加

---

① 杨柳．中国与东盟全面战略伙伴关系下的桂学文化面向东南亚传播的路径思考 [J]. 桂学研究，2023,(02):249-258.

② 金美兰，王海迪．“一带一路”背景下中国文化在东盟国家的传播路径 [J]. 中国民族教育，2023,(10):34-37.

③ 张经武．中国文学东南亚传播的挑战、机遇与路径 [J]. 社会科学文摘，2021，(11)：113-115.

多元化的传播主体，包括政府、非政府组织、个人等，以及注重内容的精准度和本土化，以更好地适应东盟国家的文化特点和受众需求。

综上可知，中国文学在东南亚的传播是一个复杂的过程，涉及语言、文化、政策和媒介等多个方面。要想有效地推广中国文学，就需要综合考虑这些因素，采取多元化的传播策略。加强文学翻译和出版工作、举办文化交流活动、利用新媒体平台等都是提升中国文学在东南亚影响力的有效途径。同时，还需关注政策支持和国际合作，以及新媒体带来的挑战和机遇，以更好地促进中国文学在东南亚的传播和被接受。

五、中国与东盟传播的路径创新

（一）中国与东盟传播的路径创新逻辑

1. 多样化的传播平台与方法

在“一带一路”的背景下，为了生动地讲述中国故事、传播中国声音，媒体需要不断进行创新。这包括形式、叙事、平台等多方面的创新，以提高故事的质量和吸引力。

广西主流媒体通过挖掘本土实践和多民族文化，创新了传播形式。在传播策略的制定中，需要整合官方渠道和民间力量。官方媒体提供权威性信息和宏观把握，而民间组织如文化交流中心、华侨团体等，则在文化传播和交流中发挥着补充和聚合的作用。[①] 例如，广西台与东盟国家合作拍摄纪录片，诸如《一个医院的战“疫”》等，展示了中国医生在抗疫过程中的故事，以及与东盟国家的互动和合作。广西台还进行了优秀影视作品的东盟语种译制工作，如《广西故事》等，通过电视剧译制成越南语、泰国语等，为东盟国家播出，提升了中国文化的影响力。

---

① 兰新之.“一带一路”背景下广西主流媒体面向东盟传播的创新路径[J].新闻潮,2023,(03):7-9+31.

广西台在新闻报道中进行了叙事传播话语的创新，结合中国特色的话语要素与东盟的话语系统融合，扩大了中国传媒对东盟传播的影响力。例如，《广西故事》在内容选择上保证了每一集的质量和传播效果，挑选突出民族性格和文化的故事，以鲜明的主题、精美的画面、动人的故事和歌曲、丰富多彩的民族服饰和深厚的历史文化吸引了东盟国家观众。

由于广西缺乏了解东盟各国国情和形势、能独立策划对外传播的人才，广西需要进行顶层规划设计，以政府主导，利用政府、企业、高校、智库和社会团体等多元主体力量为支撑，共同参与面向东盟传播的行动。这包括加强对外传播人才培养，提升中国在东盟国家的影响力。

广西主流媒体与东盟主流媒体、华文媒体以及海外社交媒体的合作，更有效地提升了对外宣传的传播媒介和传播方式的多样化。例如，建设面向东盟国家的主流媒体、重点网络平台及网站栏目等内容生产体系和传播渠道体系，加大政策、经费支持力度，与东盟国家级主流媒体进行深入合作，积极向东盟国家民众传播广西新闻信息，以提升中国在东盟国家的影响力。

“四全媒体”概念，即全程媒体、全息媒体、全员媒体、全效媒体，为对外传播提供了新的思路。这些媒体类型分别针对传播过程、形态、主体和效果，强化了传播内容的多样性和生产。宏观层面，以“四全媒体”为视域开展面向东盟的对外传播顶层设计；突破“西强东弱”的传播格局，构建新的对外传播话语体系；微观层面，扩大传播覆盖，利用信息传播技术打造实时、全时性传播；重视融媒体建设，增强中国媒体在东盟社交平台的影响力；打造多主体全员媒体，整合大众传播力量，促进文化交流和“民心相通”。①

在融媒体时代，中国面向东盟的传播策略需适应媒体融合趋势，采用多样化的平台和方法。这包括全面利用“四全媒体”，改变传统传播方式，

① 张雷.整合与创新：“四全媒体”视域下提升面向东盟传播力路径研究[J].新闻潮,2022,(03):6-9.

增强传播的互动性、个性化和效果导向。同时，强化与东盟国家的文化交流和合作，是提升中国对外传播影响力和构建国际话语权的关键。

2. 针对性的受众研究与内容创新

· 品牌认知与态度

对东盟民众的品牌认知和态度研究是提升营销传播转化效果的关键。消费者的心理认知模式与购买决策过程中的问题认知、需求动机、过往经历、外部刺激、记忆模式等形成共变。品牌态度是消费者对品牌是否满足需求和期望的评价。对东盟消费者的心理认知进行研究，可以帮助营销者实现差异化和品牌化。

· 口碑传播动机

消费者前期积累的品牌认知和品牌情感会引发口碑传播的动机。通过评估口碑传播动机，可以更好地理解东盟民众对中国科技品牌的认知与态度，进而影响传播意愿和行为。

· 内容创新

《一个医院的战“疫”》等合拍作品采用了国际化的视角和东盟观众能够接受的讲述方式，体现了中国共产党把人民群众生命安全和健康放在第一位的理念，通过周边传播服务国家外交，凝聚全球合作抗疫的力量。①

广西台与东盟国家的合作项目展示了“共边”和“共情”原则。广西台的调研发现，通过选择适当的角度和内容，可以更有效地进行舆论引导。例如，《一个医院的战“疫”》通过共情原则触发了东盟国家观众的共鸣。

疫情期间，广西台与东盟国家官方媒体开展了“云合作”，实现共同商定议题、独立拍摄制作，并以不同语言播出，促进中国与东盟携手抗疫的合作。②

---

① 覃彤 . 共边 · 共情 · 共鸣——四国合拍抗疫片《一个医院的战“疫”》的启示 [J]. 中国广播电视学刊 ,2021,(03):101-103.

② 兰新之 .“一带一路”背景下广西主流媒体面向东盟传播的创新路径 [J]. 新闻潮 ,2023,(03):7-9+31.

“针对性的受众研究与内容创新”策略强调深入了解东盟民众的品牌认知、态度和口碑传播动机，以及通过国际化视角、共情原则和多语种播出等方式进行内容创新。这些策略有助于提升中国品牌和中国内容在东盟的影响力，深化中国与东盟国家之间的文化关联。

3. 打破文化壁垒，寻找共通意义空间

在对东盟国家进行周边传播时，必须扩大彼此共通意义空间，使文化交流更加便捷。这是因为周边传播从内到外辐射，且中国与东盟国家接壤的地区在文化上有许多共通点，如语言、习俗等。例如，广西壮族自治区因与越南、泰国等地缘接近，其语言、习俗与这些国家有相通之处。这种地缘优势使得以广西为中心的周边传播成为可能。

通过识别和强调中国与东盟国家之间的文化共通点，可以更容易地进行有效的传播。例如，广西壮族自治区的文化特点与越南和泰国的某些文化特征相似，这些相似性可以作为传播的切入点，以提高文化传播的效率和影响力。

文化输出是对外传播中提升国家形象的重要手段。通过寻找中国文化与东盟国家的共通点，可以使文化交流更加便捷。例如，中国的一些热播电视剧如《武媚娘传奇》《三生三世十里桃花》和《陈情令》在东盟国家广受欢迎，这些影视作品的流行显示了中国文化对东盟国家有一定的吸引力。中国影视剧的国外翻拍和流行，不仅展示了文化产品本身的魅力，还表明了中国文化在国际上的影响力。

在对外传播过程中，中国不仅应传播古代文化，还应将现代文化推向世界。例如，通过影视作品和其他现代文化产品，中国可以展示其当代社会和价值观，特别是对年轻人有吸引力的亚文化。此外，利用新媒体，如抖音等直播平台，进行文化传播。这些平台因其高流量和用户的互动性，成为传播中国文化的有效工具。例如，电视剧《风味人间》通过抖音等平台的传播，展示了中国与东盟国家美食的共通之处，增强了文化共鸣。

打破文化壁垒，寻找共通意义空间的过程，需要结合地理、文化、历史和现代媒介工具。这不仅涉及中国文化的传统元素，还包括现代文化产品，如影视剧和新媒体内容。通过这种多维度的文化交流，可以增进中国与东盟国家之间的理解和友好关系，提升中国在东盟国家的国际形象。同时，这也强调了对现代文化传播方式的创新和对新兴媒介平台的有效利用。通过这样的方式，中国不仅可以展现其丰富的历史文化，还可以展示其现代文化的多样性和活力，从而在东盟国家中构建一个更加积极和全面的国家形象。

（二）中国与东盟传播跨学科研究与合作

1. 跨文化研究的深入

在“一带一路”倡议背景下，中国文化在东盟国家的传播与交流中，跨文化研究的深入是一个关键的领域。这一研究领域关注的是不同文化行为主体之间，如何在自愿互利的基础上，为了共同目的相互配合和合作的过程。这种跨文化合作不仅涉及文化层面，还包含经济、政治、社会等多个方面和层次。

深化“利益共同体”意识，夯实经济利益共享的基础。这包括推进跨境贸易畅通和达成共识，使东盟国家人民真正认识到中国愿意并能够帮助各国共享发展成果。在多元主体的平等对话中，承认不同主体间的文化差异性和多元化，寻求不同文化之间的平衡点。这样的交流有助于形成文化交流传播共识，并进一步构建多元融合的文化共同体。

随着“一带一路”倡议的深入发展，中国以及沿线各国人民的跨文化敏感和移情能力都在提升。这种提升有助于更好地理解彼此文化，并促进文化交流的深入发展。

正确认识各民族文化存在差异，但并不存在优劣之分。这是对东盟国家进行中国文化传播的前提。同时，挖掘中国与东盟各国的文化共性，以共性文化引导东盟国家人民跨越移情障碍，实现更精准的文化传播。在文化传播过程中，重视精准化传播，通过找到与东盟国家文化联系紧密、契合度高的中国文化元素，实现文化缓冲和有效交流。

通过跨文化合作，建立多元融合的文化共同体，其中包括多元主体的参与、文化交流的共识形成，以及文化共同体的构建。

在中国文化对东盟国家的传播过程中，深入跨文化研究意味着不仅要关注文化内容的传播，还要深入理解文化差异、共性和跨文化合作的机制。这不仅包括传播中国文化的策略和方法，还涉及如何构建有效的跨文化合作关系，以及如何通过文化交流促进双方民众之间的相互理解和认同。通过这样的深入研究和实践，可以更有效地推进中国文化在东盟国家的传播，加强两地民众的相互理解和友谊，促进文化的共享和互鉴。

2. 政策制定与实践中的学术支持

为了有效地传播中国文学，应重点培养华人华侨中既懂母语华语又懂东南亚本土语言的“双语华人”。这些人可以成为中国文学在东南亚传播的主力军。中国应与东南亚国家合作，建设孔子学院等教育机构，培养更多精通中文和东南亚本土语言的“双语东南亚人”。此外，还应该建立和增强中文和东南亚本地语言对照互动的双语媒体，以克服语言障碍，拓宽中国文学的传播渠道。这些措施不仅有助于加强中国文学在东南亚的传播，还能促进中华文化的国际影响力。

（三）中国与东盟传播的路径创新方向

1. 关键点

增强针对性和影响力：东盟地区对中国持积极态度，但相对于其他大国，中国在文化和社会发展方面的影响力较有限。因此，提高传播的针对性和影响力，特别是在文化和教育交流方面，成为中国对东盟传播的重要目标。

明确传播目标与外交协作：面向东盟传播应在明确传播目标的基础上，有效配合周边外交政策。这包括构建由国家级媒体、地方新型主流媒体、经济外交和公共外交等多元主体共同参与的立体传播机制。

推动传播主体多元化：在融媒体时代，中国媒体应提升在国际舞台上的影响力和传播力。重视多元化传播主体，如华人社团、学校、传媒，以及政策和经济层面的支持，为可持续的文化传播提供基础。

创新叙事方式和传播技巧：为实现精准传播，需要不断创新叙事方式，提升传播技巧，增强传播效能。关注东盟国家受众的需求，找准他们的关切和兴趣点，运用受众喜闻乐见的方式进行传播。

2. 建议

加强文化理解与交流：中国应更深入了解东盟各国的文化、历史和社会背景，以促进更有效的跨文化交流。可以通过文化节、教育交流活动、艺术展览等方式，加强中国与东盟国家之间的文化理解。

利用数字和新媒体：鉴于新媒体在当代社会中的重要作用，中国应利用社交媒体、网络平台等新媒体工具，扩大其在东盟国家的影响力。这包括在热门社交媒体平台上的内容发布、数字营销活动和网络社区建设等。

提升传播内容的本土化：为了使传播内容更具吸引力和影响力，需要根据东盟各国的文化特点和受众偏好进行本土化调整。这可能涉及使用当地语言、考虑地方习俗和价值观以及适应当地市场的需求。

强化多方合作：中国应与东盟国家的政府、媒体、教育和文化机构建立更紧密的合作关系。这样的合作不仅有助于传播内容的本土化，也有利于提高中国在东盟国家的文化和教育影响。

（撰稿人：刘琴，复旦大学新闻学院 2023 级研究生）

中国与东盟传播媒介研究

在全球化的大背景下，媒介传播作为跨国界沟通的重要桥梁，对于促进国际理解和合作具有不可替代的作用。中国与东盟作为地缘相近、文化相亲的邻居，其媒介传播的发展历程、现状及未来走向备受关注。

中国与东盟的媒介传播关系，起源于20世纪90年代初期东盟的成立和中国改革开放政策的实施。自那时起，双方在政治、经济、文化等领域的交流日渐频繁，媒介传播作为其中的重要环节，其影响力和作用日益显著。随着时间的推移，中国与东盟的关系越发紧密，双方在多个领域的合作不断深化，媒介传播也因此扮演了更加关键的角色。

中国对外媒介传播的主要目的在于传递中国的声音，介绍中国的发展经验，展示中国的国家形象和文化魅力。这种传播不仅有助于增强中国与东盟国家间的相互了解和信任，而且对于推动区域的稳定与发展具有重要作用。[①] 在多边和双边框架下，媒介传播已成为中国与东盟加强交流、深化合作、促进共同发展的重要途径。

与此同时，东盟国家在中国对外媒介传播中占有特殊地位。东盟作为中国周边重要的区域组织，其成员国与中国在历史、文化、经济等方面均

① 侯道琪 ."21 世纪海上丝绸之路"视角下中国斯里兰卡关系研究 [D]. 国防科技大学，2019.

有着深厚的联系。[①] 在“一带一路”倡议的推动下，中国与东盟的合作进入了新的历史阶段，媒介传播作为连接两者的纽带，其重要性更加凸显。通过多种媒介渠道，中国向东盟国家传递友好合作的信息，深化双方在经贸、文化、教育等领域的交流合作。

然而，中国与东盟媒介传播也面临着文化差异、语言障碍、传播策略等方面的挑战。如何在保持自身文化特色的同时，有效地传递信息，促进中国与东盟国家间的真正理解和友好关系，成为一个值得深入研究的课题。

本部分旨在探讨中国与东盟媒介传播的发展现状、所面临的挑战以及应对策略，以期为进一步推动中国与东盟的媒介交流合作提供理论支持和实践指导。通过分析中国与东盟在媒介传播领域的合作现状、遇到的问题，以及提出的解决方案，我们可以更深入地理解两者之间的交流与合作，为今后的媒介传播实践提供参考和借鉴。

一、中国与东盟传播媒介发展历程

（一）20 世纪 90 年代至 21 世纪初：初期的探索与合作

在这一时期，随着中国改革开放政策的深入实施和东盟国家经济的快速发展，中国与东盟之间的关系日益紧密。媒介合作主要体现在新闻交换、联合报道等传统形式上，内容多集中在政治、经济领域。此时期的媒介传播以官方媒体为主导，注重于双方政治、经济关系的宣传。

（二）21 世纪初至 2010 年左右：数字化转型与网络媒体的崛起

进入 21 世纪，随着互联网和数字技术的发展，中国与东盟的媒介传

① 李一文.东盟与欧盟一体化进程比较研究[J].常德师范学院学报(社会科学版),2001,(02):71-73.

播开始呈现数字化、网络化的趋势。网络平台如网站、社交媒体成为新的传播渠道。这一时期，中国开始通过网络媒体，如网络视频平台爱奇艺、腾讯视频等，向东盟国家传播中国文化和故事，同时也面临着文化和语言差异带来的挑战。

（三）2013 年至今："一带一路"倡议下的媒介传播

自"一带一路"倡议提出后，中国与东盟媒介传播进入新的阶段。这一时期，中国媒体开始更加重视向东盟国家介绍中国的发展故事，同时也关注东盟国家的声音。媒体传播方式更加多元化，包括电视、广播、网络媒体等。[①] 合作方式也由单纯的内容交流发展到人才培训、联合制作等。

二、中国与东盟传播媒介的新范式

（一）数字化和网络化传播

在当前中国与东盟之间的媒介传播中，两个重要的渠道是在线视频平台和社交媒体，这些渠道在促进两地文化交流和信息共享中起着关键作用。

第一种是在线视频平台，例如爱奇艺、腾讯视频等。中国网络影视平台在东盟市场显示出强劲的活力。这些平台不仅推广中国制作的电视剧、电影，还涉足综艺节目和其他类型的影视内容。为了更好地服务东盟市场，这些平台提供多语种字幕和配音，使得东盟受众能够更容易地理解和享受中国的影视作品。同时这些平台在制作和选择内容时考虑到东盟受众的文化背景和口味，努力实现内容的本土化。例如，推广与东盟文化相关的故事或在东盟拍摄的电视剧和电影。

第二种是社交媒体，例如微博、微信等社交媒体平台，在中国与东盟

① 王伟．三网融合下广播电视节目制作与传播的新特点探析 [J]. 传播力研究，2018，(30)：83.

的信息传播中扮演着越来越重要的角色。这些平台成了快速、高效的信息交流工具。社交媒体平台上，用户不仅能获取最新的新闻和信息，还能参与到跨境的文化交流和互动中。例如，用户可以通过微博关注东盟国家的文化活动，或在微信上与东盟的朋友进行日常交流。社交媒体平台也成为新闻和资讯的重要传播渠道，尤其是对于年轻一代。中国与东盟之间的重大新闻和事件通常在这些平台上迅速传播和讨论。

所以说，随着数字化时代的到来，在线视频平台和社交媒体在中国与东盟的媒介传播中发挥着越来越重要的作用。它们不仅提供了一个展示中国文化和故事的窗口，也为两地民众提供了一个相互了解和交流的平台。

（二）传统媒体与新媒体的结合

在中国与东盟的媒介传播中，传统媒体与新媒体的结合发挥着不可忽视的作用。这种结合不仅扩大了传播范围，也增强了传播效果。

说到传统媒体就不得不提到电视与广播，例如广西电视台、南宁电视台等传统媒体机构在东盟的传播中依然非常重要。这些机构不仅在本地区域内有广泛的受众基础，而且在东盟国家也拥有一定的影响力。这些电视台和广播电台通常会制作和播放介绍中国文化、政治、经济发展等方面的节目，同时也会报道东盟国家的相关新闻，促进双方的相互了解。通过与东盟国家的媒体机构开展合作，如节目互换、共同制作特别节目等，进一步加深了中国与东盟间的文化和信息交流。《广西日报》等传统新闻报纸通过结合新媒体平台，如微博，扩大了信息传播的范围和效率。这种结合模式使得传统媒体能够更快速地响应时事，满足现代受众的阅读习惯。报纸通过其微博平台，不仅能够发布即时新闻，还能够与读者进行互动，增加了信息传播的深度和广度。这些媒体通过报道国内外重大新闻事件，加强了受众的国际视野，尤其是在关注中国与东盟之间的互动和合作方面。

所以说传统媒体（电视、广播、报纸）与新媒体（如微博）的结合，在中国与东盟媒介传播中起着重要的作用。这种结合不仅提高了信息传播的效率和影响力，而且促进了中国与东盟国家之间的文化和信息交流。

（三）跨境文化交流活动

跨境文化交流活动在中国与东盟媒介传播中扮演着至关重要的角色。[①] 这些活动不仅加强了文化的相互理解和认知，而且有效地促进了双方在信息传播和文化交流方面的合作。例如“中国与东盟青年主播创造营”这类活动是文化交流的重要形式，通过聚集来自中国和东盟各国的青年主播，进行文化交流和媒介制作的培训，增进了双方年轻一代对彼此文化的理解与认知。通过这些文化交流活动，参与者可以亲身体验不同文化，从而在他们的媒介工作中更好地传达和分享这些文化经验，进而提升传播内容的质量和深度。促进人际网络建设：这些活动还为参与者建立了跨国界的人际网络，这对于未来的合作和信息交换尤为重要。

除此之外还有一些中国新闻社与东盟媒体的合作项目，例如内容供稿、联合策划和联合采访，这些合作模式有助于共同制作更高质量、更具吸引力的新闻报道。通过供稿供版，中国的新闻内容可以被东盟各国的媒体所使用，扩大了中国新闻的影响力。联合策划和采访活动能够产生具有深度和广度的报道，有助于更全面地展现事件的多个方面，同时也加强了中国与东盟间的媒体合作关系。由此可见，跨境文化交流活动和合作项目在中国与东盟媒介传播中起到了桥梁作用，不仅加深了双方的文化理解，也促进了有效的信息交流和共享。通过这些活动和项目，可以更好地推广中国文化，同时也为东盟文化在中国的传播提供了平台。

---

① 李庆春 . 面向东盟的城市品牌传播的媒介选择——以崇左市为例 [J]. 广西民族师范学院学报 2012,(02):91-93.

（四）国际合作与交流

国际合作与交流是中国与东盟媒介传播的重要组成部分，通过建立稳定的合作机制和开展双边合作项目，有效地促进了信息的交流和文化的互鉴。“中国与东盟中心”作为促进双方合作的重要平台，发挥着协调和促进中国与东盟媒体交流合作的作用。中心通过组织论坛、研讨会等活动，为媒体人提供交流的机会，促进双方在新闻报道、信息共享等方面的合作。中心还会建立长效的交流合作机制，比如定期举办中国与东盟媒体对话会议，不仅加强了信息交流，还有助于双方在重要议题上达成共识，共同推动区域合作与发展。除此之外，中国的主流媒体还会与东盟各国主流媒体直接合作，如节目交换、合办电视栏目等，这些合作项目不仅加深了双方的了解和信任，还丰富了双方媒体的内容与形式。通过节目交换，中国与东盟国家的媒体能够分享各自的新闻报道和文化节目，[①] 这不仅增加了节目的多样性，还有助于促进双方民众对彼此的了解和认知。合办电视栏目则更进一步，通过共同制作节目，双方可以更加深入地合作，共同探讨和呈现对双方都重要的话题。

可以看出国际合作与交流在中国与东盟媒介传播中起着至关重要的作用。通过建立有效的合作机制和开展具体的双边合作项目，不仅加深了中国与东盟国家之间的理解和友谊，也为双方提供了学习和借鉴彼此优秀文化和发展经验的机会。

三、中国与东盟媒介传播的困境

（一）文化与语言障碍

在中国与东盟媒介传播过程中，文化和语言障碍是两个主要的问题。

① 曾乐棋，何婧，谢运荧．广西面向东盟构建“大外宣”格局策略研究——以北部湾在线为例 [J]. 新闻研究导刊，2021，(02)：37-39.

东盟国家的文化背景丰富多样，各国的历史、宗教、习俗和价值观各不相同。这种多样性对媒介内容的制作和传播提出了挑战。例如，某些在中国文化中被视为普遍的概念或习俗，在东盟某些国家中可能并不普遍或有不同的理解。在处理涉及特定文化或政治敏感问题的媒介内容时，需要格外小心，避免误解或冒犯目标受众。不同文化间的误解可能导致信息传播失真或效果降低。东盟国家语言众多，包括马来语、泰语、越南语、印尼语等，这对于媒介内容的传播效果产生显著影响。例如，即使内容质量高，如果语言障碍未被有效克服，信息的传播就会受阻。考虑到语言差异，需要制定多语种的内容制作和传播策略。这包括为媒介内容提供准确的翻译、制作多语种版本的媒体产品，甚至招募掌握东盟小语种的专业人才。除了语言翻译，还需注意内容的文化本地化。例如，使用更贴近当地文化背景的案例和故事，调整内容以适应当地受众的文化认知和接受方式。总的来说，文化多样性和语言差异是中国与东盟媒介传播中的重要挑战。

（二）信息传播的有效性问题

信息传播的有效性问题主要涉及以下几个方面，第一是信息的准确性和及时性，在快速变化的国际环境中，确保信息的准确性和及时性对于建立和维持媒体的公信力至关重要。这包括对政治、经济、社会等方面信息的准确报道。第二是文化适应性，由于中国与东盟国家之间存在显著的文化差异，媒介内容需要适应不同国家的文化背景和价值观。这要求媒体制作在内容上做到贴近当地文化，避免文化误解或冒犯。第三是目标受众的理解，有效的信息传播需要深入了解目标受众的需求和偏好。这包括对东盟国家受众的生活习惯、消费模式、信息获取渠道等方面的研究。

（三）资源和技术的限制

在中国与东盟的媒介传播中，技术和资源的限制是一大难题，具体包括以下两个方面。第一是技术发展的适应性，也就是新媒体技术的挑战。互联网、移动通信、社交媒体等新媒体技术的快速发展，为媒介传播提供了新的可能性。传统媒体机构如电视台、广播电台和报社需要适应这些变化，以保持其影响力和竞争力。所以就有了技术升级的需求，为了跟上新媒体时代的步伐，需要进行技术升级，比如引入先进的数字编辑和传播系统、开发移动应用和在线平台等。除此以外还要考虑到数字化转型，数字化转型不仅是技术上的升级，也涉及内容制作和运营方式的根本变革。这要求媒体机构不仅要有先进的技术设备，还要有适应新环境的运营策略和内容创新。

在中国与东盟的媒介传播中，面临的一个主要问题是资源分配不均。这包括资金投入、技术支持、人力资源等方面的不平衡，尤其是在一些小语种媒介产品的开发上更为明显，例如专业人才短缺。媒介传播领域需要大量专业人才，包括技术人员、内容创作者、市场分析师等。特别是掌握东盟语言和文化背景的专业人才更为稀缺，这限制了媒介产品的本地化和多元化发展。资金方面，为了制作高质量的媒介内容并在新平台上进行有效传播，需要持续的资金支持和技术更新，这也带来了很大的压力。

（四）政策和法律的约束

政策和法律约束在中国与东盟媒介传播中起着重要作用。它们不仅影响媒介内容的生产和传播，而且对媒介合作的方式和范围产生重大影响。中国和东盟国家在媒体管理和运营方面的政策存在差异。例如，有关信息审查、媒体控制和内容标准的政策在各国之间有明显的不同。

还有传播策略的调整，这些政策差异要求中国媒体在与东盟国家合作时，需要调整其传播策略和内容制作，以适应不同国家的政策环境。除了政策以外还有法律框架的适应，随着国际传播的加强，中国媒体在东盟国家开展活动时需要适应和遵守当地的法律法规。这包括内容审查、版权保护、数据保护等方面。版权是国际传播中的一个关键问题。中国媒体需要确保其传播的内容不侵犯东盟国家的版权法，同时也需要保护自身的版权不被侵犯。东盟各国对媒介内容的审查标准各不相同。中国媒体在东盟国家进行内容生产和传播时，需要了解并遵守当地的内容审查标准，以免引起不必要的法律问题。

政策和法律约束是中国与东盟媒介传播中不可忽视的重要方面。它们不仅对媒介内容的生产和传播方式有直接影响，而且对媒体合作的形式和深度产生间接影响。为了有效应对这些挑战，中国媒体需要深入了解东盟各国的媒体政策和法律环境，并在此基础上制定适应性强的传播策略和合作模式。

（五）新媒体环境下的适应性挑战

主要体现在以下三个方面，一是技术适应，随着社交媒体、移动应用和云计算等新技术的发展，媒体行业正经历着前所未有的变革。中国和东盟国家的媒体机构需要掌握这些新技术，以提高信息传播的效率和影响力。二是内容创新新媒体环境要求内容更加多样化、互动化和个性化。这意味着媒体内容的制作需要更加注重用户参与和体验，如通过互动功能、个性化推荐等方式吸引受众。三是媒体融合，新媒体环境下，传统媒体和新媒体的融合成为一种趋势。如何有效地结合两者的优势，如传统媒体的权威性和新媒体的互动性，是一个重要的挑战。

总之，中国与东盟媒介传播要克服信息传播的有效性问题和新媒体环境下的适应性挑战，需要不断提升内容的质量、加强技术创新、深入了解目标受众，并有效结合传统媒体与新媒体的优势。通过这些努力，可以促进信息的有效传播，增强中国与东盟国家之间的文化交流和相互理解。

四、中国与东盟媒介传播策略

（一）文化交流与在地化运营

在中国与东盟媒介传播中，文化交流与本地化运营是提升内容亲和力和接受度的重要策略。这一策略的核心在于深入了解并尊重东盟各国的文化特性，同时在媒介内容的制作和传播中体现这些特性。

张代鉴认为在海外受众市场扎稳脚跟，本土化传播策略是企业海外经营常常需要思考的一环，核心理念在于以当地“消费者”“受众”为中心，通俗来讲即“入乡随俗”。他在《困境与突围：我国短视频面向东盟的传播现状分析》中提出了加强文化共识的媒介传播策略，通过中国与东盟国家之间的文化共通性，加强和东盟的文化交流，进而提升他们对内容的认同感。他指出可以从探索和强调共同的文化元素入手，创建可以引起共鸣的媒介内容，如亚洲的传统价值观（儒家文化、孔庙制度）、汉字文化等。展现中国与东盟国家的文化相似性。①

（二）技术创新和内容多样化

在中国与东盟媒介传播中，技术创新和内容多样化是关键策略，旨在提高内容制作和传播的质量，同时吸引更广泛的受众群体。可以通过应用人工智能（AI）技术用于个性化内容推荐，使用户更容易发现他们感兴趣的节目。此外，AI 还可以用于自动化内容编辑和优化视频质量，提高生产效率。借助大数据分析，洞察用户行为和偏好，为内容创作和营销策略提供数据支持。例如，分析东盟市场的热门趋势和用户需求，以指导内容制作和推广。

以及利用云计算技术提高内容存储和分发的效率，确保用户能够在不同设备上流畅访问内容。

---

① 张代鉴 . 困境与突围：我国短视频面向东盟的传播现状分析 [J]. 东南传播 ,2022,(11):87-89.

王进在《“一带一路”视域下中国网络影视平台对东盟的传播策略研究——以爱奇艺为例》中说到，现在输出的内容过于同质化且题材狭隘，容易让海外观众感到无趣审美疲劳。[①] 所以应该推广多元化剧集类型，制作和推广各种类型的剧集，包括但不限于历史剧、现代剧、科幻剧和纪录片，以满足不同观众的兴趣和文化背景。可以增加关于文化融合的内容，创作融合中华文化和东盟文化元素的内容，促进文化交流和共鸣。例如，制作反映中国与东盟共同历史和文化交融的电视剧或电影。可以制作更多贴近东盟文化和生活的本地化内容，如在东盟国家拍摄的电视剧和电影，或者邀请东盟艺术家参与中国制作的节目。

通过结合技术创新和内容多样化策略，中国网络影视平台可以更有效地与东盟受众互动，提升内容的吸引力和影响力。技术创新提高了内容制作和分发的效率，而内容多样化则确保了广泛的受众覆盖和文化共鸣。通过这种方式，中国媒体不仅能够更好地适应东盟市场，还能促进中国与东盟间的文化交流和理解。

（三）扩展人才培养与国际视野

在中国与东盟媒介传播中，增强人才培养与国际视野是一项关键策略。这不仅有助于提高媒介内容的质量和传播效果，还能促进中国与东盟间的文化理解和交流。相较传统的人才培养，在这个特殊的语境中更应该注重多元化人才的培养。培养具有国际视野的媒体人才，鼓励媒体人员了解全球化的传媒趋势和国际传播策略，使他们能够在更广阔的视野下进行内容制作和传播。同时学习东盟文化，通过教育和培训项目，让媒体人才深入学习东盟的历史、文化、语言和社会习俗，提高他们对东盟市场的理解和适应能力。国际交流与合作也是必不可少的，可以组织海外研修和交流，

① 王进．“一带一路”视域下中国网络影视平台对东盟的传播策略研究——以爱奇艺为例 [J]. 传播与版权，2023，(13)：46-49.

组织媒体人员前往东盟国家进行研修和交流，以获得实地经验和直接的文化体验。也可以和东盟国家的教育机构合作，例如与东盟国家的大学和研究机构建立合作关系，共同开展媒体教育和研究项目。

除了在自己国家培养国际化人才以外，还可以直接在当地招聘，实行一个本地化人才战略。

招聘和培养本地人才，在东盟国家招聘当地媒体人才，利用他们的本地知识和文化理解来制作更加贴近当地受众的内容。东盟语言具有多样性，所以双语能力培养必不可少，加强媒体人才的双语培训，尤其是提高他们的中文和东盟国家主要语言的能力。

为了更好地在不同东盟国家之间以及中国和东盟国家直接工作交流，跨文化沟通能力的培养也必不可少。可以为媒体人员提供跨文化沟通和谈判的培训，提高他们在多元文化背景下工作的能力。培养媒体人员对多元文化的理解和尊重，提高他们在制作和传播内容时的文化敏感性。可以说增强人才培养与国际视野是提升中国与东盟媒介传播质量和效果的关键。通过培养具备国际视野和深入了解东盟文化的媒体人才，可以有效促进文化交流，增强内容的吸引力和影响力，同时也有助于构建中国与东盟国家之间长期稳定的合作关系。

（四）加强品牌建设和合作

品牌建设和合作是中国与东盟媒介传播的一个重要策略，特别是对于提升中国媒体在东盟地区的影响力和认可度。一是要建立和加强属于中国的品牌形象，突出品牌特色，明确并强调中国媒体品牌的独特价值和特色，如高质量内容、文化多样性、创新能力等。通过一些品牌宣传策略，例如通过多渠道宣传，包括线上广告、社交媒体营销、公共关系活动等，提高品牌在东盟地区的知名度。二是与当地媒体和文化机构合作，与东盟国家的主要媒体机构建立战略合作伙伴关系，共同制作和推广内容，共同举办文化活动和交流项目，如电影节、艺术展览、音乐会等。三是中国应该加强在东盟国家的本地化运营，制作贴近东盟受众文化和需求的内容，以提升品牌在当地的吸引力和认可度。以及东盟本地团队的建设，在东盟国家建立本地团队，负责当地市场的运营和管理，以确保品牌战略的有效实施。

要做好跨文化交流的准备，利用媒体作为文化交流的平台，促进中国文化与东盟文化的互动和共享。与东盟媒体共享资源和经验，如共同使用技术平台、交换市场研究信息等。多参与国际媒体多边合作，参与国际媒体合作项目和论坛，如亚洲媒体合作组织等，加强与其他国家媒体的合作与交流。灵活适应国际市场的变化，不断调整合作策略和内容策略。

通过与当地媒体和文化机构的合作，中国媒体不仅可以加强自身的品牌建设，还能够提升在东盟地区的影响力。品牌建设和合作有助于打造更加亲近和互惠的中国与东盟文化和媒体关系，为两地间的长期友好合作奠定坚实基础。

五、中国与东盟媒介传播典型案例

（一）广西南宁在中国东盟传播中的媒介实践

广西南宁作为中国与东盟自由贸易区的重要节点，在“一带一路”倡议下，其在媒介传播方面扮演着至关重要的角色。分析广西南宁在媒介传播中的作用，对于深化中国与东盟之间的文化交流和信息流通具有重要意义。广西南宁媒介传播的现状是利用多种媒介渠道，包括传统媒体如电视、广播、报纸和新兴媒体平台进行信息传播。内容上着重于展示中国文化，同时介绍东盟的文化和社会发展，以促进双方的文化理解和交流。

在面向东盟的媒介传播中面临不同文化背景的文化差异挑战，需在内容制作上尊重多元文化。而数字化和社交媒体的发展为广西南宁媒介传播提供新的机遇。广西南宁就通过特定节目、活动或合作项目，展现了广西南宁如何有效利用媒介传播强化中国与东盟的关系。例如从 2006 年起已连续举办多届的“中国与东盟文化产业论坛”。除此以外广西南宁还运用了内容本地化、多语种服务、跨文化交流的促进等多种策略。

广西南宁的媒介传播对中国与东盟媒介传播的影响有促进作用，通过媒介传播，广西南宁助力于加深中国与东盟国家之间的文化理解和相互尊重。在电视、广播、报纸和网络平台上，南宁积极推广东盟国家的文化、风俗和语言，帮助中国观众更好地了解东盟。南宁通过媒介传播，积极宣传中国与东盟之间的经济合作和自由贸易区建设。报道关于合作项目、商业机会以及区域发展的信息，为企业和投资者提供了宝贵的参考。这有助于加深双方之间的文化理解和友好关系推动经济合作与发展，媒介传播在促进中国与东盟的经济合作和区域发展中发挥重要作用。南宁在中国与东盟媒介传播中的积极参与，有助于提升南宁作为中国对东盟开放的门户城市的区域形象。这有利于吸引更多的投资和合作机会，进一步巩固了南宁在中国与东盟合作中的地位。

未来中国与东盟媒介传播具有巨大的发展潜力，可以通过以下策略进行进一步发展。第一，未来应继续深化中国与东盟国家之间的文化交流。这可以通过增加文化活动、艺术展览、电影节等方式实现。同时，媒体应积极参与，报道和宣传这些文化交流活动，促进文化理解和友好关系。第二，考虑到东盟国家拥有多种语言，未来媒体应更加重视多语种内容的制作和传播。这可以提高信息的传递效果，满足不同语言受众的需求。第三，随着新媒体技术的不断发展，未来媒体应积极采用人工智能、大数据等技术来提高内容的制作和传播效率。同时，要注重网络安全，确保信息的安全传输。第四，为了更好地应对未来媒体传播的需求，应加强媒体人才的培养。培养具备国际视野、跨文化沟通技能和专业知识的媒体从业者，以推动中国与东盟媒体传播的发展。第五，中国与东盟国家之间的国际合作应进一步加强。建立更多的合作项目，包括新闻联播、文化交流和新媒体合作等，以实现资源共享和互惠互利。第六，未来媒体应密切关注中国与东盟国家的政策法规变化，确保合作活动的合法合规。特别是在版权、内容审查等方面，应进行充分的法律咨询和合规操作。

综上所述，未来中国与东盟媒体传播有望在深化文化交流、技术创新、人才培养和国际合作等方面取得更多的突破。这将有助于促进两地之间更紧密的合作关系，实现共同发展和繁荣。

（二）视频平台拓展东盟海外市场

当前，中国在线视频平台正在积极拓展海外市场，以东盟地区为重点。通过推出海外平台，如腾讯视频（WeTV）、爱奇艺（iQIYI）等，这些平台在东盟地区取得了显著的影响力。例如，WeTV在泰国、印尼、马来西亚等国家市场占有率高。这些平台以中国网络剧为主要内容，推广中国故事和文化。虽然现在取得了一定的成效，但是同样也遇到了很多问题。例如文化和语言差异，东盟各国文化多样，语言不同，这为中国网络剧的传播带来了挑战。

随着技术的快速发展，传统媒体传播方式需要适应新的传播技术和平台。东盟地区数字媒体市场竞争激烈，中国平台不仅需要与其他国际平台竞争还要和当地的龙头平台竞争，给予视频平台海外运营的巨大压力。

应对这些问题相关的策略有文化交流和本地化运营，就是通过本地化运营和文化交流，推广适合东盟市场的内容，如提供多语种字幕和配音。以及技术创新和内容多样化，利用新技术如AI、大数据，提高内容制作和传播的质量，同时推广多元化的剧集类型。还有品牌建设和合作：通过与当地媒体和文化机构合作，加强品牌建设，提升影响力。

综上所述，中国与东盟媒介传播正面临着文化融合、技术创新和市场竞争的挑战。面对这些挑战，中国平台通过本地化策略、技术创新和合作伙伴关系等多方面努力，积极推动中国故事在东盟的传播。

（三）新闻社促进中国东盟的沟通往来

新闻报道作为传统的媒介传播方式，在中国与东盟的沟通往来中具有重要的作用。中国新闻社（中新社）在东盟国家的国际传播中扮演重要角色，特别是在中国与东盟博览会的报道上。

在报道策略上，中新社采取了“回应东盟关切”“以情切入”和“建构民间话语体系”的对外传播策略。在这种国际会议上，中新社在报道时，注重国际视野和回应东盟国家民众的关切。

东盟国家的特殊情况也让新闻社在报道时面临着一些问题。比如文化和语言差异，东盟各国文化多样，语言众多，这为中新社的传播带来挑战。以及对信息传播的有效性的要求，需要在保持中国特色的同时，也要确保信息在东盟国家能够被有效接受和理解。还有对新媒体传播渠道的拓展，现代传播技术迅速发展，要求传统媒体适应新的传播渠道和形式。

基于以上问题中新社给出的传播策略有：通过文化交流和本地化运营，增强报道的亲和力和接受度；强化国际视野与本土情感结合，在报道中融合国际视野和本土情感，使报道更具吸引力和影响力；以及加强新媒体运用，利用新媒体技术和平台，如社交媒体，扩大报道的覆盖面和影响力。

综上所述，中国与东盟媒介传播正面临着文化融合、技术适应和信息有效传达的挑战。中新社通过采用国际视野、情感交流和新媒体技术等策略，有效推动中国故事在东盟的传播，增强两地的文化交流和理解。

（四）东盟与中国青年主播创造营的多重连接

东盟与中国青年主播创造营活动（第二季）沿着西部陆海新通道，面向全球招募具有国际视野的青年主播，展开“由山达海”的研学之旅，通过走访中国成都、南宁、钦州以及柬埔寨金边四个城市，以网络直播、短视频创作等新（流）媒体方式，发掘《区域全面经济伙伴关系协定》（RCEP）合作框架下的全新机遇，合力讲述中国和东盟各成员国友好交往的生动故事，以青年视角见证中国和东盟携手走过的非凡十年。

东盟与中国青年主播创造营，作为一种创新的媒体合作模式，这一活动通过跨境文化交流增强了广西壮族自治区与东盟国家的国际传播能力。是一种多元的传播策略，青年主播运用新媒体方式，如网络直播、短视频创作等，有效推广中国文化。国际视角与本土情感的结合，在传播中融合国际视野和本土情感，提升报道吸引力和影响力。用Z世代的视角讲述“一带一路”的故事，更加贴近当代年轻人的价值观，更能引起当代年轻人的情感共鸣。

在这个过程中遇到的问题可以归结成三点。一是文化和认知差异，由于东盟各国文化多样，存在理解上的难度。二是传播方式的适应性，需要传统媒体适应新媒体环境。三是国际传播的有效性，保持中国特色的同时，确保信息在东盟国家能够被有效接受。

应对这些问题的策略就是文化交流与本地化，通过本地化运营和文化交流，提高信息的接受度。新媒体的运用，利用新媒体技术和平台扩大影响力，这跟当代中国与东盟的青年主播培养密切相关。国际视野与本土情感的平衡，在报道中结合国际视野和本土情感，使内容更具吸引力，不能一味只输出单薄的不具备中国真正优秀文化的内容。

所以说，中国与东盟在媒介传播领域的合作正面临着技术适应、文化融合和信息有效传达的挑战。通过创新策略如青年主播创造营等活动，可以有效提升中国故事在东盟的传播效果，促进文化交流和理解。

（五）短视频平台以柔和路径促进中国与东盟文化交流

随着人们生活时间的碎片化，刷短视频平台成了人们日常最经常选择的娱乐消遣。所以短视频平台的输出在中国与东盟媒介传播中有着至关重要的作用。短视频“出海”搭建起不同国家之间文化交流的舞台，有助于传递中国声音，通过用一种相对柔和的路径可以促进中国与东盟各国的友好交流、打破偏见、避免“硬冲突”。[①] 短视频不仅是一种观看模式，同时也是一种社交方式，这区别于传统官方严肃叙事，可以带给个体传播更多的空间，通过个体叙事、视觉建构，以通俗形象的方式让受众感受中国

① 张代鉴 . 困境与突围：我国短视频面向东盟的传播现状分析 [J]. 东南传播 ,2022,(11):87-89.

文化，达到见微知著的效果。

随着“一带一路”给予东盟国家的基础网络建设，东盟国家的互联网普及率提升，而互联网普及率的增长为中国短视频出海提供了有利条件。海外的市场环境为东盟地区移动终端技术和互联网普及率的提升培养了更多用户，但市场竞争激烈，存在着短视频平台面临西方媒体的舆论霸权干扰和内部人才供给不足的问题。但是中国短视频平台还是在这中间有了一席之地，TikTok、Snack Video 等中国短视频平台在东南亚地区受欢迎，但同时也面临挤压生存空间的挑战。为了应对这些问题需要加强文化共识，掌握舆论主权，培养优质网红以实现困境突围，助力跨文化传播。同时短视频平台在技术和人才上也遇到了挑战，短视频赛道拥挤，头部企业面临来自国外媒体产品、本土 App 的挑战，需要更多的技术和人才支持。

针对以上问题，张代鉴提出了以下解决策略。一是本土化传播和叙事，短视频平台应采取本土化传播策略，提高受众适应性，实现更贴近当地群众的传播方式。二是更多样的玩法，提升用户参与度，利用媒体技术发展为短视频带来新玩法，吸引用户参与和创作。三是内容监管和抵制舆论污蔑，加强对内容的监管，抵制负面舆情，强化文化共识，实现赛道突围。

总而言之，中国短视频平台面对东盟市场的主要挑战是文化差异、市场竞争和人才缺乏。通过本土化传播策略、技术创新和内容监管，可以有效推动中国短视频在东盟的传播，加强两地文化交流和理解。短视频平台的建设对中国与东盟地区之间的跨文化交流是互利共赢的，短视频借助其传播优势可以帮助当地政府旅游业做宣传，“短视频 +”实现与教育、电商等的融合，对当地教育事业、经济发展都有推动作用。

（六）外宣类期刊——《荷花》树立中国正面国家形象

《荷花》杂志的定位是由中国广西对外文化交流协会编辑出版的、国内外公开发行的、面向越南发行的国内唯一一本中越双语杂志，它将以“介绍中国的发展，增进越南人民对中国的了解，促进双方友谊与合作”为己任，成为连接两国友谊的纽带。[①]《荷花》期刊从创刊之日起，始终坚持“以正面宣传为主”的方针，树立我国的正面国家形象，树立文明进步、民主法治、对外开放的国家形象。同时遵循“三贴近”原则，内容坚持贴近中国发展的实际、贴近生活、贴近群众，满足越南读者的信息需求。

在媒介传播过程中遇见了以下几个问题。一是文化和语言差异，中越文化差异和语言差异对杂志的传播效果构成挑战。二是信息传播的有效性，需要在保持中国特色的同时，确保信息在越南能够被有效接受和理解。三是受众需求的理解，对越南读者的需求有深入的理解和分析，确保内容的针对性和有效性。

针对以上几个问题，黎林红提出了以下几个传播策略，首先是文化交流与本地化，通过文化交流和本地化运营，提高信息的亲和力和接受度。其次是内容的“美术化”处理，《荷花》注重版式设计和图文结合，给读者以视觉美感，提高吸引力。最后是平衡国际视野与本土情感，在报道中结合国际视野和本土情感，使内容更具吸引力。

《荷花》作为中越文化交流的重要媒介，通过其独特的传播策略和内容设计，有效地推动了中越文化的交流和理解。它的实践为中国与东盟国家间的媒介传播提供了宝贵的经验，尤其是在处理文化差异和传播有效性方面。通过这些策略，可以有效提升中国故事在东盟国家的传播效果，促进文化交流和理解。

（七）广播——北部湾之声打造东盟传播的中国声音

“北部湾之声”是由中国国际广播电台和广西对外广播电台联合打造的，专注于向东盟国家传播中国声音。“北部湾之声”秉承“中国立场、广西特色、国际表达”的传播理念，其节目内容涉及语言学习、文化音乐

① 黎林红 . 论外宣类期刊《荷花》的对外传播策略 [J]. 新闻传播 ,2012,(12):249.

等多个方面。[①] 覆盖范围包括越南、柬埔寨、老挝等东盟国家，节目以多种语言播出。“北部湾之声”立足广西，面向北部湾和越南等东盟国家，其运行模式在中央外宣媒体和地方外宣媒体的合作中是一个创新，成为中国对东南亚广播的又一个区域性国际媒体。全天节目以线性节目为主，板块节目为辅，尊重现代广播传播规律和听众收听习惯，强调节目制作，使播出节目在内容和形式上精品化，最大程度从听觉上吸引国内外听众，“北部湾之声”也成为中国国内第一家以线性节目为主播出的外宣广播。

“北部湾之声”在得到如此优异成绩的同时，也面对着巨大的风险挑战。一是文化和语言差异，东盟国家文化多样，语言不同，给北部湾之声的传播带来挑战。二是受众需求的理解，需要更深入地了解东盟受众的需求，确保内容的针对性和有效性。三是新媒体传播渠道的适应，需要适应新媒体环境，探索更有效的传播方式。

对此钟小凤提出以下几个传播策略。一是讲中国故事，增强在东南亚的话语权。“北部湾之声”不仅是区域性对外传播，它还是我国对外传播的重要组成部分。因此，在实际传播过程中，需要我们不断创新对外宣传方式，创新传播理念、话语体系和方式方法，讲好中国故事，传播好中国声音，增强在东南亚的话语权。[②] 要注重传播内容的客观真实，新闻报道的时效性以及展现中国文化的博大精深。二是加强与东南亚国家主流媒体的合作，直接面对东盟境内的听众，各取所需，优势互补，是对外宣传的有效途径。例如可以联合策划举办大型社会活动进行相互交流学习；也可以组织联合直播和采访报道，形成中国与东盟双方记者的流动报道；提高节目境外落地实力，应因地制宜，不可生搬硬套。三是资源共享，建立对外传播大联盟。通过加强与中国国际广播电台合作，可以极大提高新闻生

① 谢卓华 . 广西媒体对东盟信息传播能力研究 [D]. 广西大学，2022.

② 蔡名照 . 加强国际传播能力建设　讲好中国故事　传递中国声音——学习贯彻习近平总书记关于做好对外宣传工作的重要论述 [J]. 理论导报 ,2015,(12):34-37.

产的质量；争取地方政府和媒体大力支持；国内其他地方媒体也是可选择的联合对象，在面对东盟各国时，要团结互助。四是多元发展，搭建新的外宣平台，利用网络扩大影响力，办好《荷花》和《东南亚舆情动态》杂志以及成立东南亚语广播影视译制中心。

所以“北部湾之声”作为中国对东盟广播的重要渠道，通过其独特的传播策略和内容设计，有效地推动了中国文化的传播和东盟受众的理解。它的实践为中国与东盟国家间的媒介传播提供了宝贵的经验，尤其是在处理文化差异和传播有效性方面。通过这些策略，可以有效提升中国故事在东盟的传播效果，促进文化交流和理解。

（八）报业微博设置话题搭建沟通与分享平台

《广西日报》作为党报权威媒体，已经成为广西壮族自治区面向东盟的重要宣传窗口。《广西日报》肩负着传播的重要担子，从传播的内容设置、信息的采集广度到传播的话题推出，每一个环节都涉及中国的形象。广西日报官方微博为广大受众搭起了一个沟通与分享的平台。有关东盟博览会的点滴信息，通过微博传播引发了较大的共鸣。广西日报微博通过设置专题、话题引导等方式，有效提高受众关注度和参与度，达到传播效果最大化。传播内容一般为东博会相关信息的推送，内容涵盖政治、经济、文化等多个方面，采用多样化的信息传播形式，如图文、视频等。通过合理的议程设置，话题引出信息，引发关注，吸引受众注意力。

广西日报微博在推广东博会信息传播方面取得了积极效果，但也面临着诸如受众接收差异和新媒体挑战等问题。通过增强内容针对性、提升互动性和多样化媒体形式的运用，可以有效提升中国故事在东盟的传播效果，促进文化交流和相互理解。

（九）中国与东盟民心相通需要加强传媒合作

中国和东盟地缘相近、人文相通，是天然的合作伙伴。十几年来，在双方的共同努力下，中国与东盟的合作关系经过了中国与东盟自由贸易区和“一带一路”、中国与东盟命运共同体逐步深化的历史进程，目前已经形成了全方位、多层次、宽领域的合作格局。习近平总书记指出：“关系亲不亲，关键在民心。”民心相通是“一带一路”建设的社会根基，也是中国与东盟合作的基石。不同民族的文化需要互相交流、沟通、理解、学习。中国与东盟的“互联互通”，通过媒体交流意见、共享信息。要以传播先行带动民心相通。

传媒合作的重要性显而易见，中国与东盟之间的传媒合作对于促进双方民心相通和周边外交战略实施具有重要意义。在地区传播优势上，广西和云南因其地理位置优势，在对东盟的信息传播中发挥着重要作用。并且中国与东盟进行了全方位合作，中国与东盟合作已形成全方位、多层次、宽领域的合作格局，传媒在其中起到桥梁作用。

但是其中还存在一些问题。例如文化差异，中国与东盟间文化、语言差异对传媒合作带来挑战。以及信息传播效果，需在保持中国特色的同时，确保信息在东盟国家能被有效接受和理解。还有最为重要的民心相通障碍，文化差异导致的陌生感、冷漠感和抵触感是民心相通的主要障碍。最后是传播渠道与内容的问题，需优化传播渠道和内容，以提高传播效果。

李庆林提出以下媒介传播策略，来解决以上几个问题。一是增强文化交流，通过加强文化交流活动，增进中国与东盟间的相互理解和信任。二是本地化内容制作，制作更贴近东盟受众的本地化内容，满足其需求和喜好。三是利用新媒体渠道：充分利用新媒体平台进行传播，适应当代信息传播的趋势。四是加强双边或多边合作项目，通过联合制作、交流访问等方式加强合作，促进双方更深入的交流与合作。五是提升传媒人才培养，提升对东盟文化的了解和小语种能力，增强传媒人才队伍建设。[①]

---

① 李庆林.增强我国面向东盟战略传播能力的思考[J].广西大学学报（哲学社会科学版）,2022,44(06):81-87.

中国与东盟在媒介传播领域的合作关键在于促进民心相通，面对文化差异和信息传播挑战，通过文化交流、内容本地化、新媒体运用和加强合作等策略，可以有效提升传播效果，加强中国与东盟国家间的理解和友谊。中国故事只有中国人讲是不够的，也要让外国人讲，还可以中外合作来讲。中国与东盟合作机制的建立，为各国媒体提供了新的广阔舞台，也提出了新的命题。中国和东盟媒体应当深入报道彼此国家，挖掘中国与东盟友好合作的丰富内容，让中国与东盟友好合作扎根在各国人民心田。

（撰稿人：黄心怡，复旦大学新闻学院2023级研究生）

第三部分

中国与东盟战略传播效能研究

CAEXPO

中国与东盟战略传播研究创新发展报告

ZHONGGUO YU DONGMENG ZHANLUE
CHUANBO YANJIU CHUANGXIN FAZHAN BAOGAO

中国与东盟传播话语研究

话语研究是一种涉及语言学、社会学、心理学等多个学科的跨学科的研究领域。该领域研究通过分析语言文本和谈话，探讨其如何构建意义、如何影响人际关系以及如何构建组织结构等。在话语研究中，语言不仅是一种沟通工具，更是塑造和反映社会现实的因素，其既具有语言本身的结构和功能，又在维持和改变权力关系中发挥作用。

在“中国与东盟战略传播”这一研究领域，随着“一带一路”倡议的深入推进，中国与东盟国家之间的交流与合作正迅速增长，这种跨文化背景下的交流不仅依赖于语言的直接传递，更涉及深层次的文化、政治和经济、媒体话语的构建与交换。在此过程中，话语不仅作为沟通的媒介，更是理解和塑造中国与东盟关系的关键工具。中国与东盟话语传播研究不仅关注话语内容的直接传播，更重视话语在跨文化环境下的解读、接受和重构。这涉及对话语权力的分析：即谁有权发声，以及话语如何被理解与接受。同时，该领域的研究也关注话语如何构建和影响中国与东盟国家间的身份认同，以及如何通过话语来塑造和巩固双方的合作关系。

研究者通过分析政治声明、新闻报道、商业交流等多种形式的话语，探究了这些话语如何在构建国家形象、推动经济合作、处理国际争议等方面发挥作用。现有研究的方向可大致分为：政治话语与国际合作、经济话语与贸易往来、文化话语与叙事策略、媒体话语与平台传播，以及东盟国家的话语传播。通过分析各类型话语传播中的交互作用，中国与东盟话语传播研究为学界提供了深入理解国际关系与区域合作的新视角。

一、中国与东盟传播的政治话语与国际合作

现有许多研究围绕“一带一路”倡议下的中国与东盟区域合作的话语建构展开。这些研究重点在于分析“一带一路”倡议如何塑造中国与东盟国家之间的合作话语，以及这种话语如何影响双方的政治合作和国际话语权的构建。

（一）“一带一路”倡议的国际话语与传播策略

谢卓华在《拟态环境下“一带一路”倡议在东盟的传播与国际话语权建构》中深入分析了“一带一路”倡议在东盟国家的传播策略及其对中国国际话语权构建的影响。研究基于全球化视角和拟态环境理论，探讨了如何通过大传播战略思维在东盟国家中提升对“一带一路”倡议的理性认知和主观认同。研究指出，为了有效地传播“一带一路”倡议，并建立国际话语权，中国需要把握拟态环境下的传播特征和影响机制，从宏观和微观两个层面开展国际话语权建设，同时回应东盟对“一带一路”倡议的关切和疑虑。谢卓华强调，全媒体时代的拟态环境具有多元化的构建主体和丰富的传播内容，这为“一带一路”倡议在东盟的传播提供了新的机遇和挑战。我国要通过建立长期的文化交流机制，尊重东盟国家的传播环境差异性，以及充分发挥自媒体的舆论影响力等方式，来加强对外媒体的硬实力建设，打造可与国际知名媒体竞争的传播品牌。①

谢卓华在另一篇文章《他塑与观照：国家话语的区域化媒介呈现与路径选择——基于东盟国家对“一带一路”倡议报道的框架分析》中深入探

① 谢卓华．拟态环境下“一带一路”倡议在东盟的传播与国际话语权建构[J].新闻爱好者,2019,(08):8-11.

讨了“一带一路”倡议在东盟国家的传播策略及其对中国国际话语权的影响。文章基于框架分析方法，研究了东盟国家主流媒体对“一带一路”倡议的报道情况，旨在揭示中国在东盟国家的话语建构和国际传播策略。该研究概述了“一带一路”倡议作为中国国家话语在国际舞台上的重要性，并指出东盟十国是实施“一带一路”倡议的关键区域。通过分析东盟十国主流媒体对“一带一路”倡议的3413篇新闻报道，文章较为全面地解读了东盟国家关于“一带一路”倡议的舆情特点和传播规律。研究强调了“一带一路”倡议的国际传播应当强调“一国一策”，有针对性地制定相应的区域化传播对策，并详细讨论了东盟国家复杂的社会制度、意识形态等因素对“一带一路”倡议传播的影响。研究揭示了东盟主流媒体如何塑造和传播有关“一带一路”倡议的消息，为中国在东盟国家中的话语传播提供了实证基础，为中国在区域和国际舞台上的话语权建设提供了策略建议。①

（二）东盟的演变与中华话语的影响

杨飞则在文章《从安全到发展：话语认同与东盟演进的动力——基于东盟历史文本的解读》中提出了一种新的理论视角来解释东盟演进的动力，即安全与发展目标互动论。研究分析了冷战时期和冷战后东盟的发展路径：在冷战时期，东盟为了维护国家和地区的生存与自主，在安全目标上力求东南亚的中立化，以此避免外来干涉。在此时的安全手段上，东盟侧重于和平解决争端，并强调加强安全能力建设，提升国家和地区的抗御力。因此，在这个时期，安全成了东盟演进的主要动力。而冷战后，东盟顺应全球化和地区主义的趋势，把地区发展作为组织演进的中心和动力，在政治安全层面强调以发展安全为主，在经济层面推动东盟经济一体化，在社会文化层面致力于维护民族特色、塑造地区共识。话语认同对于东盟的地区

① 谢卓华.他塑与观照：国家话语的区域化媒介呈现与路径选择——基于东盟国家对“一带一路”倡议报道的框架分析[J].新闻爱好者，2023(10):51-55.

合作实践具有重要的建构作用，影响东盟演进的议程设置，也影响东盟演进的路径选择。①

庄严则围绕“一带一路”倡议下中国对东盟国家的国际传播话语权进行探讨。其研究强调了在全球化背景下，争夺国际话语权对于新兴发展中国家寻求国际社会公平、正义和维护国家利益的重要性。文中分析了中国在对东盟国家的国际传播中存在的短板，并提出了正视差距、加强顶层设计、调整传播战略、完善传播内容和传播渠道等提升路径。研究讨论了如何通过构建全球化相适应的中国特色国际话语权，并在面向东盟国家的传播方面发挥负责任大国的作用。强调了推进中国面向东盟的媒体沟通应成为“一带一路”建设的重要内容，探讨了如何加强中国对东盟国家国际传播的话语权建设，以适应中国经济社会发展和国际地位变化的需求；同时讨论了中国如何通过加强对东盟国家国际传播能力建设，完善中国国际传播体系建设，丰富与深化中国跨文化传播的理论体系研究。研究者指出，中国媒体面对东盟国家的国际传播功能，在中国国际传播整体格局中起到重要作用，并强调了为配合中国对周边国家的外交战略，不仅要总结面对东盟国家进行国际传播的优势与短板，还要进一步整合国际传播内容，优化已形成的国际传播路径。②

（三）中国话语构建与国家身份的塑造

查奕如等人的研究《“一带一路”背景下的中国话语构建对东盟合作的影响》则深入分析了在“一带一路”倡议下，中国的话语构建如何影响与东盟的合作。研究采用频率统计的建模方法进行话语分析，从博弈论的视角考察东盟国家的合作意愿。研究指出，在“一带一路”背景下，中国

---

① 杨飞．从安全到发展：话语认同与东盟演进的动力——基于东盟历史文本的解读 [J]. 东南亚研究，2021，(04)：39-64+151-152.

② 庄严．“一带一路”战略背景下面向东盟国家提升中国国际话语权探析 [J]. 桂海论丛，2016，32(03)：128-132.

与东盟的关系发展占据重要地位，尤其是在经济贸易合作方面。通过分析政府讲话和官方社论，研究发现中国政府强调建立“中国与东盟命运共同体”的新型国际关系，这不仅基于相互尊重、公平正义、合作共赢的基础，也体现了追求本国利益最大化的同时兼顾其他国家的合理要求，谋求共同发展的双赢局面。此外，研究通过话语建模分析强调了中国话语中的“新”和“旧”理念的转变，还讨论了中国话语建构中的历史和文化因素，如引用古诗词、成语、传统名称等，来化解话语建构中的“主导”因子，从而树立起一个有担当、负责任的大国形象。[①] 查奕如等人的研究表明，在“一带一路”倡议下，中国的话语构建对于增强东盟国家的合作意愿具有重要影响。通过建立新型国际关系的理念、强调文化和历史联系，并采用互动模式来拉近与东盟国家的关系，中国在国际舞台上的话语权将得以增强，中国与东盟国家之间的合作也将奠定更加坚实的基础。

黄里云在《中国与东盟关系中外交话语的调适与建构研究》中指出，国际关系的“现实”是依赖语言活动的社会及文化建构的，因此话语权决定了一个国家能在多大程度上对世界政治的现实及后果赋予社会含义。以语言为主的符号系统既是国际政治权力的一种形式，也是权力的主要来源。其研究以建构主义为理论指导，结合系统功能语法理论中语言的人际功能和建构主义的身份政治概念，采用语言学的话语分析方法对中国与东盟关系中的外交话语从社会、文化和历史角度进行分析，考察中国与东盟关系与话语相互建构、相互塑造的过程，并且探究在这一个过程中外交话语发挥的功能。通过对中国与东盟关系中的外交话语进行梳理和分析，本文得出以下结论：首先，通过研究中国与东盟的外交话语，可以把握双方关系的发展历程。语言作为一种载体，真实地记录了国际关系的事实。通过对外交话语的研究，能够重新表征出国际关系。其次，

① 查奕如，李淑君，陈锦萍等．一带一路背景下的中国话语构建对东盟合作的影响 [J]. 管理观察，2019,(27):106-110.

语言具有的人际功能延伸到国家间关系层面，能够建立和保持国家之间的良好关系，表达国家的身份、地位、态度、动机的功能。在中国与东盟互动的过程中，话语发挥了表达诚意、促进理解、达成共识、增信释疑、建构规则和规范、设置议程、框定主题、政策宣示、赋予行动合法性等功能。最后，中国与东盟关系中的外交话语也参与塑造了双方关系的发展，两者相伴相生，互为建构。[①]

郭换换的研究则深入探讨了中国国家领导人在“中国与东盟”峰会上的讲话内容及其背后意义的学术研究。其在《中国领导人“中国与东盟”峰会讲话的批评性话语分析》中通过批评性话语分析的方法，分析了1997年至2011年间中国领导人在峰会上的讲话，重点探讨这些讲话如何在与东盟国家的合作关系中构建和塑造中国的国家身份。该研究首先引入了话语分析的理论框架，强调话语实践与社会实践之间的互动关系。在对峰会讲话的具体分析中，本研究着重于主题词和高频词汇的分析，以揭示讲话中的重点和随时间的演变。例如，作者指出“合作”一词在讲话中频繁出现，这不仅表明了中国与东盟国家之间合作关系的重要性，也反映了中国领导人试图构建的“和平发展”和“共赢合作”的国家形象。此外，本研究还对如何通过特定的语言选择和词汇使用来构建特定的国家身份进行了深入的索引分析，包括分析中国领导人如何通过词汇的选择和叙事方式来强调中国与东盟国家之间的相互依赖、平等和尊重，以及如何通过这些话语策略来建构中国作为负责任大国的形象。该研究不仅揭示了话语实践与社会实践之间的复杂互动，还展示了国家领导人如何通过话语来实现国家身份的建构，以及这些话语如何影响中国在国际舞台上的角色和自我认知。[②]

上述研究集中强调了话语建构在形塑国际关系架构中的核心作用。通

① 黄里云 . 中国与东盟关系中外交话语的调适与建构研究 [D]. 云南大学 ,2017.

② 郭换换 . 中国领导人“中国与东盟”峰会讲话的批评性话语分析 [J]. 唐山师范学院学报 ,2013,35(06):55-58.

过合作的话语策略，中国与东盟国家得以在国际舞台上更为精准和协调地表达彼此的利益与立场，从而在全球事务的处理中显著提升了双方的影响力和话语权。此外，这种话语构建的过程同时映射出中国在全球治理体系中所扮演角色的演变，尤其是其责任感和领导能力的逐渐增强。总体而言，这些研究不仅揭示了“一带一路”倡议在促进中国与东盟区域合作方面的积极成效，且展现了话语建构在形塑国际关系、加强国际合作以及提升国际话语权等方面的重要意义。同时，这些研究亦共同说明了在全球互联互依的时代背景下，有效的话语构建和沟通策略对于维护和深化国际关系的重要性不容忽视。

二、中国与东盟传播的经济话语与贸易往来

中国与东盟国家在“一带一路”倡议背景下的贸易和交流不仅仅是经济行为的简单往来，而是一个复杂的、涉及多个层面的互动过程。这些互动包括了文化、政治、经济等多个方面，且受到各种内外部因素的影响。在贸易话语的构建上，中外媒体的不同表述反映了不同的文化和政治背景。在贸易实际效果上，尽管“一带一路”倡议促进了中国与东盟国家之间的贸易量，但在贸易质量和结构的优化上仍有待提高。

在《“一带一路”倡议背景下中国与东盟贸易话语研究》中，袁周敏通过整体研究与个案讨论的方式，对中国与东盟贸易话语进行了详细论述。该书的核心内容围绕中国与东盟国家之间的贸易话语展开，探讨了贸易争端个案和中外主流媒体报道中的新闻语篇。该著作提供了对“一带一路”倡议下中国与东盟国家之间贸易话语的深入理解，对于理解当下国际贸易格局中的话语互动、身份建构以及文化政治层面的重要性具有重要意义。作者从文化话语研究的角度出发，分析了中国与东盟贸易话语的整体布局、话语身份构建、话语内容与主题建构等方面。这种方法论不仅关注贸易往来中产生的文本及其语篇特点，更深入探讨了贸易事件所涉及的一系列言

语交际现象，扩展了话语研究的范围。[①]

赵丹彤的研究《〈“一带一路”倡议背景下中国与东盟贸易话语研究〉评介》则对袁周敏的著作进行了深入的分析和评价。这项研究基于文化话语研究的路径，分析了中国与东盟贸易争端个案和中外主流媒体报道的新闻语篇，聚焦于话语的整体布局、身份构建、内容与主题等方面。赵丹彤的评价指出，袁周敏的研究基于文化话语研究范式，从“整体—历史—文化”的视角出发，深入探讨了中国与东盟贸易话语的整体布局、话语身份构建、话语内容与主题建构等。研究强调，话语的产生和演变与特定文化背景密切相关，而这种文化背景又涉及文化自觉和文化政治。在分析具体贸易事件的纠纷话语时，研究发现中外媒体在描述中国与东盟关系时的视角和态度存在差异，且这种差异不仅与经济实力差异有关，还受到文化传统和地缘政治的影响。例如，中外媒体都倾向于赋予东盟“合作者”“受益者”等身份，但在具体表述中存在差异。[②]

杨鲜丽等人的研究《“一带一路”倡议对中国与东盟贸易高质量发展的影响》则从实证经济学的角度出发，采用双重差分法对比分析了“一带一路”倡议实施前后中国与东盟贸易的变化情况，并得出结论：“一带一路”倡议促进了中国与东盟出口贸易的增长，对进口贸易影响不大，对进出口贸易总额有积极影响。同时，本研究指出中国与东盟贸易进出口总额增加的同时，进出口差额也在一定程度上有所扩大，显示双边贸易规模不匹配、不均衡。[③] 文章的研究为深入理解“一带一路”倡议下中国与东盟贸易关系提供了重要的理论支持和实践指导。尤其是对于提升贸易质量、实现贸易平等性与互利性的深层次内涵提出了新的思考，对于推动中国与东盟贸

① 袁周敏．“一带一路”倡议背景下中国与东盟贸易话语研究 [M]. 南开大学出版社 .2020.

② 赵丹彤 .《“一带一路”倡议背景下中国与东盟贸易话语研究》评介 [J]. 江苏外语教学研究 ,2021,(04):81-82+74.

③ 杨鲜丽 , 支宇鹏 , 周箫等 .“一带一路”倡议对中国与东盟贸易高质量发展的影响 [J]. 统计与决策 ,2021,37(14):121-124.

易关系的高质量发展具有重要的现实意义。

在“一带一路”倡议的背景下，中国与东盟国家间的交流与合作，在话语传播的研究视角下，展示了其多维度和层次化的发展动态。这一合作关系不仅在教育交流、企业形象塑造及贸易往来等领域展现出明显的成效和积极的努力，更在话语传播的层面上反映了深化合作和共赢发展的共同追求。话语传播研究揭示了在文化交流、话语建构，以及贸易质量提升等方面所面临的挑战和改进潜力，指出在这些领域中，有效的沟通和话语传播策略是实现合作目标的关键。整体而言，上述研究强调了有效话语传播在国际传播和外交策略中的重要性。为学界提供了理解中国在东盟地区所扮演角色和影响力的宝贵视角。

三、中国与东盟传播的文化话语与叙事策略

中国与东盟的文化话语与叙事策略研究着眼于文化软实力的提升和跨文化叙事。分析涉及中国在东南亚媒体的传播策略、中日在东盟的情感话语比较，以及中国对东盟的文化传播等，揭示了中国如何通过多元化传播手段在东盟塑造积极影响力。中国的战略传播聚焦于通过媒体和文化交流传播国家形象和政策，如中国大使馆在东南亚媒体中的策略强调了传统媒体在塑造国家形象中的作用。同时，通过文化和语言传播，如旅游文化和汉语推广，中国加强了与东盟的文化联系，促进了双方的理解和互信。此外，情感话语的比较研究，如中日在东盟的影响，展示了文化差异和形象建构的复杂性。在叙事策略方面，如《一个医院的战“疫”》的跨文化叙事案例，彰显了叙事在国际关系中的重要性。这些研究共同揭示了中国在提升其对东盟国家的影响力方面所采取的多种战略和方法。通过媒体传播、文化交流、语言推广、情感话语以及有效的叙事策略，中国不仅在强化与东盟国家的关系，也在全球范围内提升自身的文化软实力和国际形象。这些研究为理解中国与东盟之间复杂的交流和互动提供了丰富的视角和深入的分析。

（一）文化交流与媒体传播

中国的战略传播聚焦于通过媒体和文化交流传播国家形象和政策，如中国大使馆在东南亚媒体中的策略强调了传统媒体在塑造国家形象中的作用。*Tell China's Story Well: Chinese Embassies' Media Outreach in Southeast Asian Media* 深入分析了中国如何通过其驻东南亚国家大使馆在当地媒体上进行话语传播，特别是如何讲述“中国故事”。文中指出，自 2012 年习近平主席上任以来，中国在其外交政策议程中非常重视话语权的提升。在东南亚，中国大使馆与当地媒体的互动为传播官方叙述的关键途径。文章主要通过三个渠道来检视中国大使馆如何利用当地媒体讲述“中国故事”：中国大使馆组织的媒体活动、中国领导人和外交官在当地报纸上发表的署名文章、中国大使对当地媒体的采访和媒体简报。这些活动的主要目的是向东南亚受众传递积极的信息，并围绕三个核心主题：批驳西方叙述、促进中国与东盟关系的和谐发展和宣传中国的成就。此外，文章还指出，东南亚对中国的态度并非一成不变，而是呈现出更多的细微差别。文章探讨了中国加强与东南亚国家的互惠关系，以及这一策略如何可能提高其在该地区的地位。尽管“中国故事”的吸引力在很大程度上取决于中国的实际行动，但中国在东南亚的媒体外交和信息传播策略对于理解该地区的国际关系和中国的外交策略具有重要意义。

廖俊玉在《移动互联语境下对东盟国家媒介话语体系的建构：机遇、挑战与路径》中，探讨了在全球移动互联传播的大背景下，对东盟国家媒介话语体系的建构的重要性、面临的机遇与挑战以及构建路径。文章通过分析新媒体背景下的东盟国家媒介话语体系建构的机遇、问题与挑战，并从媒介话语的主体、传播渠道、传播内容、表达方式、反馈机制等方面探究了对东盟国家媒介话语体系建构的路径。文章指出，建构对东盟国家传播的媒介话语体系对于增强中国对东盟国家传播的主动权和话语权，营造睦邻友好的周边合作关系至关重要。随着数字网络媒体的全球化普及，移动智能终端逐步成为自媒体传播的主要工具。由于移动互联媒体本身具有的快捷性、便携性和兼容性，使得用户在信息获取、传播与表达的自由度方面都获得了前所未有的改变，公众和媒体之间实现了信息的自由转换与衔接。文章强调，要利用迅猛发展、形式多样的新媒体形态开展对外传播，这就要求中国的对外传播要积极融入全球媒介融合、技术创新这一媒介生态环境，充分借助新媒体传播移动化、社交化、可视化的传播优势，及时、准确、专业地讲好中国故事，由“他说”的被动阐释变为“我说”的主动讲述，把握移动互联媒体语境下国际舆论场的主动权，建构符合中国媒体实际、有中国话语特色的对外传播媒介话语体系。① 廖俊玉的文章为移动互联语境下对东盟国家的媒介话语体系的建构提供了深刻的分析和具体的建议，对于提升中国在东盟国家的信息传播力与影响力，争取对周边传播的话语权，以及“一带一路”倡议走进东盟具有重要的理论价值与实践意义。

（二）情感话语与跨文化叙事分析

此外，情感话语的比较研究则展示了文化差异和形象建构的复杂性。崔守军等人在其文章《跨文化交流视阈下东盟对中日情感话语比较研究》中，分析了“一带一路”建设背景下中国与东盟合作的红利以及这一合作在跨文化交流层面所面临的挑战。文章特别关注了中国与东盟间在情感话语上的交流，指出存在的问题如认知对称失调、信号解码模糊及情感话语误解，并提出了对这些问题的深入剖析的重要性。崔守军、范存祺和郑执浩提出，为了更好地理解和改进中国与东盟间的跨文化交流，需要构建一个分析框架来对比中国和日本对东盟的情感话语。这个框架基于五个维度：个人主义与集体主义、权力距离、男性文化与女性文化、不确定性规避、长期导向与短期导向。文章使用 GDELT 数据库和赫斯特指数算法进行分析，以探索中国与东盟跨文化交流中存在的问题和影响因素。文章强调，

① 廖俊玉 . 移动互联语境下对东盟国家媒介话语体系的建构：机遇、挑战与路径 [J]. 新闻爱好者 ,2020,(08):26-29.

为了建设“中国与东盟命运共同体”，应当重视经贸合作在促进文化交流中的作用，并建立一个多元文化要素的互动和渗透机制。崔守军等人认为，通过宣传“好中国”的活故事和推广中国的真实形象，可以增加国家和民族间的文化认同度，从而有效地构建中国与东盟文化共同体，并使之形成合力，为人类命运共同体的建构做出贡献。①

在叙事策略方面，中国采取了多样化的方法来传播其国家形象和政策。其中，纪录片《一个医院的战“疫”》就是一个突出的例子，它展示了中国医院在新冠疫情期间的抗疫故事，并通过跨文化叙事的方式增强了叙述的真实性和感染力。刘家良深入分析了纪录片《一个医院的战“疫”》在跨文化传播中的重要作用和影响。这部纪录片由中国与东盟三国联合制作，讲述了中国广西桂林的南溪山医院在新冠疫情期间的抗疫故事，以及医院在疫情防控中的角色和经验。文章从叙事学和跨文化传播的角度出发，对纪录片的文本、叙事方式和场景进行了深入分析。文章指出，纪录片通过口述的方式，分享了一线医生感人的抗疫故事，展示了南溪山医院面对疫情的挑战和应对措施。这种叙事方式不仅为观众提供了疫情期间医院的真实画面，而且通过医生和患者之间的互动，增强了叙述的真实性和感染力。文章还强调，纪录片的叙事结构有助于唤醒观众对疫情的集体记忆，同时展现了中国在疫情防控方面的经验和成效。刘家良在文章中还探讨了纪录片在跨文化传播中的作用。他指出，纪录片通过展现中国医院的实际情况和中国的抗疫经验，不仅为国际观众提供了宝贵的信息资源，还加深了东盟国家对中国抗疫努力的理解和认识。此外，文章还分析了纪录片中的文化元素和符号，如医院的日常运作和医护人员的工作状态，这些元素有助于跨越文化障碍，增进中国与东盟国家之间的交流和合作。②该研究不仅

---

① 崔守军，范存祺，郑执浩．跨文化交流视阈下东盟对中日情感话语比较研究 [J]. 当代亚太，2023(01):70-99+158-159.

② 刘家良．《一个医院的战“疫”》的跨文化叙事研究 [J]. 新闻世界，2021(08):71-74.

全面分析了《一个医院的战“疫”》的叙事特点和跨文化传播效果，还展现了纪录片在传播中国抗疫经验和促进国际合作方面的重要作用。通过深入的文本分析和场景解读，文章为理解纪录片在跨文化交流中的作用提供了有力的理论支持。

（三）中国文化软实力的国际推广

通过文化和语言传播，如旅游文化和汉语推广，中国加强了与东盟的文化联系，促进了双方的理解和互信。李长津在其文章《构建中国·东盟旅游文化国际新闻传播话体系的意义与对策》中，深入探讨了在“一带一路”倡议背景下，建立针对中国和东盟旅游文化的国际新闻传播话语体系的重要性和实施对策。文章强调了这一体系在促进文化交流、增进相互理解以及推动区域旅游合作方面的战略意义。文章指出，随着“一带一路”倡议的深入推进，中国与东盟国家之间的旅游文化交流正面临新的挑战和机遇。为了更好地传播和分享中国与东盟的旅游文化，有必要整合和优化传播内容和方式，创新传播话语体系。这不仅有助于加深中国与东盟国家的文化理解和认同，还能推动两者在政治、经济、文化等方面的深度合作。李长津进一步提出了构建该话语体系的战略意义。首先，这有助于促进中国与东盟国家间的文化交融和共融，为双方民众提供更多了解彼此的机会。其次，这可以增强中国文化的自信，促进中国文化的海外传播和影响力。最后，通过旅游文化的交流和合作，可以实现文明的传播和共赢发展。为了实现这些目标，作者提出了具体的实施对策。这包括唤醒历史记忆、打造旅游文化品牌、强化新闻舆论监督、促进旅游合作共赢等多个方面。通过这些措施，旨在构建一个全面、多元、开放的国际新闻传播话语体系，以加强中国与东盟国家间的旅游文化交流与合作。通过构建有效的国际新闻传播话语体系，可以促进中国与东盟国家间的旅游文化合作，增进相互理解和友谊，为区域的和平与发展作出重要贡献。①

中国还通过与东盟国家共同的文化背景来选择区域性叙事主题，强化共性并突出地区特色。例如，在西南边疆地区对东盟讲述中国故事的过程中，中国利用该地区与东盟国家的地理和文化联系，通过各种媒体和交流渠道有效地传播其故事和信息。廖俊玉在其文章《西南边疆地区对东盟讲好中国故事的叙事策略》中探讨了如何通过有效的叙事策略在东盟国家中传播中国的故事，尤其是从中国西南边疆地区的角度。文章强调了在“一带一路”倡议下，西南边疆地区在对东盟传播中国故事中的重要角色，并提出了具体的叙事策略。文章指出，西南边疆地区与东盟国家地理相连、文化相通，这为讲述中国故事提供了独特的视角和丰富的素材。为了在东盟国家中有效传播中国声音，需要在叙事选题上寻找与东盟共同的文化背景，同时强化“共性”，并突出西南地区的民俗特色。这样的叙事策略有助于构建更为和谐的中国与东盟的双边关系。叙事视角应由“外聚焦”向“内聚焦”转换，即从单纯介绍中国的视角转变为更多关注东盟国家与中国互动的视角。这种视角转换能够更好地呈现中国故事的多样性和丰富性，增加故事的吸引力和感染力。同时，叙事呈现方式也应重视视觉传达和交互传播模式，利用视频、网络媒体等现代传播工具，使叙事更加生动和直观。廖俊玉还强调，叙事路径应多样化，考虑到非新闻传播因素的信息传输形式。这意味着除了传统的新闻报道，还应利用文化、旅游、教育等多种渠道和形式传播中国故事。通过这些多元化的叙事路径，可以更有效地传递中国声音，展现中国形象，增强中国在东盟国家中的文化影响力。② 廖俊玉的文章为在“一带一路”倡议下，西南边疆地区对东盟讲好中国故事提供了有力的叙事策略和思路。通过这些策略，不仅可以加强中国与东盟的

---

① 李长津．构建中国·东盟旅游文化国际新闻传播话体系的意义与对策 [J]. 教育文化论坛，2017,9(01):30-32.

② 廖俊玉．西南边疆地区对东盟讲好中国故事的叙事策略 [J]. 新闻爱好者，2018(12):48-50.

文化交流，还能在国际舞台上有效传播中国声音，提升中国的文化软实力。

相似地，赵紫原在《跨文化传播视阈下面向东盟讲好"广西故事"研究》中深入探讨了在全球化和"一带一路"倡议背景下，如何有效地利用跨文化传播手段来提升广西与东盟国家间的文化交流和相互理解。这项研究不仅关注传统的文化传播方法，还特别强调了数字化技术和新媒体在当代文化传播中的重要性。研究分析了广西与东盟国家之间的文化联系和互动模式，强调了这一区域内不同文化背景和历史经验的多样性。赵紫原认为，广西在面向东盟的文化传播过程中，需要深入了解和尊重东盟国家的文化特点和价值观，以实现有效的跨文化交流。他提出，讲述"广西故事"需要采用一种全球化的视角和本土化的实践，以确保故事的真实性和吸引力。赵紫原的研究还强调了数字化时代对文化传播的影响。他指出，随着数字化媒体和互联网的快速发展，传统的文化传播方式正面临着前所未有的挑战和机遇。新媒体为广西的文化传播提供了新的平台和工具，使得文化内容能够更加迅速和广泛地传播到东盟国家。赵紫原认为，通过有效利用数字媒体和网络平台，可以提高广西文化在东盟国家的知名度和影响力。此外，赵紫原还指出了广西面向东盟的文化传播中存在的一些挑战和问题，如文化内容的本土化适应性、传播策略的多元化和创新性，以及跨文化理解的深入性等。他指出，为了有效地传播广西文化，需要结合广西的文化特色和东盟国家的文化需求，设计更具吸引力和适应性的文化传播策略。这些观点不仅对提升广西与东盟国家间的文化交流具有重要意义，也为其他地区和国家在进行跨文化传播时提供了有价值的参考。[①]

通过媒体传播、文化交流、语言推广、情感话语以及有效的叙事策略，中国不仅在加强与东盟国家的关系，也在全球范围内提升了自身的文化软实力和国际形象。这些研究为理解中国与东盟之间复杂的交流和互动提供了丰富的视角和深入的分析，对于理解区域内的国际关系和传播策略具有

① 赵紫原．跨文化传播视阈下面向东盟讲好"广西故事"研究 [D]. 广西大学，2018.

重要意义。

四、中国与东盟传播的媒体话语与平台传播

在当前的学术研究中，中国与东盟在媒体话语传播方面的互动和影响受到了显著关注。研究者们试图解析媒体话语如何构建和反映中国与东盟国家间的关系，特别是在不同媒体平台和情境下这些关系的建构及其对身份认同的影响。这些探究揭示了话语构建在国际关系中的关键作用，尤其是在塑造国家间的互动和身份认知方面。

（一）中国与东盟媒体的互动与身份建构

尤泽顺的研究《话语、身份建构与中国与东盟关系：〈人民日报〉新闻标题分析》是在这一领域的一个重要贡献。该研究运用批判性话语分析和后现代国际关系理论，深入解读了《人民日报》海外版（1992—2008 年）中相关新闻标题，探讨了话语和身份建构如何在中国与东盟的关系中相互作用。研究发现，随着双边关系的发展，中国官方媒体逐渐增加了对东盟正面身份的塑造，体现出话语在国际关系构建中的重要性。尤泽顺通过新闻标题的话语分析，揭示了中国对东盟的不同身份建构，如“朋友”“对话者”“合作者”等，这些身份在不同历史时期的变化反映了中国与东盟关系的发展和深化。文章强调，话语分析作为国际关系领域的一个重要分析工具，在理解国家身份和国际关系变化方面具有重要的应用价值。尤泽顺认为，深入分析话语和身份建构可以更有效地理解和预测国家间关系的发展趋势，对具体国际关系问题的研究具有重要的意义。①

尤泽顺的另一研究《话语、身份建构与中国与东盟关系：〈人民日报〉与〈海峡时报〉新闻标题对比分析》则探讨了话语分析在国际关系研究中

① 尤泽顺 . 话语、身份建构与中国与东盟关系：《人民日报》新闻标题分析 [J]. 东南学术，2011，(05):240-248.

的应用，特别是在理解中国与东盟国家关系构建方面的作用。其结合批评性话语分析和后现代国际关系理论，对 2000 年至 2008 年间《人民日报》海外版和《海峡时报》的新闻标题进行了深入的对比分析。这项分析旨在揭示话语和身份建构与中国与东盟关系间的相互作用。研究指出，随着中国与东盟国家关系的改善，两方报纸逐渐增加了对对方正面身份的构建。这种正面身份的构建与国家间关系的变化呈现出正相关关系，从而支持了后现代国际关系和建构主义理论的观点，即国家身份是建构的和变化的。尤泽顺的分析表明，中国与东盟双方的新闻报道通过构建正面的身份来反映和塑造双方的关系。分析中特别强调了《人民日报》和《海峡时报》在报道中国与东盟关系时所采用的不同话语策略。这两份报纸不仅在报道风格上存在差异，而且在对双方关系的理解和表达上也显示出不同的侧重点。尤泽顺指出，这些差异反映了中国与东盟国家间复杂多样的关系动态，以及这些关系是如何通过媒体话语建构和重构的。研究还讨论了媒体话语在国际关系中的作用，强调了理解和分析媒体报道中的话语对于理解国家间关系的重要性。[①] 通过对新闻标题的详细分析，尤泽顺展示了媒体如何通过话语选择来塑造国家身份和国际关系的认知。这种方法为深入理解中国与东盟国家间复杂的政治和社会关系提供了新的视角。尤泽顺的研究强调了媒体话语在国际关系中的关键作用，并提供了一个理解和分析中国与东盟关系中话语建构作用的有力工具。

（二）南海问题与商业交流中的新闻话语

毛家武和黄冬冬的研究《新闻话语视角下的南海问题研究》则聚焦于全球化背景下新闻话语对南海问题国际舆论的影响，以及这些影响对中国国际话语权的重要性。通过分析南海问题的新闻话语现状、存在的不足，

---

① 尤泽顺 . 话语、身份建构与中国与东盟关系——《人民日报》与《海峡时报》新闻标题对比分析 [J]. 话语研究论丛 ,2015,(01):60-72.

以及创新南海问题新闻话语和舆论风险管理的方法，研究者为中国在南海问题上面临的话语权问题提供了新视角和策略。该研究梳理了南海问题及相关新闻话语研究的现状，指出当前研究在独立性和客观性方面存在不足，特别是缺少对东盟非争端国南海政策的话语研究，以及对中国南海维权合法性和合理性的探讨。文章强调，从新闻话语视角分析南海问题对中国在南海领土争端中所面临的话语权问题至关重要。这种研究可以验证新闻话语理论，并丰富南海问题的研究方法和视角。研究者提出，利用新闻话语理论工具分析东盟媒体有关南海问题的报道，有助于中国应对南海领土争端中的话语权挑战。[①] 该文章为南海问题的新闻话语研究提供了新视角和方法，为中国在南海问题上国际话语权的提升提供了理论支持和实践指导。

文章 *Understanding National Identity Construction in China-ASEAN Business Discourse* 则专注于中国与东盟国家间商业话语中的国家身份构建。应用国际关系建构主义视角和批判性话语分析，该研究分析了中国和东盟国家主流媒体的商业新闻标题，揭示了双方如何在商业交流中构建对方的身份，以及话语和身份构建之间的相互影响。研究发现，中国媒体构建的东盟身份是积极和赞扬的，反映了其坚持邻国友好和友谊的外交政策。然而，东盟国家对中国的身份构建呈现出复杂多样的面貌。研究指出，这种话语展现和构建了国家身份，对国际关系的塑造具有深远影响。面对东盟国家构建的被动身份，中国需要构建清晰的话语理论，以在国际舞台上发出自己的声音，积极回应怀疑，构建和平、发展和友谊的形象。这篇论文不仅从理论上探讨了话语分析在国家身份构建中的作用，还通过分析具体的媒体报道，提供了关于中国和东盟国家如何在商业交流中塑造彼此形象的实证研究。通过对新闻标题中使用的语言和话语的分析，文章深入探讨了中国与东盟国家之间的相互认知和认同问题，以及这些问题如何影响双边关系的发展和理解。

---

① 毛家武，黄冬冬 . 新闻话语视角下的南海问题研究 [J]. 亚太安全与海洋研究，2017(04):30-39+122-123.

研究者试图展示中国和东盟国家在话语层面上如何塑造对方的国家形象，以及这些形象是如何反映和影响两者之间的关系和互动的。论文通过具体案例分析，提供了关于如何理解和解释中国和东盟国家之间的国家身份构建过程的见解。①

研究者通过分析不同媒体平台上的话语如何构建和反映中国与东盟国家间的关系，深入探索了这些关系在多种情境下的建构过程及其对国家身份认同的影响。这些研究揭示了话语在国际关系中的核心作用，尤其是其在塑造国家间互动和身份认知方面的重要性。这些学术探究表明，媒体话语作为构建国家间相互理解、共识和合作的关键工具，不仅反映了现有的国际关系格局，而且在塑造和重塑这些关系的过程中发挥着至关重要的作用。

五、“一带一路”面向东盟国家的话语传播

自“一带一路”倡议提出以来，中国与东盟国家间的战略传播在塑造国际话语权、推动区域合作和文化交流方面发挥着重要作用。中国的国家话语在“一带一路”背景下，通过经济、文化和政治多重语境的融合，呈现了独特的国际传播特点。东盟国家作为“一带一路”倡议的重要参与者和受益者，其媒体在报道此倡议时展现了多样化的态度和方法。赵婷婷的《东盟国家媒体视域下中国与东盟教育交流周新闻报道的话语研究》，彭芹的《话语视角下东盟媒体中的中国企业形象》，以及张瑶瑶的《东盟国家主流英文媒体关于“一带一路”倡议相关新闻报道的批评话语分析》分别从不同的角度探讨了东盟国家媒体中的中国形象，共同揭示了中国在东盟国家中作为教育和文化交流的促进者、科技创新的引领者以及区域经济合作的重要参与者的多维形象。

① YUAN Z min，LENG T yun，WANG H. Understanding National Identity Construction in China-ASEAN Business Discourse[J]. SAGE Open，2022，12(1).

赵婷婷的研究重点在于东盟国家媒体对中国与东盟教育交流周的报道。这项研究透过批评话语分析，揭示了东盟国家媒体在报道中所体现的多元关注点，涵盖教育、经济、旅游和技术等多个领域。这种报道不仅体现了东盟国家对中国在教育和文化交流方面作用的认可，也反映了双方在深化合作方面的积极努力。文章运用费尔克劳的三维框架模式，结合语料库分析，对东盟国家有关 CAECW 的英文新闻进行了定量与定性的分析。研究发现，CAECW 对东盟国家教育发展产生了深刻影响，东盟国家对此反馈较为积极。主题词分析显示，东盟国家对 CAECW 的关注不仅限于教育，还包括经济、旅游、数字科技等领域。特别是人才交流项目，如中国与东盟双十万人才交流计划，受到东盟国家的高度重视。此外，新闻报道中使用了许多正向色彩词汇，表现出对 CAECW 的积极态度。在新闻来源方面，大多数消息来自政府和专家学者，体现了新闻的权威性。报道中的直接引语主要来自积极参与 CAECW 的高校发言人，表达了对活动的支持和号召；间接引语则使用中肯的转述词，增加了新闻的真实性。从政治、经济、人文交流角度分析，东盟国家对 CAECW 的好评原因主要在于中国与东盟国家的多方面深入合作交流。赵婷婷的研究显示，教育交流是加强中国与东盟国家关系的重要桥梁，其中人才交流项目尤为关键。该研究还指出，东盟国家媒体在报道中国与东盟教育交流周时，采用了多种话语策略，包括积极的语言表达和对活动的深度解析，这反映了东盟国家对该活动的重视和期待。①

彭芹的研究则着眼于东盟国家媒体中华为公司的形象构建。这项研究深入分析了东盟国家媒体如何通过各种话语实践来塑造华为的形象。该研究以 2019 年 5 月至 2021 年 5 月期间东盟十国主流英文媒体对华为的报道

---

① 赵婷婷．东盟国家媒体视域下中国与东盟教育交流周新闻报道的话语研究——一项基于语料库的批评话语分析 [C]. 贵州省翻译工作者协会 2022 年年会暨“多彩文化、多种语言、多元传播”学术研讨会论文集．贵州大学外国语学院；2022:8.

为语料库，采用费尔克劳的三维批评话语分析方法。研究发现，东盟国家媒体为华为构建的形象主要集中于其技术创新、领先的信息通信技术、积极履行企业社会责任等方面。这些报道强调华为在全球信息通信技术领域的领先地位，表现出东盟国家对华为的积极态度和对其在科技发展、人才培养方面的认可。此外，华为在抗击新冠疫情中提供的技术支持也被媒体广泛报道。从话语实践层面来看，东盟媒体对华为的报道源多为华为内部管理者、技术人员及中国和东盟地区的专家学者，反映了媒体报道的客观公正性和中立友好态度。同时，也存在少量模糊消息来源的报道，这可能是媒体为了强化对自己国家有利的观点而采取的策略。尽管国际政治因素，特别是与西方国家的安全担忧对华为的形象构建产生了一定的影响，但彭芹的研究表明，东盟国家的媒体报道总体上对华为持正面态度。①

张瑶瑶的研究则专注于东盟国家媒体对“一带一路”倡议的报道，通过对东盟国家主流英文媒体的批评话语分析，张瑶瑶探讨了东盟国家如何理解和解读“一带一路”倡议。研究采用语料库驱动批评话语分析方法，结合定性和定量分析，以费尔克劳的三维话语模式为分析框架，分析涵盖文本、话语实践和社会实践三个层面，旨在深入挖掘东盟媒体对“一带一路”倡议的报道特点及其背后的态度和立场。研究发现东盟国家媒体普遍认为“一带一路”倡议对区域经济合作具有积极的价值，但各国在报道的重点和态度上存在差异。例如，老挝、文莱、柬埔寨和越南的媒体更加强调倡议的积极效果，而新加坡、泰国、缅甸和马来西亚的媒体则在肯定其积极效益的同时保持一定的怀疑态度。张瑶瑶的研究揭示了东盟国家媒体在报道“一带一路”倡议时的复杂性，这反映了东盟国家在评估与中国合作中的多元视角和利益考量。鉴于这些发现，作者建议中国政府和媒体更加积极地开展外宣工作，正确传播和解释“一带一路”的积极意图。同时，研究强调，媒体报道的话语是现实的一种表述，是意识形态传播的工具，

① 彭芹 . 话语视角下东盟媒体中的中国企业形象 [J]. 中国报业 ,2022,(24):122-123.

因此读者应采用批判性思维，以把握现实中的真相。[①]

总体而言，关于东盟国家媒体话语的研究共同展示了中国在东盟国家媒体中的多维形象。中国不仅是教育和文化交流的促进者，还是科技创新的引领者，同时在区域经济合作中扮演着重要角色。这些研究反映了东盟国家对中国及其企业和倡议的综合看法，包括正面评价和某些方面的担忧。这些研究为理解中国在东盟地区的影响力提供了宝贵的视角，同时也揭示了中国在国际传播和外交策略中需要关注的挑战和机遇。通过这些研究，我们可以更深入地理解东盟国家与中国之间在教育、技术、经济等多方面的交流和合作，以及这些互动如何塑造了东盟国家媒体中的中国形象。

在中国与东盟话语传播研究领域，现有的学术成果显著。研究主要集中在政治话语与国际地位、经济话语与贸易往来、文化话语与叙事策略、媒体话语与平台传播以及东盟国家话语传播等方面。通过综合分析政治声明、新闻报道、商业交流等多种形式的话语，研究揭示了这些话语在构建国家形象、推动经济合作、处理国际争议等方面的作用。

在政治话语方面，研究主要关注中国在东盟中的国际地位，以及中国如何通过话语传播来塑造其领导力和影响力。研究表明，中国通过多边外交活动、国际峰会和双边关系等途径，积极构建其作为区域合作伙伴和领导者的形象。经济话语方面的研究主要集中在分析中国与东盟的贸易往来及其在区域经济一体化中的作用。研究指出，中国通过经济话语强调其作为东盟国家重要贸易伙伴的角色，同时通过提供投资、贸易优惠和基础设施建设等方式，推动了双方的经济合作。文化话语与叙事策略的研究强调了中国在传播其文化价值和故事叙述中的作用。这些研究显示，中国通过文化交流活动、教育合作、旅游推广等方式，向东盟国家传播其文化价值观和历史故事，以此增进相互理解和文化亲近感。媒体话语与平台传播方

① 张瑶瑶 . 东盟国家主流英文媒体关于“一带一路”倡议相关新闻报道的批评话语分析 [D]. 广西大学 ,2022.

面的研究则聚焦于不同媒体平台上的信息传递方式及其对双方关系的影响。研究表明，中国利用传统和新兴媒体平台，如报纸、电视、社交媒体等，来传播其对东盟合作的看法和立场。在东盟国家话语传播方面，研究关注东盟国家如何在与中国的互动中构建和传播自身的话语。这些研究揭示了东盟国家在维护自身利益和身份认同时，如何通过话语来回应中国的政策和主张。

尽管现有研究在多个领域取得了显著成果，但仍存在一些不足之处。首先，跨学科视角和深层分析不足。现有研究往往局限于单一学科领域，缺乏跨学科视角，在深层的文化、社会结构和心理层面的分析相对不足，未能充分揭示话语传播在复杂社会和文化背景下的动态性和多维性。其次，话语权力和影响力分析不足。现有研究中对话语权力和影响力的探讨相对有限。缺乏对话语传播中权力结构、话语控制和信息解读机制的深入分析，尤其是在分析政治和经济话语时。再次，实证研究和案例分析缺失。对具体政治事件、经济合作和文化交流活动的实证研究和案例分析不够充分。这限制了对话语传播实践影响的全面评估和理解。最后，对新兴媒体和技术讨论不足。在数字化和全球化背景下，新兴媒体和技术在话语传播中的讨论相对不足，需要对社交媒体、在线平台等新兴工具的作用给予更多关注。

在未来的中国与东盟话语研究中，可从以下几个方面展开深化与延展。首先，应用跨学科方法论。未来的研究可采用跨学科的方法论，结合传播学、语言学、政治学、经济学、文化研究等领域的理论和工具。这种方法有助于研究者在理解话语构建、意义创建和文化互动方面更全面地理解话语传播在中国与东盟关系中的作用。其次，深入分析话语权力结构和文化差异。研究应更深入地探讨话语传播中的权力结构，包括谁有权在特定话语场域中发声，以及不同文化背景下话语是如何被理解和接受的。此外，考虑到东盟国家的文化多样性，研究应关注这些文化差异如何影响话语传播的有效性和接受度。最后，关注新兴媒体和技术的影响。随着新兴媒体和数字技术的发展，未来的研究需要关注这些新平台如何改变了中国与东盟间的信息交流和文化互动。特别是在社交媒体、网络平台和数字化传播工具方面，研究应探讨它们如何影响话语的构建和传播效果。同时，增强实证研究和具体案例分析。未来的研究应加强实证研究和具体案例分析，特别是对具体的政治事件、经济合作和文化交流活动进行深入研究。这些实证研究可以提供理论研究的实践基础，帮助研究者更好地理解话语传播的实际影响和效果。

综上所述，中国与东盟话语传播研究为理解和塑造双方关系提供了重要视角。未来的研究应致力于深化对话语传播在区域合作中的作用的理解，同时需要灵活应对全球化和数字化带来的挑战和机遇。通过这些努力，可以进一步促进中国与东盟国家之间的有效沟通和深入合作，共同推动区域稳定与繁荣发展。

（撰稿人：苏昕，复旦大学新闻学院 2023 级研究生）

中国与东盟传播人才研究

随着“一带一路”倡议的提出和中国与东盟全面战略伙伴关系逐渐深化，政府、企业和高校等各方合力推动中国与东盟传播人才的培养，本部分深入研究中国与东盟国家之间传播人才建设的重要性和发展趋势。通过对传播人才培养的多领域进行探讨，包括医学、媒体、体育、艺术、青少年交流、高等教育学科建设等领域，强调了传播人才在促进文化交流、推动共同发展以及提升国际形象与软实力方面的关键作用；通过深入研究新媒体时代的需求和互联网技术的发展，提出了传播人才需要紧跟时代步伐，善于利用新媒体工具的观点，以实现中国与东盟传播人才培养的可持续发展；并重点对华侨大学的品牌项目以及在华的东盟留学生进行案例研究，探索机构和个体传播者在中国与东盟人才交流方面的重要作用。

一、中国与东盟传播人才的研究背景

（一）国际传播人才建设的重要性与紧迫性

国际传播人才队伍的建设亟待加强，是当前全球化背景下的一个重要议题。随着信息技术的飞速发展和全球化进程的不断推进，各国之间的交流与互动变得更加频繁而复杂。在这一背景下，讲好中国故事、传播好中国声音成为中国在国际舞台上更好地展示自身形象、推动文化交流的关键。

然而，要实现这一目标，首要之务是构建一个具备高水平、多元化的国际传播人才队伍。

当前存在的问题是，国际复合型高端传播人才和东盟小语种高级翻译人才相对匮乏。这不仅制约了中国在国际传播中的表现，也影响到了中国文化在全球范围内的传播。因此，为了适应新时代国际传播的需要，亟须培养一批适应新形势，具备多语种、跨文化、外向型、国际化特质的复合型传播人才，以更好地推动中国故事的国际传播。①

国际传播的要求日益复杂，需要专门人才队伍的支持。在这一大背景下，强化队伍建设、培育专门人才成为迫切的任务。这不仅是为了满足国际传播的需求，也是为了推动中国文化更好地融入世界、为国家形象的传播提供更有力的支持。因此，在当前形势下，研究如何构建适应新时代国际传播需要的国际传播人才队伍，具有紧迫性和现实意义。

（二）中国与东盟传播人才建设的意义

中国与东盟国家拥有丰富多元的文化背景和传统，通过培养传播人才，可以促进两地之间的文化交流与相互了解，建立起更为紧密的友好关系，有助于促使更多合作机会的出现，为双方的经济、文化等领域的合作创造良好的环境。通过培养专业的传播人才，中国有望在东盟国家树立更为积极正面的国际形象。

中国与东盟国家之间存在着语言、文化等多方面的差异，传播人才的培养可以帮助更好地应对跨文化挑战。这包括对不同文化语境的理解，以及在传播中避免产生文化冲突，从而更好地适应和融入当地社会。通过传播人才的培训，可以促进中国与东盟国家之间的人文交流与教育合作，推动教育资源的共享，为双方学术交流搭建平台。

---

① 仲伟合，张清达．"一带一路"视域下的中国特色大国外语教育战略的思考 [J]. 中国外语，2017，14(05)：4-9.

随着新媒体的发展，传播手段变得更加多样和复杂。培养适应新媒体时代需求的传播人才，将使中国与东盟国家更好地利用互联网、社交媒体等平台进行信息传递，增进民众之间的沟通。

因此，中国与东盟传播人才建设不仅是双方合作的需要，也是推动整个地区合作与发展的关键一环。通过培养具备跨文化沟通能力、专业传播技能的人才，将为两地合作关系注入新的活力，促使更多领域的深入合作。

（三）培养跨文化传播者

新媒体的崛起标志着全球范围内信息传播方式的彻底改变。在这个信息交流日益频繁的时代，新媒体已成为连接世界各地的桥梁，推动了全球化的联系。在这个背景下，中国与东盟国家之间的跨文化交际也得以蓬勃发展。为了构建互惠互利的交际关系，应当充分认识到新媒体对于中国与东盟文化传播方面的重要作用。

新媒体技术的迅猛发展为文化传播提供了前所未有的机会。通过互联网、社交媒体、在线视频等平台，人们可以更轻松地接触到来自不同文化的信息。[①] 在新媒体时代，东盟文化传播不仅是一种文化间的单向传递，更是一种交流互鉴的过程。在东盟文化传播中，新媒体起到了桥梁的作用，帮助中国与东盟跨文化交际者更好地了解东盟民俗文化和国家礼仪。

东盟地区拥有丰富多彩的文化传统，而新媒体的使用为这些传统注入了新的活力。在这个过程中，我们应该注重的是东盟国家的民俗文化知识以及礼仪与禁忌。礼仪作为一种在长期社交活动中形成的行为规范，在东盟国家由于历史传统和宗教信仰等方面的不同而表现出较大的差异。各国的礼仪体系反映了其独特的文化背景，了解这些礼仪的差异有助于建立更

① 邱昊.新媒体技术环境下媒体传播影响力的整合营销——以云南对东盟的传播影响力整合营销为例[J].学术探索,2014,(06):79-83.

为深入的跨文化交往。

例如，在马来西亚，传统的礼仪要求用右手握手，左手在交往中被认为是比较忌讳的，头部在马来西亚文化中也是禁忌的区域，不允许别人随意触摸。泰国文化中，合十礼是传统的见面礼节。合十礼的高度取决于对方的社会地位，展示了社会等级在泰国文化中的重要性。此外，在参拜佛教圣地时要注意衣着得体，不可攀爬佛像。这些礼仪规范反映了泰国文化中对宗教和社会层级的敬畏。印度尼西亚人的姓名较为复杂，一般来说只能把他们的第一个姓作为称呼。新加坡的文化特色在于多民族的杂居，握手成为各民族共同认可的礼节。红双喜和蝙蝠是新加坡人喜欢的吉祥图案，分别用于婚庆和民间传统瓷器等装饰艺术。文莱的文化传统中，握手后会用右手轻轻触碰自己的胸前。由于文莱是君主制国家，黄色被视为王室的象征，在正式场合，普通人不能穿黄色的衣服。越南是一个多民族多语言的国家，注重礼仪和热情好客。握手是越南人见面的传统礼节，但头部和肩膀是忌讳的身体部位，不要触摸越南人的头部或肩膀。老挝人见面的传统礼节也是合十礼，但与泰国不同的是，老挝人的合十礼分为站合十礼、蹲合十礼和跪合十礼。柬埔寨传统的见面礼节为合十礼，其动作根据对方的身份不同而有所不同。避免讨论一些敏感的话题，如收入、财产等，也是柬埔寨文化的一部分。①

新媒体的快速发展使得中国与东盟跨文化交际者能够更广泛地获取信息，了解不同国家的文化和社会习俗。通过社交媒体、在线视频和博客等平台，中国学者可以深入了解东盟国家的风土人情，促进文化交流。在这个过程中，新媒体不仅是信息的传播者，更是文化的传播者，成为中国与东盟跨文化交际的纽带。

全球化进程的推进使得国与国之间的交流变得日益广泛，各国文化相互交融，在这个过程中逐渐实现融合。跨文化交际者需要充实自己，使自

---

① 梁毅．中国与东盟语境下跨文化人的形成研究 [J]. 英语广场，2018,(08):67-68.

已成为具有超越任何一种文化的“第三文化人”或称“跨文化人”或“多文化人”。[①] 跨文化人首先要通过适当的媒介主动了解目标文化，并以包容的态度认同目标文化。通过对多元文化的整合，跨文化人构建起能够弥合不同文化鸿沟的“第三文化”，使其能够更好地避免文化冲突，并以和谐的方式在多种文化之间游走。所构建的“第三文化”实际上是一种共性文化，具有更高的包容度，能够通过对多元文化的包容与认同来寻找人类文化的同一性，从而缩小不同文化之间的差异性。跨文化交际者首先需要有机会接触所要了解的文化，并通过自我调适来接受和认同，才能更好地展开跨文化交际。

随着信息技术的发展，新媒体为跨文化交际者提供了更好的平台来了解国外文化。跨文化人不仅熟悉自己的母语和文化，还通过新媒体了解异国他乡的风土人情，使得对文化的认知更加深入。在无法亲自到访东盟国家体验其文化的情况下，中国与东盟跨文化交际者应该增强文化意识，通过新媒体来了解东盟十国的民俗礼仪。[②] 新媒体的数字化技术使得东盟文化的传播更加生动形象和语境化。全球网络作为计算机和现代通信技术的载体，使数字化传播更为普及。数字化、网络化的新媒体具有更好的互动性，各种新媒体平台使中国与东盟跨文化交际突破了时空的限制，为跨文化人的形成提供了必要的环境。[③]

二、中国与东盟重点领域的传播人才建设

（一）中国与东盟医学传播人才建设

中国依托“一带一路”医学人才培养联盟、医院合作联盟、卫生政策

① 段春云 . 论跨文化交际心态的转变 [J]. 西安外国语学院学报 ,2000,(03):70-73.

② 戴晓东 . 解读跨文化认同的四种视角 [J]. 学术研究 ,2013,(09):144-151.

③ 梁毅 . 中国与东盟语境下跨文化人的形成研究 [J]. 英语广场 ,2018,(08):67-68.

研究网络、中国—东盟健康丝绸之路人才培养计划（2020—2022）等，为共建国家培养数万名卫生管理、公共卫生、医学科研等专业人才，向58个国家派出中国医疗队，赴30多个国家开展“光明行”，免费治疗白内障患者近万名，多次赴南太岛国开展“送医上岛”活动，与湄公河流域的国家、中亚国家、蒙古国等周边国家开展跨境医疗合作。新冠疫情暴发以后，中国向120多个共建国家提供抗疫援助，向34个国家派出38批抗疫专家组，同31个国家发起“一带一路”疫苗合作伙伴关系倡议，向共建国家提供20余亿剂疫苗，与20余个国家开展疫苗生产合作，提高了疫苗在发展中国家的可及性和可负担性。中国与14个共建国家签订传统医药合作文件，8个共建国家在本国法律法规体系内对中医药发展予以支持，30个中医药海外中心投入建设，百余种中成药在共建国家以药品身份注册上市。①

高校层面，中国与东盟公共卫生科技合作中心由北京大学牵头、联合国内外多家机构共同建设，于2023年揭牌成立。该合作中心旨在通过开展联合研发示范项目、实施人才培养和互访计划、建设数据资源管理平台、成立联合专家组等多方式，构筑中国与东盟公共卫生科技合作平台，促进中国与东盟国家的公共卫生技术合作，保障公共卫生安全和人民健康。该中心建设内容包括：建立一套中国与东盟公共卫生科技合作制度和机制、产出一批中国与东盟公共卫生科技合作成果、培养一支中国与东盟公共卫生科技合作队伍、建设一个中国与东盟公共卫生数据和人员交流平台。

（二）中国与东盟视听领域人才建设

近几年来，中国和东盟各国切实推动和加强了新闻交换、节目制作与营销等重点领域的交流合作。2008年，一部由中国、柬埔寨、缅甸、泰国、

① 中华人民共和国国务院新闻办公室．共建“一带一路”：构建人类命运共同体的重大实践 [N]. 人民日报 ,2023,(10).

老挝、越南 6 国电视台共同合作的大型纪录片《同饮一江水》分别在 6 国播出，引起了很大反响，同时也开创了中国与东盟国家电视合作的范例。2008 年 4 月，中国和东盟十国一致通过了《中国与东盟广播电视高峰论坛北京声明》，这进一步推动了中国与东盟国家在电视领域的交流合作。2009 年 10 月，中国与东盟电视交流论坛在广西南宁举行，论坛就中国和东盟各国电视业发展的政策与现状、电视媒体如何应对新媒体的竞争、中国与东盟国家电视领域国际合作展望等议题展开了讨论，为中国与东盟国家电视界的交流合作和发展提供支持。2009 年 10 月，由中国国际广播电台、广西电台对外广播联合开办的中国首个区域性国际广播频率——“广西北部湾之声”在南宁正式开播，广播设有粤语、普通话、越南语、英语、泰语等多种语言。2010 年 1 月，广西电视台国际频道正式开播，该频道开设多个栏目和电视剧场，重点打造《中国与东盟新观察》新闻资讯节目，为中国与东盟自由贸易区提供权威、及时的新鲜资讯。[①] 据统计，在柬埔寨国家电视台播放的影视节目中，来自中国的剧目占到了六成左右。广西电视台与老挝国家电视台、越南数字技术电视台分别签署了电视节目交流协议和合作意向书，根据协议，老挝国家电视台第三频道将从 2010 年 1 月 1 日起开设《今日广西》栏目，内容由广西卫视提供；越南数字技术电视台将接收并在越南全境播出广西卫视节目，实现部分电视节目在越南全境落地。

新闻方面，虽然越南电视台没有单独播放中国的新闻频道，但是采用中国电视台新闻资源的较多。另外，越南胡志明市电视台有个别频道是完全用汉语播放的。经济的快速发展和中国与东盟各国合作的日益加深，促使了东盟广播电视业走向市场化。为满足观众不同的需求，与竞争对手争夺收视率和广告，东盟各国正在努力通过各种方式和国内外的机构合作以提升竞争力、提高收视率。同时，竞争也使得东盟各国逐渐放松对国外节

① 雷盛廷 . 广西电视台国际频道的定位策略 [J]. 传媒 ,2015,(03):47-49.

目的控制，这在一定程度上促使广播电视产业的发展繁荣。有专家预测，今后中国与东盟国家将在演艺、展览、影视、音像、艺术品、出版物等传统领域，以及动漫、网络游戏等新兴领域有广阔的合作前景。

中国与东盟在传媒领域注重文化多样性，达成众多合作，同时强调视听领域产业链各环节人才培养交流。近年来，国家广播电视总局面向东盟国家媒体人员先后承办了中联部、商务部、外交部等多个机构的国际研修项目和专项培训班，培训主题涵盖媒体融合发展、节目制作与营销、新媒体技术、新闻与传播、政党能力建设等多个领域，媒体合作交流效果显著。接下来，通过进一步完善培训交流机制，在尊重文化多样性基础上，丰富中国文化主题培训等举措，对东盟国家媒体相关专业人才加强培养交流，促进节目联合制作、文化产品传播交易、技术标准规范应用等方面交流合作，提升中华优秀传统文化和中国合作共赢发展理念在东盟国家的影响力，进一步达到互通共融效果。另外，亟须加强包括泰语、印尼语、马来语、越南语等小语种视听内容译制人才的培养，可通过将相邻地区教育资源与语言人才优势相结合，培养影视译制人员等措施，健全视听内容译制人员队伍。①

（三）中国与东盟青少年传播人才建设

立足新时代，着眼东盟国家和“一带一路”建设，如何更加有效地拓宽青少年科普国际交流与传播的途径，提升科学传播的国际影响力，是一个值得研究的重要课题。

“天宫对话——神舟十四号航天员乘组与东盟青少年问答”活动于2022年11月1日以线上线下方式成功举办。本次活动在中国外交部和中国载人航天工程办公室指导下，由中国与东盟中心和世界知识出版社共同

---

① 陆正宁、王韫熙、吉燕等.统筹面向东盟的国际传播资源 打造视听国际传播“广西枢纽”[J].中国广播电视学刊，2023,(05):18-22.

主办。活动在北京设主会场，在文莱、马来西亚、缅甸、菲律宾、泰国、越南等东盟多国设分会场，近千名青少年参与。“天宫对话”为中国与东盟青少年共同探索宇宙的奥秘提供了一次难得的机会，也再一次凸显了双方对青年交流的高度重视。活动举办当天恰逢梦天实验舱与空间站组合体完成交会对接，中国天宫空间站建造进入收官阶段。在对话过程中，陈冬、刘洋、蔡旭哲三位中国航天员不但悉心解答了中国与东盟青少年的提问，还为青少年们传递了来自太空的鼓励。① 外太空是人类共同的财富，航天事业也是人类的共同事业。中国与东盟在空间技术应用、通信卫星等方面开展了密切交流与合作。太空成为中国与东盟合作的新领域。此次活动不但是中国对“全球共享太空”理念的一次践行，与东盟国家共享航天发展成果，更为双方未来共同探索与开发外层空间埋下了人才的种子。

刘菁从 6 个方面探讨青少年国际科普交流与传播的融合创新途径，分别为：以中国与东盟博览会为契机，采取多维度融合创新模式，拓展青少年科普国际交流与传播的途径，提升科学传播的影响力；通过政府职能部门搭建高端青少年国际科普交流平台，采取“中心 + 基地” 的模式，拓展青少年国际科普交流与传播的途径，提升科学传播的影响力；采取“文化 + 科技”相融合的模式，拓展青少年科普国际交流与传播的途径，提升科学传播的影响力; 强化品牌建设, 采取“国内科普品牌 + 青少年科普国际”模式，积极融入 “中国与东盟”和“一带一路”元素，拓展青少年科普国际交流与传播的途径，提升科学传播的影响力；采取“线上 + 线下”模式，深化线上主题科普内容，多渠道拓展青少年国际科普交流与传播的途径，提升科学传播的影响力; 以科普项目作为支撑, 采取“技能培训 + 专题研讨”模式，通过核心受众，拓展青少年国际科普交流与传播的途径，提升科学

① 亚太传播 .2022 年中国与东盟合作十大新闻 [N]. 中国与东盟报道 ,2022.

传播的影响力，为推动青少年科普国际合作与发展提供了建议和参考。①

（四）中国与东盟语言人才建设

在语言定位上，虽然不少媒体开设了英语或越南语、泰语等东盟国家当地语频道或版面，但这些外文平台资源并未得到很好利用，李星驰发现广西东盟主题网站存在外文网页沦为“僵尸网页”的现象，传播的是一些非时效性的公告类或介绍类的信息；此外，一些以小语种符号形式呈现的内容仅仅是对汉字报道的翻译，从事外文内容生产的是国内以汉语为第一语言的人，存在汉语式思维问题，跨语言传播主体“仍然会以自己原来语言所具有的文化特性去概括被转换语言的文化特性”。② 一些研究者认为对外媒体发展存在专业人才缺乏问题，黄耀东等发现广西电台小语种人才出现断层现象，提出“东南亚语种人才储备不足，急需加强人才培训”；③ 蒋黎指出广西对外传播媒体存在人才配备不足、人才素质不高以及人才吸引力较弱等问题。④ 虽然有些媒体也聘任了外籍人员，但其比例整体上不高，工作内容和参与程度也有诸多限制。语言人才不足导致了国内媒体对东盟传播形成了以华文、英文为主体的格局。

2022 年 11 月 12 日，中国与东盟语言服务协同创新中心在南宁成立，该中心面向东盟，培养跨学科复合型翻译及大数据应用人才，为中国与东盟经贸合作提供服务支撑⑤。当日，广西科学院、广西社会科学院、广西大学、广西人才学会、中国与东盟经贸中心等多家单位，与中国与东盟语言服务协同创新中心签订战略合作协议，将梯次培养精通国际化语言的技

---

① 刘菁 .“一带一路”背景下中国与东盟青少年科普国际交流与传播途径研究 [J]. 广西教育学院学报 ,2022,(04):97-103.

② 李星驰 . 广西东盟主题网址建设及其对外传播现状研究 [D]. 广西大学 ,2016.

③ 黄耀东 . 广西媒体与中国—东盟合作 [J]. 学术论坛 ,2011,34(02):174-178.

④ 蒋黎 . 广西电视台东盟传播能力建设研究 [D]. 广西大学 ,2015.

⑤ 中国与东盟语言服务协同创新中心在广西民族大学成立 [J]. 翻译史论丛 ,2022,(02):180.

能型、管理型人才，共同建设中国与东盟语言翻译中心，着重在经贸合作、项目引进、市场拓展、跨国技术转移交易等方面，为中国和东盟企业提供服务，构建互利共赢的跨境产业链、价值链、供应链。下一步，该中心将把越南、泰国、缅甸、老挝、柬埔寨、马来西亚等东盟非通用语种与现代计算机翻译技术结合起来，从而在多语种大数据方面与各类机构加强协作，以语言创新服务在多领域开放合作形成成果。通过政产学研联合，培养跨学科、大视野、高格局的复合型翻译人才及大数据应用型人才，更好地服务“一带一路”倡议。

（五）中国与东盟体育传播人才建设

体育是人类共同的语言，健康是人类共同的追求，建设人类健康命运共同体是各国体育健康事业交流互鉴的共同目标。30 年来，中国同东盟开展了丰富多彩的体育交流活动，签署 24 份体育合作文件，互派运动队参加在对方国家举办的国际比赛，开展教练员交流、共同训练和体育人才培训等合作。自 2006 年起，中国与东盟国际汽车拉力赛成功举办 13 届。①2021 年 4 月，成立中国与东盟武术联合会，并于 10 月至 11 月举行首届中国与东盟太极拳网络大赛。中国广西等邻近地区也同部分东盟国家签署体育合作协议，举办“太极一家亲”“中国与东盟武术节”等活动。②

2023 年 11 月 17 日首届中国与东盟国民体质与健康促进国际学术会议在浙江宁波开幕，来自东盟 10 国的体育部门公务人员、体育科研专家以及国内业界代表等近 200 人参加会议，增进中国与东盟各国在国民体质与运动促进健康领域的交流合作，以体育合作为契机，共建“运动促进健康一带一路”。

---

① 李明达 . 公共外交视野下体育赛事的传播策略研究 [D]. 广西大学 ,2014.

② 中华人民共和国外交部，中国与东盟合作事实与数据 :1991-2021[EB]. https://www.mfa.gov.cn/web/wjbxw_new/202201/t20220113_10492205.shtml，2021 年 12 月 31 日 .

（六）中国与东盟文艺传播人才建设

1. 发挥广西文化接近性的区位优势

东盟国家和中国广西的地理环境接近，甚至生活习惯也相似，以广西作为平台，中国广播电视在东南亚各国进行传播的过程中出现了许多契合的地方，实现了文化心理的接近性，而这一点在跨文化传播中尤为重要，因为人们能从中感受到似曾相识的东西，在心理上更乐于接受和认同。在生活习俗方面，东盟国家和广西由于同处亚热带地区，气候比较炎热，服饰打扮有许多相似的地方。在饮食习惯上，东盟国家和广西也有很多相似的地方，如比较喜欢吃生冷酸辣的食品等。在文化方面，受东方文化尤其是儒家文化的影响，大部分东南亚国家信奉佛教；同时，东南亚也是华人聚集的地区，东南亚各国的文化、礼仪习俗深受中华文化的影响，一些古装剧如《西游记》《水浒传》等在东盟各国受到欢迎。在语言方面，有很多共通之处，比如越南和广西边境接壤的居民的语言是互通的，越南语、泰语中很多的发音也和广西的壮语相近，比如，在日常生活中提到的米、饭、酒、菜等发音基本类似。据相关资料显示，壮语和泰语的相通部分可达到三分之一左右。① 东南亚国家较多的华人华侨也精通粤语和汉语。在东南亚各国的广播电视中，多使用华语播放。社会文化及心理的共同性使得同一区域的不同国家之间的交流更为容易和有效，这促使中国广播电视在东南亚各国的传播中得以顺利进行。

广西是中国与东盟开放合作的前沿和窗口，有着独特的地缘、人缘、文缘、商缘、友缘优势。中央赋予广西“构建面向东盟的国际大通道，打造西南中南地区开放发展新的战略支点，形成‘一带一路’有机衔接的重要门户”三大定位的新使命。广西是古代海上丝绸之路的发祥地之一，也是我国面向东盟开放合作的前沿地带和重要门户。同时，民心相通工程是“一带一路”建设中“五通”的重要内容之一，其中以文化艺术为主要内

① 农雪明 . 东盟框架下的广西语言生态发展 [J]. 中北大学学报 (社会科学版),2015,31(05):6-9.

容和形式的中国传统文化的国际传播与对话是“民心相通”工程的关键，中国文化艺术的对外传播与中国文明的主体性建构是前提。

2. 广西的艺术文化建设成果

属于全国省属 6 所综合性艺术院校之一的广西艺术学院于 2011 年获批准成立了“中国与东盟传媒艺术研究中心”，[①] 该研究中心以与东南亚各国的传媒交流合作为平台，以文化艺术交流和研究及公益性宣传推广为目的，立足目前广西的区域优势，率先与东盟各国进行传媒艺术方面的研究。

创办于 1993 年的广西国际民歌节，如今发展为一年一度的 “广西南宁国际民歌艺术节”，服务于中国—东盟博览会，成功开启了中国与东盟文化合作的新篇章，也成为广西与全国各地、世界各地文化交流的文化品牌和重要平台。此外，广西壮族自治区文化厅每两年举办一届的“红铜鼓中国—东盟艺术教育成果展演”列入中国—东盟文化论坛配套活动，包含舞台艺术类教育成果展演专题晚会、学生优秀美术作品展、艺术教育优秀论文、艺术教育优质课堂四个部分。活动不仅能促进各国之间的文化交融，而且加深了人民之间的情谊，有助于提升国家与国家之间的欣赏与信任。

3. 跨境舞蹈人才培养的对策和方案

广西有壮、汉、苗、瑶、侗等 12 个世居民族，拥有丰厚的民族文化资源及毗邻东盟的跨文化交流优势，广西艺术学院结合自身发展特点，针对地方优秀传统艺术融入地方高校音乐舞蹈课程教学不足，学生文化传承与创新能力偏弱等问题，历经 13 年的研究与实践，探索“民族 + 东盟”双特色音乐舞蹈人才培养路径，培养既能够展示和繁衍本土艺术，又能演绎东盟艺术的创新实践型人才，为服务地方文化建设，赓续中华民族文脉，构建中国与东盟命运共同体贡献力量。

对于跨境舞蹈人才培养方案与对策，高旭提出要建立多维度的人才培

---

① 中国与东盟传媒艺术研究中心 [J]. 新闻知识 ,2014,(03):2.

养模式的对策，确立“跨境舞蹈”人才培养教学目标，建设东盟舞蹈课程，拓展教学中的跨文化语境。同时要搭建多方面的双边交流平台的方案，通过教学合作践行跨境舞蹈教育，通过创演合作推进跨境舞蹈作品展演活动，通过研讨合作开展跨境舞蹈理论研讨，从而培养国际化的舞蹈人才并打造面向东盟的艺术开放门户。①

（七）中国与东盟数学教育人才建设

“中国—东盟数学教育 2022 论坛”于 11 月 21—22 日以线上线下结合的方式在兴义民族师范学院举行。此次论坛以“民族文化融入数学教育：理论与实践”为主题，旨在讲好中国优秀传统文化故事，分享民族文化融入数学教育的经验及做法。碰撞民族数学智慧的火花，共同探讨中国与东盟国家数学教育发展的有效路径，促进中国与东盟国家教育发展，促进世界各国文化互通互鉴。来自澳大利亚、新加坡、马来西亚等国外大学学者及国内数学教育研究人员、高校师生、中小学数学教师约 5 千余人参加会议。大会聚焦民族数学教育改革与发展，围绕“少数民族数学教育现状与特点”“民族文化数学教学资源挖掘提炼”“民族文化融入课堂教学”等进行深入交流、研讨，取得了丰硕成果，进一步明确了后续研究方向。

大会报告中，澳大利亚悉尼科技大学张成奇教授、马来西亚城市大学 Subaidah Tbi 教授、西南大学陈婷教授、兴义民族师范学院彭光明教授，分别从数学学理论的高度、学生数学学习的角度、民族数学教育发展的热度和民族数学教育实践研究的维度，对数学教育研究的热点问题及未来发展趋势进行了分析和展望。

在专题报告中，惠灵顿（英国）国际学校李旭老师介绍了国际数学教育最新进展以及中新两国教育改革的异同；云南德宏师范高等专科学校周长军、贵州师范大学杨孝斌、凯里学院张和平、兴义民族师范学院孙健等

① 高旭 .“一带一路”跨境舞蹈人才培养探究 [J]. 当代音乐，2019,(08):141-142.

聚焦民族文化元素挖掘、提炼、分享了民族文化融入教育教学研究的经验。展示课上，兴义市阳光小学梁峻雪、兴义市第六中学刘兴凤、兴义市第三中学胡顺敏三位老师分别以小学、初中、高中教学内容为例，展示了民族文化融入数学课堂教学的实施过程。此次论坛展示了具有特色的中国民族文化融入数学教育研究成果，加深了东盟国家对中国民族数学教育的了解，进一步拓展和深化了中国与东盟成员国在数学教育研究方面的合作，推动了少数民族地区数学教育的国际化发展，提升了中国数学教育的影响力。澳大利亚澳中文化教育交流中心主任蒋凡博士在致辞中指出，兴义民族师范学院开展的布依文化融人数学教育实践研究与“STEM”教育理念一致。[①]布依文化融入数学教学，将枯燥的数学理论教学与丰富多彩的民族文化相结合。使数学教学变得更加生动有趣，有利于学生更生动的学习数学知识。同时了解民族文化，提高学生学习兴趣。培养学生的创新创造能力和探索能力，在学生快乐学习的同时，使民族传统文化得到更好的传承。

（八）中国与东盟新闻传播学教育人才建设

2019 年 7 月 6 日，“2019（首届）中国—东盟传媒与新闻传播教育国际研讨会暨中国—东盟新闻与传播学院院长（系主任）论坛”在广西大学新闻与传播学院融媒体中心举行。来自菲律宾、老挝、马来西亚、文莱等 8 个东盟国家的 14 位新闻传播院系的院长或系主任与广西大学、华中科技大学、复旦大学、厦门大学等中国知名高校的专家齐聚一堂，就“传媒与中国—东盟社会发展及命运共同体构建，中国—东盟国家新媒体发展及未来走向，中国与东盟国家新闻传播教育与人才培养，中国与东盟国家新闻传播院系教学与科研合作”等议题分享研究成果，探讨互联网形势下各国

① 讲好民族文化教育故事传播民族数学教育声音——中国与东盟数学教育 2022 论坛 [J]. 兴义民族师范学院学报，2022，(06)：2.

传媒业发展现状及新闻教育所共同关心的问题。①

2023 年 10 月 14 日，2023 中国与东盟传媒与新闻传播教育国际研讨会在广西大学新闻与传播学院成功举办。广西大学新闻与传播学院院长王仕勇在开幕致辞中表示，2010 年，“中国与东盟文化产业（传媒）人才培养基地”项目正式落户广西大学新闻与传播学院。② 近年来，学院与越南等东盟国家合作培养本科和硕士留学生；2018 年 6 月，时任广西大学新闻与传播学院院长郑保卫教授，曾率代表团访问老挝、越南、马来西亚等国，与这些国家的主要媒体及新闻传播院系就传媒发展、新闻传播院系建设，双方科研和人才培养方面的交流与合作等，进行了深入探讨；学院成立了东盟传媒及中国与东盟区域传播研究中心，就中国与东盟传媒合作、中国与东盟命运共同体建设路径、跨文化传播、教育减贫、民心相通、人文交流合作等开展研究。王仕勇表示，期望把研讨会办成交朋友、促对话、共商中国—东盟传媒与新闻传播教育发展的重要平台。

三、中国与东盟传播人才的建设案例

（一）华侨大学人才培养品牌项目

1. 华侨大学华文教育品牌的创办契机

海外华文教育是传承中华优秀文化、促进中外文化交流、保持民族特色的根本保证，也是侨务工作中一项具有战略意义的基础性工作。华侨大学办学宗旨是“为侨服务、传播中华文化”，两个校区分别位于中国东南沿海的侨乡—— 泉州市和厦门市，具有得天独厚的与东南亚国家合作的优势。因此华侨大学加强建设泰国汉语人才培养的品牌项目，推动当代高校

① 易文、罗书瑾．“2019 年首届中国与东盟传媒与新闻传播教育国际研讨会”会议综述 [J]. 文化与传播 ,2019,8(05):106-108.

② 蔡东海 .2023 中国与东盟传媒与新闻传播教育国际研讨会成功举办 [N]. 中国日报网 ,2023.

华文教育转型，是顺应时代发展的需要，也是响应国家战略方针和全方位推进中国与东南亚国家在教育与文化方面交流合作的重要举措。华侨大学抓住历史性发展机遇，建立起全方位的华文教育体系，为华文教育增添了新亮色。例如，华侨大学推出的“外国政府官员中文学习班”项目已经成为海内外备受瞩目的华文教育品牌（下文详述）。

2.“华文教育·华校校长”研习班

2023 年 7 月 22 日，由国务院侨务办公室主办，华侨大学承办的“华文教育·华校校长”研习班在厦门校区拉开帷幕。本次活动吸引了来自 27 个国家，包括泰国、老挝、缅甸、马来西亚、印度尼西亚、文莱、法国、意大利、德国、英国、西班牙、斯洛伐克、毛里求斯、牙买加、新西兰等国家的近 90 位海外华校校长及管理人员参与。

在仪式上林宏宇副校长简要介绍了华侨大学的建校初心、办学宗旨以及发展历程。来自法国的小熊猫学校校长罗坚表示对华侨大学精心组织的海外华校校长研习平台表示感谢，并对本次研习充满期待。她提到，在过去的 3 年中，通过参与华大承办的云端华校校长研习班与华文教师培训课程，她受益匪浅，不仅提升了教学素养，还找到了华校管理的新思路。

来自马来西亚槟城中华公学的校长巫青春表示，她已是第三年参加由华大承办的研习班。受到去年华大推出的华校品牌和华校营销价值开发线上课程的启发，她在华校内建立了一间“创客室”，为学生研发高科技产品提供支持，激发了学生的科技发明热情，学生作品在今年 6 月的马来西亚全国学校研发产品比赛中取得了佳绩。她希望通过本次线下研讨的机会，与各华校校长深入交流，共同分享华校建设与华文教育的智慧和经验。据悉，此次研习班为期 10 天，华侨大学精心策划了一系列培训课程，邀请了一批校内外熟悉海外教育、经验丰富的师资团队。培训内容涵盖了“海外华文教育与中华文化传承”“新时代海外华校校长领导力分析”“海外华校的营销价值开发与传递”“建设长青的华校品牌”“海外华校教学质量管理”“海外华文教师培养与职业发展”“创新教学方法在海外华校的应用”七大专题，并首次引入高情商领导力训练课程，增设了中医保健、儿童心理学、中国当代国情发展教育等新领域的课程。此外，为了促进经验分享，研习班还特邀国内中学资深校长分享学校管理经验。①

3. 外国政府官员中文培训班

黄志浩和郭艳梅认为，培养国际汉语人才是国家大势所趋，也是历史发展的必然。② 语言是交流与合作的基础，学习语言与学习文化不可分割。在中国与东盟国家来往更加紧密、合作更加深入的背景下，培养精通汉语语言与中国文化的人才变得极其重要，华侨大学创造性开设了外国政府官员中文培训班。

2005 年，受泰国国防部委托，在中国政府相关部门支持下，华侨大学成功启动了“泰国国防军官中文学习班”项目。这是一批特殊的学员，他们是来自政府多个部门的精英，年龄趋于年轻化，素质高，精力旺盛。如果说中国国家汉办在泰国设立的众多孔子学院采用的是自下而上的培养方式，那么泰国国防军官中文学习班则是自上而下的培养汉语人才方式，在泰国产生了巨大的反响。2006 年该项目更名为“泰国政府官员中文学习班”，学员类别从泰国国防部扩展到泰国国会、外交部、卫生部、司法部、内政部、农业部、教育部、审计总署、交通部和泰国银行等多个政府部门。2011 年华侨大学根据国务院侨办指示，将“泰国政府官员学习班”项目拓展为“外国政府官员中文培训班”，新增了来自印尼和菲律宾等国家政府部门的学员。在 2015 年庆祝外国政府官员中文培训班成立十周年活动时，该项目负责人赵明光表示下一届学习班中将新增马来西亚、柬埔寨和苏里南的政府学员。现在泰国虽然有上千个大大小小、种类繁多的汉语培训班，但是专门针对政府官员进行中文培训，该项目无论在中国还是在泰国都是独一

---

① 张皎皎，苟嘉潞，王燕子．27 国近 90 名海外华校校长齐聚华侨大学 研习华校品牌与营销管理 [EB]. https://www.hqu.edu.cn/info/1067/672533.htm，2023 年 7 月 23 日．

② 黄志浩，郭艳梅．打造培养传播中国文化人才的知名品牌——以华侨大学泰国品牌项目为例 [J]. 品牌，2015,(08):44-45.

无二的创新品牌项目。外国政府官员中文培训班历经十年的沉淀，共为泰国、菲律宾、印度尼西亚等国家培养政府部门高级汉语人才五百多人。在外国政府官员中文培训班毕业的学员，回国后在自己的岗位上，逐渐成为所在国政府在经济、文化、教育和外交领域的中坚力量。随着中国与东南亚国家，尤其是与泰国关系的全面提升，培养高级汉语人才变得越来越重要，这些高级汉语人才为促进所在国与中国发展友好关系中发挥了积极的作用。外国政府官员中文学习班是华侨大学首创，它以高级汉语人才培养为目标，探索中国高校与东南亚国家教育交流合作的新模式，成为享誉东南亚的华文教育和侨务公共外交经典品牌。

4. 中泰战略研讨会

中泰关系的快速发展，也推进了学术理论对中泰关系的深入研究。一年一度的中泰战略研讨会是由华侨大学、中国东南亚学会、泰国国家研究院、泰中文化经济协会联合主办，聚集了来自中国、泰国、美国、新加坡，以中国台湾和香港地区的百余名专家学者、政府官员，他们以专业视角为中泰战略合作出谋划策。[①] 中泰战略研讨会从 2012 年到 2015 年，在泰国曼谷和中国华侨大学轮流举办了四届。大会主题从 2013 年的“中国与东盟共创繁荣：中国东盟合作框架下的中泰关系”，到 2014 年的“2015 年中国与东盟关系的现状与展望”，再到 2015 年的“21 世纪中国与东盟命运共同体构建”，每年的议题紧跟时代的发展，专家们提供有价值的、具有前瞻性的咨询参考和理论分析。中泰战略研讨会搭建了一个研究中泰关系的高端学术平台，作为会议的重要成果，每届研讨会出版论文集两卷，研究范围扩展到“21 世纪海上丝绸之路”与华侨华人、中国与东盟自贸区升级版建设、传统和非传统安全领域合作、贸易、投资与金融、交通、科技、农业、海洋和环境、旅游、公共安全、文化与教育交流等多个领域。2015 年为表

① 第二届中泰战略研讨会在华侨大学厦门校区召开 [J]. 华侨大学学报（哲学社会科学版），2013，(04)：2.

彰华侨大学在人才培养和学术交流等方面为加深泰中友谊所做的贡献，泰国国王普密蓬·阿杜德授予华侨大学校长贾益民“一等泰皇冠勋章”。

（二）在华泰国留学生

1. 来华留学生的重要性

随着对外经济、文化、教育等各个领域的交流与合作愈加频繁与紧密，个体传播者在传播中国文化中所起到的作用应该得到足够的重视。多年来，以教育为“媒”，中国与东盟国家的人文交流越来越深入广泛，学生流动和教育领域人员往来更趋频繁。2021—2022 学年，东盟国家留学生约占来华留学生总人数的 30%。中国与东盟国家地缘相接，民风相近，近年来在东盟博览会的推动下，在“一带一路”倡议提出后，中国与东盟国家在教育领域的合作与交流进一步深入。留学生已经成为面向东盟国家讲述中国故事，传播中国文化的一支新兴力量，其作用不容小觑。

2. 个体传播者存在的问题

杨开雨进行了一项针对 40 名中国赴泰国留学的泰语专业大学四年级学生的调查，发现个体传播者在进行跨文化传播时的一些较为突出的现象。首先，传播者缺乏文化自觉，中国留学生有极大的热情对外传播中国文化，接近 80% 的学生表示“愿意向泰国人传播中国文化”，但超过三分之一的学生认为自己并“不太了解”中国传统文化。这在一定程度上反映了学生对本民族文化缺乏深层次的了解，文化自觉不足。缺乏对历史文化知识的了解，就难以从我国灿烂优秀的五千年历史文明和文化精髓中汲取养分，更难以对中国的核心思想和核心价值进行传播和讲述。除此之外，传播者的跨文化意识和跨文化能力不强，在参与调查的学生中，只有 25% 在前往留学国家之前对其文化进行过主动了解，对于两国文化之间的差异，表示“很理解”的学生不到半数。传播者须对他国文化有较深的了解，对两国文化之间的差异有较为敏感的意识，并且具备一定的跨文化沟通能力。①只有了解他国的禁忌与偏好，能够根据实际情况确定讲述内容，选择讲述方法，才能实现有效的跨文化传播。对他国文化不了解，不能很好地理解两种文化之间的差异，所带来的直接后果便是跨文化冲突或是交际中断，不利于跨文化传播的顺利进行。

3. 泰国留学生谢淑贞的跨文化传播经历

来自泰国的谢淑贞（Sukanya SEREENONCHAI）是一名在华留学生。②六年前，带着对汉语的热爱以及对祖先故乡的好奇，她只身来到中国求学。毕业后谢淑贞回到泰国，成为一名从事环保研究的学者。“获得博士学位奖学金和研究经费是一次有价值、有意义和富有成果的经历，这对于我目前从事的职业非常有帮助。”谢淑贞说，这次来华留学的经历让她更好地了解了中国和其他发展中国家的媒体传播和文化，同时结识了更多学术专家和媒体从业者。

给她留下印象最深的还是中国在环境保护和适应气候变化方面的努力以及行动。“我认为中国在这方面的做法非常实际，是基于非常明确的措施和政策。这对其他发展中国家是一个很好的例子和参考。”谢淑贞说，最有效的是在全国范围内减少塑料袋的使用、提倡骑自行车等。中国政府启动国家气候变化适应计划，为利益相关者提供了重要的实践引导，包括支持发展相关技术，“中国的‘一带一路’倡议是行动，可以帮助中国、东盟和其他相关国家在绿色发展上进一步合作。”

除了奖学金，谢淑贞还得到了由中国政府提供的研究经费，使得她能够在博士毕业后继续留在中国深造。而这一切得益于中国与东盟国家教育交流合作的日益推进。目前，中国与东盟已建立中国—东盟中心、中国—

① 杨开雨．“一带一路”背景下跨文化传播应关注个体传播者——以中国赴东盟国家留学生为例 [J]. 文教资料，2019,(30):78-79.

② 参考网．在中国研究环境传播的泰国学者，2016 年．

东盟教育培训中心、中国—东盟教育交流周、中国—东盟环保合作中心等平台。

谢淑贞对环境传播的关注始于2009年8月。那一年，她成为泰国玛希隆大学环境资源研究院的一名研究员，而那里主要的研究方向都与环境和自然资源有关。“那时我意识到环境问题已经变得非常严峻，不是哪个国家，而是跨越边界的。我开始学习和思考如何运用传播让环境条件变得更好。”谢淑贞解释说，最突出的例子就是很多国家遭遇的洪涝和干旱都是由气候变化所引发的，“因此，我决定去研究环境传播，并将其付诸实践。”确实，在之后的学习和工作中，谢淑贞一直致力于环保领域的研究和实践。2015年从中国传媒大学毕业后，她获得了泰国国家研究理事会（NRCT）和中国社会科学院的资助，以交流学者的身份在中国做调研，主题是中国和泰国的非政府组织在适应气候变化方面的交流与合作。她说：“这为我提供了一次与中国学者进行商讨合作研究计划的机会。”这一次的参观访问，收获颇丰。“在访问期间，专家学者一致认为宣传和适应气候变化是重要的和具有挑战性的。”她说，适应气候变化是一个新问题，大家分享和学习了中国和泰国在这方面的传播方法。很明显，这样的对比对学术和实践都有帮助。在她看来，中国的非政府组织（NGO）在推动农村人口适应气候变化方面起到了关键的作用。它可以作为一个很好的例子去研究那些组织适应气候变化活动和交流的国际NGOs，比如乐施会、绿色和亚组织等。通过研究这些组织，分析他们的传播策略，以便更有效地适应气候变化。

事实上，中国与东盟国家在环境领域的合作由来已久。2003年，中国与东盟签署“面向和平与繁荣的战略伙伴关系联合宣言”，2010年成立的“中国—东盟环境保护合作中心”，成为中国与东盟开展环保合作的重要机制平台。目前，在环保方面，中国与东盟最有代表性的合作是《中国与东盟环境合作战略（2016—2020）》。根据这项合作，东盟和中国将推动学术和研究的发展，为环境管理创造新的知识和方法，以减少环境退化所带来的影响。

此外，还要达到保护生态系统生物多样性的目的，包括达到提高公众绿色发展意识的目标。“据我所知，中国和泰国在环保领域也有一系列合作，包括国家政府部门和一些研究机构，比如说泰国和中国之间的生态村（2011—2013）合作以及两国在农村地区的垃圾管理合作等。由于环境问题已经成为一个跨国界的问题，环境关怀与问题的解决对于保护人民健康和生态系统安全非常重要。在环保和适应气候变化方面，关键的利益相关者应该发挥重要的作用，包括政府、媒体、学者，非政府组织，企业和普通公众。”她表示。

“信息传播方面媒体在加强中国和东盟环境保护与适应气候变化的合作上具有至关重要的作用。”谢淑贞说：“中国和东盟的媒体应该合作，分享和学习彼此的信息、媒体技术、调查新闻报道、特别报道等，这可以帮助特定部门在实际行动中开展更广泛的合作。”

中国与东盟国家之间的传播人才建设不仅关系到双方文化的传承与发展，更是推动整个地区合作与繁荣的重要一环。随着新时代发展，全球化的潮流推动着不同文明间的交流，中国与东盟国家作为紧密合作的伙伴，传播人才的培养成为促进双方了解、尊重、合作的关键要素。传播人才的培养对于促进中国与东盟国家之间的文化交流至关重要。通过专业的传播人才，两地的文化精粹得以更好地传承和发扬光大。这种文化的传播不仅是单纯的信息传递，更是一种情感的传递，让双方人民更好地理解对方的历史、价值观念和生活方式。在全球化的浪潮中，这样的文化交流成为构建人类命运共同体的有力支撑。

未来中国与东盟传播人才的培养将在多个方面发挥积极作用。首先，未来更多具备跨文化素养的传播人才，他们能够以开放包容的心态理解并尊重不同文化，使得中国与东盟国家之间的合作更加融洽。其次，中国与东盟高层次的跨境传播人才能够有效利用新媒体的优势，借助互联网、社交媒体等平台，促进信息的流通，拉近人与人之间的距离，这对于在数字化时代推动中东亚地区全方位合作至关重要。

在互联网技术不断发展的背景下，中国与东盟传播人才应当紧跟时代的步伐，善于利用新媒体工具。通过这些新技术手段，传播人才可以更加直观、生动地展示两地文化的独特之处，增进人们对彼此文明的认知。这样的信息传播方式将更加贴近年轻一代，为两地文化的传承与创新提供新的契机。同时，未来的中国与东盟传播人才培养也需要关注人才队伍的多元化。不仅要培养懂得传统文化的专业人才，还要培养能够应对时事热点、关注社会问题、具备国际视野的复合型传播人才。这样的人才队伍将更具包容性，更有力地推动中国与东盟国家在文化、经济、科技等领域的合作。

在中国与东盟传播人才建设的过程中，政府、企业和高校等各方应共同努力。政府可以通过制定相关政策，鼓励传播人才的培养和交流；企业可以提供更多实践机会，支持相关项目的推动；高校则应调整课程设置，注重实际操作技能的培养，为学生成为未来的传播精英奠定基础。

总体而言，中国与东盟传播人才的建设对于两地文化的深入交流、友好合作有着不可忽视的重要性。通过培养更多具有国际视野和专业技能的传播人才，我们将能够迎接更加开放、多元的未来，共同构建中东亚地区的繁荣和稳定。这是一个长期而富有希望的任务，也是为了更好地携手迎接未来的挑战和机遇而努力拼搏的时刻。

（撰稿人：何天润，复旦大学新闻学院 2023 级研究生）

中国与东盟传播效果研究

传播在外交中扮演重要角色，我国国际传播战略与外交战略内在相通，构建具有鲜明中国特色的战略传播体系，是新时代中国外交的重要实践方式之一。

李彪等总结，目前我国针对东盟的传播主要分为两部分：一部分是以人文基础的文化及教育交流活动，在文化交流方面，中国与东盟地区之间的交流领域和渠道多元化发展，在政府间建立“中国与东盟文化部长会议”从战略顶层进行沟通合作的同时，一方面继续大力发展针对传播中国传统文化的传统艺术表演活动；另一方面，拓展在影视创作、文博展览、动漫游戏等新业态方向的文化交流，通过中国与东盟文化论坛、中国与东盟博览会文化展、中国与东盟电视周等一系列传播中国现当代文化的活动，让东盟地区的传播受众能从更全面的角度认识中国文化的发展脉络与中国取得的成就。在教育交流方面，双方合作交流范围已逐渐覆盖各个教育阶段，东盟地区来华留学生人数逐年增加，他们学成归国后成为中国影响力的重要传播者。另一部分是以媒介为基础的信息传播及交流活动，中央媒体与广西、云南两地媒体成为主要的信息传播主体，新华社、中国国际广播电台、中国新闻社等中央媒体和广西日报报业集团、云南日报报业集团等地方媒体利用信息与地缘优势，通过与东盟地区本土媒体建立合作关系，有效凝聚了一批对东盟国家传播的媒体共同体，扩展了中国媒体在这一地区的传播影响力。同时，随着新媒体平台在东盟地区年轻群体间的快速发展，中国传统媒体也加快了新媒体平台搭建步伐，中国的影视听节目也借之在东盟地区快速发展，讲述新时代中国故事的现实题材影视剧、纪录片、动画片、短视频在东盟国家市场具有广阔空间和巨大潜力。①

本部分就将综合过往文献，从不同角度探析中国面向东盟战略传播的效果，以期为进一步打造中国与东盟战略传播格局、建设中国与东盟命运共同体奠定理论基础。

一、中国与东盟传播不同主体的传播效果

李庆林指出，将战略传播原则与周边传播的规律相结合，需要建立起多主体、多平台、多渠道、全息画化的立体和动态的传播平台体系。从我国当前的传播实际出发，面向东盟的立体传播平台体系应由主流媒体平台、网络和社交媒体平台以及非媒体渠道三部分构成。在此过程中，由于广西与越南接壤，云南与老挝、缅甸、越南接壤，具有明显地域优势，更应发挥好“边锋”作用，提高对东盟的国际传播合力。②

（一）以政府为主导的中国与东盟传播

党的十八大以来，以习近平同志为核心的党中央高度重视国际传播工作，大力推动国际传播守正创新。而广西作为中国与东盟开放合作的前沿和窗口，与东盟关系紧密，面向东盟的国际传播也颇具成效。第一，重大主题对外宣传影响广泛，广西组织拍摄电视专题片《紧跟伟大复兴领航人踔厉笃行》，网上总阅读量超 2.16 亿次；开展“八桂大地习声回响”网络主题宣传活动，相关短视频各平台总曝光量超 1 亿次。第二，推动中华文

---

① 李彪，高琳轩 . 中国面向东盟国家的精准传播路径 [J]. 对外传播，2021,(09)：7-11.

② 李庆林 . 增强我国面向东盟战略传播能力的思考 [J]. 广西大学学报（哲学社会科学版），2022,44(06):81-87.

化更好地走向世界，广西每年在东盟国家译制播出中国影视剧、动漫、纪录片 1100 多集，2020 年以来实现优秀出版物多语种版权输出 1700 多种，成功举办中国与东盟视听周、“壮美广西境外行”等品牌活动。第三，拓展渠道稳步提升国际传播能力，广西加快构建了面向东盟的国际传播体系，广西日报社与 38 个“一带一路”共建国家和地区的 60 多家媒体建立了合作关系；同时广西还建设了海外社交平台账号矩阵，累计在海外社交平台推送融媒外宣产品超 11 万条次，在加强国际传播能力建设方面进行有益探索。①

云南作为毗邻东盟国家最多的省份，同样进行了多元传播探索，通过多样化手段和形式成为面向东盟外宣的主力军，并吸纳企业、机构、个人等民间群体都积极参与到“大外宣”中。例如云南日报集团自 2013 年以来，先后与南亚、东南亚国家主流媒体合作推出《中国 · 云南》新闻专刊，基本形成了对南亚、东南亚主要国家的全覆盖；云南文投集团则在柬埔寨暹粒打造了大型演出《吴哥的微笑》，备受各国游客追捧，这台驻场演出自公演以来经久不衰，已经连续 8 年被评为全国文化出口重点项目，并被柬埔寨政府授予“柬埔寨旅游特殊贡献奖”。②

另一方面，中国驻东南亚大使馆在中国对东盟传播中也发挥了重要作用。Wang Zheng 指出，中国驻东南亚大使馆利用多个渠道展开传播活动：第一，媒体活动，包括组织新闻发布会、研讨会和文化表演等，以此展示中国成就、政策和观点；第二，中国领导人和外交官在当地媒体上发布文章，提出我国对地区和双边问题的见解；第三，组织采访，与当地媒体直接沟通并建立友好关系。通过反驳西方叙事、强调中国与东盟国家之间相

---

① 《党建》杂志社，广西壮族自治区党委宣传部联合调研组，冯静等 . 对外讲好新时代中国故事 增强中华文明传播力影响力——关于新时代面向东盟开展国际传播的调研报告 [J]. 党建，2023,(08)：36-39.

② 周群 . 对周边国家外宣的路径优化思考——以广西、云南对东南亚的传播实践为例 [J]. 新闻潮，2020,(03)：4-7.

互理解合作、共同繁荣的重要性、展示中国成就，中国驻东南亚大使馆对东盟传播产生了良好效果，提高了当地民众对中国的认识，并提升了其对中国看法的积极程度。①

（二）主流媒体合作下的中国与东盟传播

媒体外交是公共外交的重要方式，陈洪波指出，在建设更为紧密的中国与东盟命运共同体中，增进文化认同，增强政治互信，促进经济发展，是新时代新闻媒体应当肩负起的责任。②

张雷研究发现，目前我国主流媒体已经构建起初具规模的融媒体传播矩阵，主要呈现出三个特点：首先，初步建立了一批对外传播平台，如中央广播电视总台主办的“国际在线”，面向东盟开设了越南语、印尼语、马来语等8种东盟国家语言的新闻网站；广西日报传媒集团建成广西云·东盟六国（柬埔寨、印度尼西亚、老挝、马来西亚、新加坡、泰国）国际传播联络站，辐射东盟国家。其次，我国在不少东盟国家实现本土化传播，如中央广播电视总台拍摄的纪录片《远方的家》在东盟国家电视台播出，反响强烈；广西广播电视台主办的北部湾之声通过节目交换、与东盟国家媒体合办频率方式实现自身特色节目在境外落地，目前已与越南、柬埔寨、老挝、泰国等东盟国家开展了合作。最后，我国媒体与东盟国家主流媒体初步建立了各类合作机制，2019年以来，国家广播电视总局、广西壮族自治区人民政府、中国与东盟中心先后两次联合主办中国与东盟电视周系列活动等。③

---

① ZHENG W. “Tell China’s Story Well”: Chinese Embassies’ Media Outreach in Southeast Asian Media[J]. 2022(2022).

② 陈洪波．媒体外交：建设中国与东盟命运共同体的新型力量[J]. 当代论坛，2023,09:(13).

③ 张雷．整合与创新：“四全媒体”视域下提升面向东盟传播力路径研究[J]. 新闻潮，2022,(03): 6-9.

1. 平台创新与实践

杨陈以中国新闻社（以下简称“中新社”）为例，探索了新媒体环境下我国对东盟的传播。中新社作为我国以对外报道为主要新闻业务的国家通讯社，近年来，在对东盟的传播上进行了深入探讨和实践，其创新探索主要包含以下四方面：第一，从技术层面增强接近性，提升稿件采用率，2020 年 1—7 月中新社广西分社采播的 67 条标题含有“东盟”的文字电讯通稿中，有 64 条落地，采用率 95.52%；第二，从内容层面增强关联性，引发共鸣点，2022 年初，中新社视频部策划《澜湄印象》专栏，重点报道澜湄流域自然风光、人文景观、风土人情等，以“润物细无声”的方式展现了澜湄合作的丰硕成果，得到东盟受众大量好评；第三，从形式上守正创新，提升传播力，中国媒体在对东盟进行传播时，应充分应用新媒体技术，制作更具特色的新闻产品，入驻海外主要社交媒体平台等；第四，瞄准关注新需求，及时调整内容供给，从中新社近年来在东南亚落地的高采用稿件中看出，有大量稿件是关于中国发布新职业、新工种，数字人民币测试等有关新经济、新科技、新生活、新气象的“四新”题材，表明东盟受众的关注点已不局限于双方的经贸关系，延伸至了政治、外交等领域。①

同样，中央广播电视总台与东盟国家媒体的交流也日益紧密。何盈、李健飞针对总台面向东盟的前沿——广西总站对东盟传播和媒体合作实践经验进行了总结。广西总站依托总台对外传播经验和资源，建设了中国与东盟传媒港，成了总台与东盟国家媒体交流合作的枢纽和窗口；举办了“东盟伙伴”看中国式现代化媒体行活动，将中国式现代化具像化，真正实现了外宣内宣齐头并进；同时还构建了媒体特色智库等，真正多措并举打开了对东盟传播的新局面。②

---

① 杨陈 . 新媒体环境下对东盟传播的创新探索 ——以中国新闻社为例 [J]. 新闻潮 ，2022,(08): 10-13.

② 何盈，李健飞 . 打造媒体外交品牌 创新对东盟传播——以总台搭建东盟与中国区域性国际传播平台为例 [J]. 国际传播 ,2023,(03):47-57.

2. 本土化内容传播

周文力指出，广西作为“一带一路”交会对接的重要节点，借助天时、地利、人和的优势制作了一系列本土化内容在东盟国家传播。2014 年，广西电视台启动“海上新丝路 · 东盟万里行”大型主题采访活动，走访东盟 10 个国家 60 多座城镇，进行了全方位、多角度、宽领域的全程行进式报道和电视专题片拍摄，制作纪录片《海上新思路 · 东盟万里行》，译制成东盟国家语言，在柬埔寨国家电视台、泰国国家电视台等东盟国家电视机构播出。[①] 通过精心策划的重大选题，在东盟国家扩大了外宣影响。

黄宇同样分析了广西台针对东盟各国搭建的多渠道、多元化、立体化和本土化的对外传播体系。第一，广西台与东盟各国主流媒体合办了诸多广播电视栏目，在老挝、柬埔寨、缅甸、泰国、越南、印度尼西亚等国的主流电视台开设《中国剧场》《中国动漫》《中国电视剧》《多彩中国》等，每年播出中国优秀影视剧、动漫和纪录片 1100 多集；第二，广西台与东盟各国开展了多部纪录片合拍，并举办了诸多大型文化交流活动，由广西台译制的电视剧《红楼梦（1987 版）》《结婚前规则》《幸福的面条》等在柬埔寨、老挝、缅甸、越南等国家电视台播出。尤其 2019 年 8 月《红楼梦》缅甸语版在缅甸国家广播电视台主频道播出后，引发了当地学界与观众对中国古典文化的关注热潮；同时，外宣频率广西北部湾之声在 2009 年开播，持续与东盟各国国家广播电台合作开设广播栏目，均在当地保持着较高覆盖率和收听率。[②]

3. 媒体论坛与行业交流

董彦梳理了自 2003 年以来中国与东盟的日益深入的媒体交流交往，媒体也逐渐成了 11 国间社会及文化交流领域的主要践行者。2018 年，中

---

① 周文力 . 精准定位 增强国际传播针对性和实效性——广西电视台对东盟国家传播的实践与思考 [J]. 中国广播电视学刊 ,2017,(05): 10-14.

② 黄宇 . 打好地方媒体周边传播的组合拳 [J]. 中国广播电视学刊 , 2020,(01): 15-17.

国外文局中国报道社成功举办了首届中国与东盟媒体合作论坛，旨在建立11国媒体交流合作领域。论坛邀请人民日报社、新华社等主要媒体负责人参会交流，又特别邀请新华网、TikTok海外短视频平台等新媒体加入，展示中国媒体融合发展的最新成果，分享大数据、人工智能等新技术与国际传播的结合应用经验，分析报道过程中真实、全面、立体、生动地讲好中国与东盟11国合作共赢的具体案例。中外媒体代表在充分交流、互学互鉴中，逐渐凝聚共识，达成一批务实合作意向成果。①

（三）非营利组织发起的中国与东盟传播

依靠与东盟接壤的独特优势，广西对外交流协会和云南省对外交流协会分别创办了五本对东盟国家发行的外宣类期刊。黎林红以由广西对外交流协会创办、面向越南发行的中越双语杂志《荷花》和由云南省对外交流协会创办、面向泰国发行的中泰双语杂志《湄公河》为例，探讨了我国边境外宣期刊面向东盟传播的现状。《荷花》和《湄公河》都以介绍"中国经济、政治、文化各方面的发展，中国与东盟的交往情况、中国的旅游和传统文化以及生活常识类"为选题对象，并十分重视对重大新闻事件的报道。其中，《荷花》杂志注重跨文化传播，通过对壮族"三月三"的风俗报道、邀请东盟留学生参与节日庆典等策划，取得了较好的传播效果；在对越南学生进行的问卷调查中发现，其阅读《荷花》杂志的主要原因分别是了解中国的旅游和文化、了解中越两国的交往、了解中国的发展。《湄公河》杂志注重受众互动，曾在泰国举行"学唱中文歌"活动，受到了外国读者的热烈欢迎，对中国文化在东盟国家的传播起到良好效果。②

① 董彦．创新中国与东盟媒体交流机制的思考与实践——以中国与东盟媒体合作论坛为例[J]．新闻研究导刊，2023，14(16)：31-33.

② 黎林红．面向东盟传播的边境外宣类期刊传播现状及提升策略研究——以《荷花》《湄公河》为例[J]．新闻研究导刊，2017，8(22)：250-251.

（四）社交媒体及网络红人在东盟的传播

中国社交媒体抖音海外版 TikTok 上线后，在东南亚市场一路高歌猛进。互联网检测公司 Sensor Tower 数据显示，截至 2020 年 4 月 29 日，TikTok 的累计下载量突破 20 亿大关，其中东南亚地区贡献了约 40% 的权重。李呈野等研究指出，TikTok 遵循“在地化”经营战略，善于以“互联网迷因”融合东南亚元素，产生共情式叙事的体验场景，造就当地爆点与爆款。例如，针对东南亚穆斯林社会的斋月与开斋节，TikTok 发起挑战活动“2019TikTok 节庆”（#TikTokRaya2019），并邀请当地社会名流助阵，在特效贴纸板块加入了马来西亚国旗、双子塔、泰国泼水节等文化符号，创新性玩法与本土化元素两相结合，很快俘获了受众；在越南新冠疫情期间，TikTok 网红光登（Quang Đăng）将该国卫生部推出的“洗手歌”编成舞蹈上传，发起“洗手舞挑战”（#GhenCôVyChallenge），截至 2020 年 6 月，该挑战在 TikTok 上的浏览次数已达 3920 万。这些成功措施使得 TikTok 打破了跨文化传播的障碍，为其在东南亚的可持续发展开辟了可能的未来。①

（五）网络视听平台在东盟的传播

尤达研究发现，当下，中国网络视听平台正在积极开拓海外市场，针对东盟地区，已形成了以腾讯视频 WeTV 和爱奇艺 iQIYI 为龙头，以芒果 TV MangoTV 和优酷 YOUKU 为两翼的中国在线视频海外传播矩阵。②

2022 年，腾讯 WeTV 在泰国流媒体市场占比排名第二，在印尼市场排名第三。其发布的《致我们暖暖的小时光》在泰国反响热烈，《外星女生柴小七》在印尼引起轰动。王进同样指出，爱奇艺则自 2019 年开始就进入了东盟市场，相继在泰国、马来西亚、菲律宾、印尼、新加坡等地展开

---

① 李呈野，任孟山．跨文化传播视阈下 TikTok 的东南亚“在地化”路径 [J]. 传媒，2020,(18): 53-56.

② 尤达．中国在线视频海外平台面向东盟的周边传播研究 [J]. 中国电视，2023,(08): 12-21.

海外布局，目前在 X（原 Twitter）、Instagram、YouTube 等海外主流社交媒体上共有超过 700 万粉丝，社交媒体矩阵粉丝突破 2000 万，已然成为东南亚市场较为有影响力的流媒体平台之一。①

二、中国与东盟不同内容形式的传播效果

2023 年是习近平主席在印度尼西亚国会发表题为“携手建设中国与东盟命运共同体”重要演讲 10 周年，10 年来，中国与东盟各国之间的传播交流成效显著，在文化艺术、新闻媒体、广电影视、动漫游戏、体育、旅游、商业和教育等领域都蓬勃发展。

（一）文化艺术

2018 年，申雪凤对东盟六国民众进行的“中国文化形象传播认知分析”调查表明，东盟国家对中国文化的整体欣赏度喜欢度较高，其中“长城”“功夫”“熊猫”等中国符号传播认知度较广，年轻受众对中国经商方式的喜好程度均值最高，高学历人群则对“中国文学作品”“中餐饮食”和“中国儒家思想观念”这三个因子表现出较高喜好度。② 此研究通过了解东盟国家受访者对中国文化形象的认知情况，从而分析我国文化在东盟国家的传播效果，进一步构建合适的传播路径。除以上要素外，我国更针对东盟国家展开了全方位立体式的跨文化传播，旨在增强东盟国家民众对中国文化的认知。

1. 传统文化与民族文化

文化相似为中国文化在东盟国家传播打通了壁垒，由于地缘及历史原因，东盟国家多个民族与我国西南地区民族在语言上存在极深渊源，柬

---

① 王进．“一带一路”视域下中国网络影视平台对东盟的传播策略研究——以爱奇艺为例 [J]. 传播与版权，2013,(13): 46-49.

② 申雪凤．中国文化形象在东盟国家的传播认知分析——基于对东盟六国调研 [J]. 广西社会科学，2012,(12): 68-71.

埔寨、泰国等地的民族仍保留与我国多个民族相同或相近的生活习俗与语言习惯，而马来西亚、印度尼西亚、新加坡等地又是密度极高的华侨聚居地。[①]依托地缘、族缘双重优势，源远流长的中华文明身后的文化积淀成了中国故事的素材宝库，同时也是实现其在东盟国家广泛传播的重要因质。

唐婷等在研究中国故事走向东盟的传播中指出，东盟多国处于大儒家文化圈，且华人众多，对中国传统文化的认同相较于其他地方更加深刻。中国传统文化中的“仁、义、礼、智、信”精神和忠孝文化在越南等东南亚国家有较高的认同度。从早期深受欢迎的《三国演义》《水浒传》《西游记》《红楼梦》到近年来的《三生三世十里桃花》《武媚娘传奇》《甄嬛传》等在越、泰、柬、老等中南半岛国家热播，充分说明了传统中华文化在东南亚有巨大的吸引力。而传统功夫电影如《黄飞鸿》《叶问》，传统武侠剧《射雕英雄传》等在马来西亚、新加坡等马来半岛国家也颇为流行。显然，东盟观众对中国古老文明和风俗风貌充满了无尽的好奇心，这些中国古代的名人名事对他们来说不仅没有陌生感，相反能更加激发他们的求知欲和情感认同，这对中国传统故事走出国门创造了巨大的便利。[②]

丰富多彩的民族文化同样是中华文明历史沉淀的瑰宝，是中国面向东盟对外传播的重要主题。广西因其独特的区域位置和丰富的民族文化资源，在面向东盟的传播时具有极大优势。黄露等以壮族布洛陀文化为例展开了“一带一路”背景下面向东盟的区域民族文化传播研究，指出目前布洛陀文化在对外传播的参与性、互动性上存在不足，与布洛陀文化直接交流的东盟国家人群主要集中在部分专家学者、有名望人士等特定圈子内，不存

① 金美兰，王海迪．“一带一路”背景下中国文化在东盟国家的传播路径 [J]. 中国民族教育，2023,(10)：34-37.

② 唐婷，敬鹏林．论中国故事走向东盟的影视传播路径 [J]. 电影文学，2019,(09)：18-20.

在一个专门介绍布洛陀文化的网站对东盟地区人民开发，同时其传播效果也受到其他文化的竞争挑战。①

2. 纪录片

蓝云剑以纪录片为媒介，采用问卷调查法，对越南、泰国、柬埔寨、老挝和马来西亚东盟国家受众偏好进行实证研究。研究表明，第一，东盟受众对社会现实、历史人文纪录片主题更感兴趣，对国际热点问题主题关注度较低，并且更偏好短时长的纪录片视频；第二，针对行为分析，东盟受众接触纪录片的方式以互联网平台搜索为主，在观看后更易产生分享和旅行的意愿；第三，纪录片在东盟的跨文化传播方面，东盟受众更看重国际纪录片对不同文化间的交流理解的促进作用以及纪录片的真实性，政治和经济影响是东盟受众接触中国纪录片的主要因素，而语言和缺乏接触机会则是首要阻碍原因。经过分析，作者总结道，以跨文化传播理论为视角、以地域文化相近为主轴，构筑一条“东盟受众观看中国纪录片—增进东盟受众和中国的交流行为—助力共建中国–东盟命运共同体”的传播路径是我国纪录片对东盟传播的可行之道。②

除中国纪录片外，蓝云剑在另一研究中对中外合拍纪录片的个体叙事与国家形象传播进行了探究。他认为合拍纪录片中的语言符号构建了一种“他者”视角，能使中国价值以更亲切、可信的姿态融入国际传播体系。例如合拍纪录片《家在绿水青山间》系列深入泰国、老挝、柬埔寨，广泛采访当地村民、商户、创业者等人物，借由其叙说完成中国国家形象的建构，片中广泛出现的东盟国家语言成为跨文化交流的象征符，通过增强东

① 黄露，居靖雯．“一带一路”背景下面向东盟的区域民族文化对外传播研究——以壮族布洛陀文化为例 [J]. 广西社会科学，2018(8)：53-56.

② 蓝云剑．地缘视角下跨文化传播的共性与差异——东盟相关国家受众中国纪录片偏好实证研究 [J/OL]. 当代电视，2023(06)：86-90.

盟受众的归属感和认同感提升了传播效果。[①]

3. 电影

黄会林等针对2020年度中国电影在越南、老挝、柬埔寨、泰国、缅甸、马来西亚、新加坡、印度尼西亚和菲律宾等东盟国家的传播展开调研。研究发现，第一，东南亚观众对中国电影价值观念的理解程度较高，对字幕翻译的理解程度稍好，对笑点彩蛋的理解程度不高，说明跨文化电影喜剧效果的创作仍需针对文化差异对症下药；第二，东南亚观众的观影行为显著受到观影期望的影响，对中国电影内容的理解程度、对观影期望的中介效应明显；第三，东南亚观众的中国文化认知显著影响其观影期望，东南亚开展的集体中国文化活动对中国电影的传播具有突出贡献，说明目前已举办的“中柬优秀电影巡演”、中国与东盟电影节、“中国优秀电影走进老挝”等活动都取得了良好的传播效果。东南亚在地缘与文化上都与中国联系紧密，从调研分析看，这一优越环境对中国电影传播具有先天优势，未来我们有理由相信中国电影将为东南亚受众提供更丰富的电影文化体验，东南亚地区也将为中国电影“走出去”提供更多的实践支持。[②]

4. 音乐

刘佳等将传播仪式观视域下的中国与东盟音乐周视为一场多民族的文化共享仪式，中国与东盟音乐周自2012年创办以来，汇聚了来自东盟、欧美国际及国内各大院校、研究机构的知名音乐专家与学者，通过多种形式的集中活动增进了民族音乐的传播与交流。同时，中国与东盟音乐周通过大众媒体、社交媒体被实时直播或延时短视频直播，进而拓展了仪式的

---

① 蓝云剑．个体叙事与国家形象传播——以东盟合拍纪录片为例 [J]. 中国广播电视学刊，2023,(07): 93-97.

② 黄会林，黄偲迪，黄宇晟．中国文化认知对观看中国电影期望与行为的影响研究——2020年度中国电影东南亚地区传播调研报告 [J]. 现代传播（中国传媒大学学报），2021，43(01): 21-27.

范围，使更多东盟受众能参与到音乐交流中。[①] 如潘林紫所言，中国与东盟音乐周通过展演、论坛、比赛等活动实现了多元传播，在国家“一带一路”倡议的大背景之下，承担起了文化戍边的时代使命。[②]

（二）休闲娱乐

有别于主流媒体的严肃叙事和文化艺术的阳春白雪，休闲娱乐内容传播被东盟民众所接受和理解的门槛更低，是实现民心相通的有效方式，是中国与东盟跨文化传播与友好往来的重要窗口。

1. 网络视听节目

中国电视剧在东盟一直市场与口碑齐收，成为火爆海外的“中流”。陈小方在《经济日报》发文表示，东盟既是中国视听节目第一大国际市场，也是中国电视剧第一大国际市场。2012 年以来，中国节目出口东盟总额 8904.25 万美元，占中国出口全球总额的 13.13%；时长累计 5.61 万小时，占中国节目出口总时长的 14.48%。中国视听节目实现东盟 10 国全覆盖，特别是在新加坡、马来西亚等国传播规模不断扩大，柬埔寨、老挝、缅甸等国主流媒体还开设了《中国剧场》《中国电视剧》《中国动漫》等栏目。[③] 黄健君等以 2023 年夏天成功“出海”的古装电视剧《苍兰诀》为例，探究了“一带一路”倡议下中国古装电视剧视听艺术在东盟国家的传播。《苍兰诀》在东盟地区接连登上马来西亚、泰国、新加坡、印度尼西亚、越南、菲律宾六国热搜，以中国传统美学独特的魅力拉近了东盟民众与中国传统文化的距离，在当地形成了本土化、产业化的趋势。[④]

---

① 刘佳，陆桂晶 . 碰撞与认同：传播仪式观视域下的中国与东盟音乐周 [J]. 黄河之声，2020,(22): 122-123.

② 潘林紫 . 跨域对话 多样传播——第四届“中国与东盟音乐周”述评 [J]. 人民音乐，2015,(11): 25-28.

③ 陈小方 . 助力命运共同体建设 [N]. 经济日报，2022-09-07.

④ 黄健君，李香凝 .“一带一路”倡议下中国古装电视剧视听艺术在东盟国家的传播——以《苍兰诀》为例 [J]. 电影评介，2023,(08): 86-90.

罗幸等在 2021 年针对中国影视剧和综艺节目在泰国、越南、新加坡、印度尼西亚和马来西亚五个东盟国家的传播展开受众调查，研究发现中国古装电视剧和美食综艺是最受当地观众欢迎的节目类型，流媒体宣发和移动设备观剧是当下新趋势，但与此同时，也暴露出中国剧集本地化程度不足的传播弱点。从人群细分看，印度尼西亚的中国剧集铁杆粉丝和骨灰级粉丝占比最高，传播效果最好；新加坡普通粉丝、铁杆粉丝占比较高，传播效果仅次于前者；而马来西亚和越南的核心观众数量显著少于其他国家，有较大增长空间。从传播效果看，当地观众对中国影视剧喜爱程度整体较高，尤其在马来西亚和越南评分最高；对影视剧观感良好，但认为剧中情感表达方式含蓄婉转、笑点差异大，均不易理解；针对古装剧的调查结果显示，其在东南亚的传播一定程度上使当地观众产生了对我国国家形象“等级森严、尊卑有序”的刻板印象；最后，影视剧和综艺节目中的中国文化符号受到当地观众较高关注和认同度，说明影视剧和综艺节目在传播中国文化上也具有一定效果。①

2. 短视频

短视频区别于官方严肃叙事，给个体传播创造了更多空间。张代鉴指出，目前我国短视频面向东盟的传播主要具有以下特点：第一，本土化传播，我国短视频平台海外版在功能设计上尽可能符合东盟各国用户的使用习惯，在语言传播上尽可能提升平台翻译功能，如 TikTok 能覆盖 70 多个语种，用户在观看视频、阅读评论时可以实时 AI 翻译等，营销上与地区红人合作，有效提升传播效果；第二，年轻化叙事，东南亚年轻用户居多，话题选择常偏向当下时事热点、热梗等，通过借助平台贴纸、美颜特效、热门音效等功能表达实时情绪，满足自身“表演欲”，展现独特个性以求身份认同，譬如国内部分美妆博主制作的中国各个朝代仿妆视频，就常获

① 罗幸，罗奕．中国影视剧和综艺节目东南亚传播研究——基于 2021 年的受众调查 [J]. 传媒，2022,(12)：40-43.

得海外观众点赞及博主效仿；第三，多样玩法，中国短视频平台借助虚拟现实技术在视频特效方面实现了更多有趣设计和玩法，例如 TikTok “跳舞机”互动短视频游戏就广泛受到泰国等地区用户的欢迎。①

3. 直播

康佳威在研究新时代面向东盟的微传播中指出，直播作为一种当下人们传播并获取新闻信息的重要渠道，满足了观众及时观看的需求。近年来，直播已延伸到海外各个国家，例如2019年，广西“壮族三月三·八桂嘉年华”直播活动就在越南和新加坡设立了直播点，不仅塑造了良好的国家形象，而且实现了面向东盟的传播与民情相结合的高效传播效果；2021 年，中国与东盟中心、福建省福州市人民政府联合举办了“首届中国与东盟网红大会”；2021 年和 2022 年，广西壮族自治区广播电视局、广西广播电视台举办了两届“中国与东盟青年主播创造营”，以青年视角解读中国。这些活动通过“线下走访 + 线上互动 + 直播矩阵助推”的方式，让中国文化借由直播窗口，更好地实现了在东盟的传播。②

4. 网络游戏

近年来，中国游戏产业迅速崛起，东盟正是中国游戏出海的重要目的地之一。薛强等通过对我国游戏在东盟地区的传播案例进行研究发现，各种榜单上在国内鲜为人知的 *Mobile Legends*（无尽对决）在东南亚打败了腾讯的 *Arena of Valor*（王者荣耀海外版），因为 *Mobile Legends* 主要面对海外市场发行，加入了菲律宾反抗殖民的民族英雄拉普拉普而受到当地玩家欢迎，在海外大获成功；而 *PUBG MOBILE* 等枪战类游戏由于摆脱了语言翻译限制，同样更容易被海外玩家接受；同时米哈游公司的 RPG 抽卡类游戏《原神》异军突起，有效推动了中华文化“出海”，更被商务部列为“国家文化出口重点项目”。以网络游戏为媒介面向东盟进行中国文化传播，是对外讲

① 张代鉴 . 困境与突围：我国短视频面向东盟的传播现状分析 [J]. 东南传播 , 2022,(11):87-89.

② 康佳威 . 新媒体时代面向东盟的微传播 [J]. 视听 ,2022,(09):46-49.

好中国故事的重要手段之一，能更好地让外国人接受，尤其得到青少年的喜爱。①

5. 体育

新时代背景下，体育文化成了我国与东盟国家重要的人文交流与传播内容，且在周边传播中发挥着独特优势和作用。吴娟丽等针对中国面向东盟国家的体育文化传播展开研究，总结了目前中国与东盟合作举办的一系列活动，包括中国与东盟汽车拉力赛、山地马拉松赛、武术节、龙舟国际邀请赛、田径、散打、体操等，这些交流项目以体育为媒介，推动了中国传统文化和中华民族体育精神在东盟国家的传播。② 同时王康峰等指出，尽管我国已经打造了一批面向东盟的体育文化交流平台，但东盟各国受众的体育文化需求复杂多元，我国尚未确定东盟国家受众的生活方式、风俗习惯、文化心理、体育文化价值取向等方面的差异，未来仍需积极探索中国体育文化与东盟各国体育文化的共通空间，以便最大限度地提升体育文化周边传播的效果。③

（三）经济商业

构建新发展格局是我国经济发展战略的重大转变，在此背景下中国经济形象也随之发生转变。东盟在“双循环”新发展格局特别是“外循环”中的位置日益重要，进一步加强我国在经济领域面向东盟的传播成为当务之急。易文指出，当前东盟各国对中国经济形象的认识主要存在以下看法：首先，认为中国是有影响力的“经济强国”与积极（或者过于积极）的“合作者”；其次，认为中国是“竞争者”“劣质产品制造者”与“威胁者”。这表明我国在东盟地区的经济形象传播影响力还较为有限，尚

① 薛强，何晓琪 . 中国网络游戏在东盟的国际传播研究 [J]. 传媒，2023,(15)：61-64.

② 吴娟丽，王康锋 . 中国面向东盟国家的体育文化传播研究 [J]. 武术研究，2023,8(09)：148-150.

③ 王康锋，刘朝猛，李荣娟 .“周边传播”视阈下中国体育文化面向东盟的传播困境与路径研究 [J]. 武术研究，2023,8(03)：87-91.

未形成合力，未来将面临多方竞争与遏制，应从多领域入手实现全方位的经济形象传播。①

1. 网络购物

东盟是中国的第一大贸易伙伴，“中国制造”作为一种非语言的传播媒介和物质性载体，在中国对东盟传播中具有重要角色。文虹任在研究中国文化在东盟青年中的传播现状与传播趋势中指出，随着东盟国家网络购物行业的发展，Lazada、Taobao 等应用软件的市场不断扩大，为中国与东盟传播开辟了一条新的道路。以国产美妆产品“花西子”为例，花西子以“东方彩妆，以花养妆”作为品牌理念，近年来将产品打入 Instagram、YouTube 等国际社交媒体平台，通过发布“中国”类话题标签，添加青花瓷背景音乐等“中国风”宣传视频，以及当地垂直度高、粉丝黏性强的尾部及腰部网络博主合作等方式，迅速在东盟建立市场。而当地消费者通过使用产品产生良好体验，会改变对中国国家形象的认知，显示出“中国制造”作为传播中介夯实中国文化在东盟地区的传播基础、实现良好传播触达效果的重要作用。②

2. 商贸会展

王珍莲等通过对第八届中国与东盟博览会的参展商进行调查研究，分析了中国媒体对东盟国家的信息传播现状。研究从传播媒体、传播受众、传播效果三个方面展开，采取实地走访和问卷调查法展开调研。结论表明：第一，参展商对主办地南宁印象良好，媒体城市宣传效果较好，但参展商对北部湾经济区、中国西南地区情况并没有进一步深入了解，说明媒体在这方面传播力度不够；第二，参展商表示最喜欢收看的是中国中央电视台，其次是南宁电视台、广西电视台国际频道，政府部门特意面向东盟国家开办的频道——“北部湾之声”却影响力微小，这说明国家政府的媒体更具

① 易文．新发展格局下中国经济形象在东盟的重塑 [J]. 对外传播，2021,(10)：27-31.

② 文虹任．中国文化在东盟青年中的传播现状与传播趋势 [J]. 传媒，2023,(01)：58-60.

影响力，新建的媒体仍有待建设，同时参展商在国内外的媒介接触调查说明，广西电视台等地域性媒体在东盟一些国家的传播已取得明显成效，其中形式多样的文化传播活动是对东盟传播最有效的手段；第三，经济发展水平是影响传播能力的重要因素，广西和西南地区的经济在全国属于相对落后，传媒消费能力低下、传媒文化市场不发达，与发达地区和城市差距甚远。①

3. 旅游

旅游业是跨文化传播与合作的催化剂，Jie Yin 等人研究了中国与东盟旅游合作的有效性。中国与东盟旅游合作以政府主导、多层次、多元化为特点，这种结构有效推动了信息、想法和观点的传播交流；其形成机制由经济、政治、文化等因素驱动，体现了双方共同利益和期望，提高了信息传播的民众接受度。中国面向东盟的旅游业传播效果显著，两个国家间旅游流量的增加促进了双方文化交流和更深层次的理解；推动了联合旅游委员会、论坛和研讨会的成立，为传播与共享提供了专门的平台等。中国与东盟旅游合作将继续塑造旅游传播的未来，促进双方更深层次的了解、更牢固的伙伴关系，以及为双方游客提供更加优质的旅游体验。通过应对传播挑战、拥抱数字技术、培养文化敏感性，中国与东盟旅游合作可以进一步提升传播影响力，为两地区旅游业的可持续和包容性发展做出贡献。②

（四）教育

Yang Rui 深入探讨了中国高等教育在东盟国家的传播与影响。中国积极与东盟国家开展高等教育区域合作，2010 年中国与东盟教育合作机制的建立标志着关键一步。随后，《中国与东盟教育行动计划（2016—2020 年）》

---

① 王珍莲，徐一林．从博览会看国内媒体对东盟国家信息传播的效果 [J]. 学术论坛，2012，35(09)：174-179.

② YIN J，BI Y，JI Y. Structure and Formation Mechanism of China-ASEAN Tourism Cooperation[J]. Sustainability，2020，12(13)：5440.

的通过以及 2017 年中国与东盟青年交流网络（ACYEN）的启动，进一步巩固了高等教育领域的区域伙伴关系。在此过程中，中国运用奖学金、孔子学院、文化交流项目等多种软实力手段增加在东盟地区的影响力，通过国际学生交流、联合研究项目和文化交流活动等扩大了传播效果，促进了双方理解合作。[①]

三、社会因素对中国与东盟传播效果影响

东盟地区受到地理、历史等多种因素影响，各国虽然进入了共同体阶段，但每个国家之间国情差异较大，经济发展情况复杂，语言文化存在一定区别，对中国的态度也有所不同，中国面向东盟各国传播的效果也因不同因素而有所差异。

（一）经济发展和媒体生态

由于经济发展差异，东盟各国间、国家内部城市与乡村间媒体基础设施建设发展较不均衡，传播技术发展的失衡导致民众获取信息的方式和速度各有差异。

胡胜邦在对越南媒体生态的研究中指出，该国媒体具有国有媒体占绝对主导、传媒产业发展迅速、传统媒体影响力巨大、新媒体迅猛发展和媒体法律管控严格五大特点。中国面向越南的传播主要集中在中国文化、特别是儒家文化领域，越南对中国的文学、影视、歌曲等了解和接受程度都较高。[②]

邱乙哲则探析了新加坡媒体发展的现状与特点，全媒体时代，新加坡的传统媒体与网络媒体都将数字化建设作为发力点，围绕受众移动阅读、

① YANG R. Internationalization, Regionalization, and Soft Power: China's Relations with ASEAN Member Countries in Higher Education[J]. Frontiers of Education in China, 2012, 7(4): 486-507.

② 胡邦胜 . 越南媒体生态及其特征 [J]. 对外传播 , 2018,(01): 73-75.

个性定制、精准传播、联动传播等需求，积极打造内容生态，推动新加坡媒体发展进入全新阶段。[①] 赵思超基于对新加坡 CNA（Channel NewsAsia，亚洲新闻台）“Understanding China”栏目的纪录片文本分析，发现其在对中国的议程设置上体现出聚焦国际重大事件，关注中国政治、经济和民生议题的季度性报道特征，通过 16 部纪录片的文本内容建构出一个不同于西方视角，相对客观、公正和全面的中国。[②]

（二）新媒体发展和受众使用特征

尽管东盟各国经济社会发展水平不同、互联网与电信基础设施分布不均衡，对新媒体管控政策也各有千秋，但战伟萍认为，近年来在全球移动新媒体浪潮的冲击下，东盟地区新媒体发展仍呈现出了较强的三点共性：第一，东盟各国直接进入移动互联网时代，成为移动新媒体“重度使用”地区；第二，社交媒体在东盟地区蓬勃发展，成为年轻人表达观点的新工具；第三，东盟各国正努力改变西方新媒体巨头在当地的垄断优势，为争夺话语权加大了对本土产业的扶持。[③]

在这三大共性之下，具体国家之间仍然体现出一定差异，如文莱虽然人口基数较小，但互联网渗透率和社交媒体渗透率分别高达 98.1% 和 94.4%，而缅甸互联网渗透率仅 44%，社交媒体渗透率不足 30%。[④]

同时，赵如涵、刘寒月研究表明，东盟成员国受众的媒体接触和使用特点也存在差异：第一，泰国、老挝、柬埔寨的受众偏爱传统媒体，浅平化的娱乐节目和电视连续剧成为跨文化接收的主要方式，我国电视剧产品

① 邱乙哲 . 新加坡媒体发展的现状、特点与趋势 [J]. 传媒 ,2021,(17)：62-64.

② 赵思超 . 新加坡媒体视野中的中国形象及其建构路径——基于 CNA“Understanding China”栏目的纪录片文本分析 [J]. 山西大同大学学报（社会科学版），2023，37(01)：31-35.

③ 战伟萍 . 从传播优势看中国对东盟新媒体传播策略 [J]. 国际传播 ，2019,(04)：39-45.

④ 何盈，李健飞 . 打造媒体外交品牌 创新对东盟传播——以总台搭建东盟与中国区域性国际传播平台为例 [J]. 国际传播 ，2023,(03)：47-57.

在这类国家中表现出高接受度和传播力；第二，缅甸、越南、马来西亚三国在内容上偏重新闻节目，我国对这类国家的传播策略应更关注新闻产品的创新与叙事；第三，文莱、印尼、新加坡和菲律宾四个国家则在新媒体使用上体现出巨大潜力，文化多元化和宽松媒体政策为我国对外传播的创新提供了新路径。①

（三）中外媒体交流合作程度

Chen Cong 以菲律宾、泰国和柬埔寨为研究对象，探讨了中国媒体对东南亚媒体的影响力，因影响力的关键驱动因素不同，我国媒体在东南亚各国传播取得的效果也各有差异。该研究认为中国对东南亚媒体影响力不断增强的几个关键因素包括：第一，经济联系，中国与东南亚各国紧密的经济联系促进了媒体合作和投资，中国媒体公司通过与当地媒体建立合作伙伴关系，从而扩大在该地区的影响力和优化传播效果；第二，内容共享，中国和东南亚各国媒体之间建立了不同程度的内容共享，向当地观众介绍中国观点和叙述，塑造其对中国的认知和理解；第三，文化交流，多元文化的传播促进了中国和东南亚各国专业媒体人士之间的相互了解与合作。例如在菲律宾，中国媒体传播效果好坏参半，一方面，中国媒体的存在帮助当地观众更好地了解了中国及其政策；另一方面，民众担心中国媒体会影响公众舆论，表达了对媒体操纵和文化同质化的担忧；在泰国，中国媒体影响力的传播效果更为积极，泰国观众普遍欢迎中国媒体在当地的宣传，认为这是中国经济和文化影响力不断增强的标志；而在柬埔寨，中国媒体传播效果最为显著，柬埔寨政府欢迎中国媒体在当地投资，并积极推动了中国内容的传播，其中包括柬埔寨希望加强与中国的关系、获得中国的技术和专业知识以及推广中国文化和价值观等多种原因。

---

① 赵如涵，刘寒月．新“中国观”下我国对东盟国家的传播策略—基于多元层次媒体的分析 [J]. 对外传播，2019,(06)：28-30.

（四）政治环境与争端

Heng Sarith 分析了东盟与中美两个全球大国之间错综复杂的地缘政治动态，尽管东盟国家长期以来奉行不结盟政策，然而中美之间的紧张局势仍然会使东盟陷入两难境地，要求它们在两个超级大国之间保持微妙的平衡。一方面，中国的经济增长和在东南亚不断扩大的经济影响力使其成了许多东盟国家的重要经济伙伴，但另一方面，美国重申了其在亚洲特别是东南亚的战略利益，并与东盟国家在安全和经济问题上加强了合作。同样 Majid Ali Noonari 也指出了中国与东盟交往之间的机遇与挑战，包括中国与东盟之间日益增长的政治与安全合作，及同时在南海持续存在的领土争端等问题。无论是外部复杂的国际关系，还是东盟内部不同国家各自的政治环境，都会对中国面向东盟展开战略传播的效果产生影响。

四、持续提升我国面向东盟战略传播效能

新的历史时期，中国与东盟关系迈入全面战略伙伴关系的新阶段，经过 30 年的发展，中国与东盟的对话关系已取得跨越式发展和里程碑式结果。东盟国家是中国国家形象建设和国际传播的重要地区，针对东盟的传播具有重要的战略价值，未来我国要持续提升面向东盟传播的能力和效果，以“中国话语”“中国故事”影响东盟国家，进而推动中国国家形象传播促进国家软实力和话语权提升。[①]

（一）挑战与机遇

罗幸、汤晓山基于 2017 年针对东盟六国（印度尼西亚、马来西亚、新加坡、菲律宾、越南、泰国）的数据调查显示，在政治形象上，受访者对中国在东南亚和全世界的影响力、领导力给予了较高评价和期待，

---

① 聂鑫焱，李本乾．“一带一路”背景下中国对东盟传播的创新路径 [J]. 国际传播，2020,(04): 20-30.

但对中国“负责任大国”形象的感知并不普遍，好感度也比较有限；在经济形象上，受访者大都承认世界经济和本国经济发展受惠于中国，但真正认可中资企业社会责任感的民众不足半数；在科技形象上，受访者普遍对以高铁为代表的中国高新技术表示赞赏，对与中国的高铁技术合作表示支持，但与此同时，价低质劣的“中国制造”形象依然根深蒂固；在文化形象上，中国城市化、现代化建设日新月异，中国与东盟之间经贸往来也日益频繁，但受访者对中国文化的认知依然停留于中国历史传统文化；在国民形象上，东盟六国的受访者大都愿意学习汉语，到中国旅游甚至留学，但这并不意味着他们认可中国文化和中国国民，中国文化在大多数受访者看来还只是一种“对象化”和“奇观化”的文化，中国国民节俭勤劳，但不见得诚实守信、仁爱守法。因此总体看来，在被调查的东盟六国民众眼中，中国虽然是一个正在崛起、具有世界影响力的经济和政治大国，但对从国家到企业、经济到文化、产品到国民又尚未对中国形成一个客观、完整和清晰的形象认知，这种差异正是中国面向东盟国际传播所面临的严峻挑战之一。①

但与此同时，廖俊玉通过研究移动互联网语境下对东盟国家媒介话语体系的建构，认为目前我国在对东盟国家媒介话语体系建构方面适逢难得的机遇：第一，我国主流媒体已建成了初具规模的对外传播的融媒体矩阵，包括国内主流媒体开设的外文网络版、在海外社交媒体平台入驻的官方账号以及媒介管理运作方面可以直接运用既有的东盟国家媒体传递中国声音，为建构对东盟国家的媒介话语体系提供了基础性保障。第二，地域角度看，中国与东盟国家海陆相连，是“一带一路”建设的重要节点；文化角度看，中国与东盟国家存在相通的文化话语模式，信息认知差小；历史角度看，双方发展道路相似，交往合作频繁，双边关系积极向上，为建构

① 罗幸，汤晓山．中国国家形象在东盟：基于 2017 年的数据调查分析 [J]. 现代传播（中国传媒大学学报），2018，40(11)：19-24.

对东盟国家的媒介话语体系提供了良好的人文环境。因此总体而言，中国对东盟战略传播机遇难逢、整体趋好。①

（二）讲好中国故事，传播好中国声音

面对新形势下的挑战，易文分析道，中国应及时调整对东盟传播的战略：第一，直面挑战，积极应对西方意识形态的冲击，以中国提出的“人类命运共同体”这一当今中国意识形态创新代表性概念为核心，进一步完善自己的话语体系，围绕“新型大国关系”“共商、共建、共享”“亲诚惠容”“互利共赢”“管控分歧”等一整套“中国提法”和“中国概念”进行传播；第二，传播中国与东盟在价值观、经济、安全和文化等领域的共识，破解东盟担忧；第三，进一步开展对东盟国家的研究，了解各对象国话语权主体的构成以及其不同的思维方式和利益诉求点，提高传播针对性，同时在传播主体中多引入包括国内专家、智库、外交人员、东盟以及西方对我国友好人士等意见领袖的观点和看法，提供具有不同视角、有深度的意见，淡化传播中“自我中心”的官方色彩，使之更符合东盟民众的接受方式，提高传播的有效性。②

廖俊玉从拉斯韦尔“5W”传播要素来阐释对东盟国家媒介话语体系的建构路径，认为我国对东盟国家的传播应丰富面向东盟国家的媒介话语主题、拓展面向东盟国家的媒介话语渠道、打造面向东盟国家特色的媒介话语内容、遵循“中国故事、东盟表达”的媒介话语叙事方式以及建立对东盟国家媒介话语反馈的长效机制。③

---

① 廖俊玉. 移动互联语境下对东盟国家媒介话语体系的建构：机遇、挑战与路径 [J]. 新闻爱好者，2020,(08)：26-29.

② 易文. 直面挑战，构建共识：新形势下中国对东盟传播的再思考 [J]. 对外传播，2019,(06)：25-27.

③ 廖俊玉. 移动互联语境下对东盟国家媒介话语体系的建构：机遇、挑战与路径 [J]. 新闻爱好者，2020,(08)：26-29.

谢卓华则从技术层面反思，认为应重构大数据视角下面向东盟传播的效果评估体系。以广西人民广播电台为例，全媒体发展使得原有听众越来越多向新媒体用户转移，以收听率为核心指标的传统效果评估已无法实现有效的监测；同时，传统效果评估重数据收集却轻视数据分析，即使报告对广播频率热度情况、频率收听情况、频率互动情况、频率粉丝增长情况都进行了统计，但我们却无法知晓每一项数据统计的背后听众对节目的满意程度；最后，传统效果评估已无法满足全媒体市场的需求，例如广西人民广播电台下属的北部湾之声，因实力原因难以在东盟国家广泛地、持续性地开展问卷调查，也就无法进一步了解东盟受众的喜好和需求。长期以来广西人民广播电台一直致力于实现面向东盟的有效传播，重构大数据视角下面向东盟传播的效果评估体系，才能更好地提升传播效果。①

（三）结论

2023 年是“一带一路”倡议提出的十周年和中国与东盟建立战略合作伙伴关系的二十周年，中国与东盟友好交流合作进入深度发展阶段。在此背景下，中国如何面向东盟做好国际传播已经成为一个重要议题。党的二十大报告明确指出：“坚守中华文化立场，提炼展示中华文明的精神标识和文化精髓，加快构建中国话语和中国叙事体系，讲好中国故事、传播好中国声音，展现可信、可爱、可敬的中国形象。”中国面向东盟的战略传播应以主流媒体为核心，依托社交媒体和网络视听平台，总结现状与经验，察觉新问题，分析新路径，针对不同国家和用户精准发力，创作多元内容，拓展多方渠道，加强传播能力建设，全面提升传播效能。

（撰稿人：裘诗雨，复旦大学新闻学院 2023 级研究生）

① 谢卓华．大数据视角下面向东盟传播效果评估体系重构——以广西人民广播电台为例 [J]. 新闻爱好者，2018,(04)：56-60.